Basiswissen Sozialwirtschaft und Sozialmanagement

Reihe herausgegeben von

Klaus Grunwald, Duale Hochschule BW Stuttgart, Stuttgart, Baden-Württemberg, Deutschland

Ludger Kolhoff, Fakultät Soziale Arbeit, Ostfalia Hochschule, Wolfenbüttel, Niedersachsen, Deutschland

Die Lehrbuchreihe „Basiswissen Sozialwirtschaft und Sozialmanagement" vermittelt zentrale Inhalte zum Themenfeld Sozialwirtschaft und Sozialmanagement in verständlicher, didaktisch sorgfältig aufbereiteter und kompakter Form. In sich abgeschlossene, thematisch fokussierte Lehrbücher stellen die verschiedenen Themen theoretisch fundiert und kritisch reflektiert dar. Vermittelt werden sowohl Grundlagen aus relevanten wissenschaftlichen (Teil-)Disziplinen als auch methodische Zugänge zu Herausforderungen der Sozialwirtschaft im Allgemeinen und sozialwirtschaftlicher Unternehmen im Besonderen. Die Bände richten sich an Studierende und Fachkräfte der Sozialen Arbeit, der Sozialwirtschaft und des Sozialmanagements. Sie sollen nicht nur in der Lehre (insbesondere der Vor- und Nachbereitung von Seminarveranstaltungen), sondern auch in der individuellen bzw. selbstständigen Beschäftigung mit relevanten sozialwirtschaftlichen Fragestellungen eine gute Unterstützung im Lernprozess von Studierenden sowie in der Weiterbildung von Fach- und Führungskräften bieten.

Beiratsmitglieder

Holger Backhaus-Maul, Philosophische Fakultät III, Universität Halle-Wittenberg, Halle (Saale), Sachsen-Anhalt, Deutschland
Marlies Fröse, Evangelische Hochschule Dresden, Dresden, Sachsen, Deutschland
Waltraud Grillitsch, Fachhochschule Kärnten, Feldkirchen, Österreich
Andreas Laib, Fachbereich Soziale Arbeit, Fachhochschule St. Gallen, St. Gallen, Schweiz
Andreas Langer, Department Soziale Arbeit, HAW Hamburg, Hamburg, Deutschland
Wolf-Rainer Wendt, Stuttgart, Baden-Württemberg, Deutschland
Peter Zängl, Hochschule für Soziale Arbeit, Fachhochschule Nordwestschweiz, Olten, Schweiz

Peter Stepanek

Sozialwirtschaft nachhaltig managen

Eine Einführung

Peter Stepanek
FH Campus Wien
Wien, Österreich

ISSN 2569-6009   ISSN 2569-6017 (electronic)
Basiswissen Sozialwirtschaft und Sozialmanagement
ISBN 978-3-658-37505-8   ISBN 978-3-658-37506-5 (eBook)
https://doi.org/10.1007/978-3-658-37506-5

Die Deutsche Nationalbibliothek verzeichnet diese Publikation in der Deutschen Nationalbibliografie; detaillierte bibliografische Daten sind im Internet über http://dnb.d-nb.de abrufbar.

© Der/die Herausgeber bzw. der/die Autor(en), exklusiv lizenziert an Springer Fachmedien Wiesbaden GmbH, ein Teil von Springer Nature 2022
Das Werk einschließlich aller seiner Teile ist urheberrechtlich geschützt. Jede Verwertung, die nicht ausdrücklich vom Urheberrechtsgesetz zugelassen ist, bedarf der vorherigen Zustimmung des Verlags. Das gilt insbesondere für Vervielfältigungen, Bearbeitungen, Übersetzungen, Mikroverfilmungen und die Einspeicherung und Verarbeitung in elektronischen Systemen.
Die Wiedergabe von allgemein beschreibenden Bezeichnungen, Marken, Unternehmensnamen etc. in diesem Werk bedeutet nicht, dass diese frei durch jedermann benutzt werden dürfen. Die Berechtigung zur Benutzung unterliegt, auch ohne gesonderten Hinweis hierzu, den Regeln des Markenrechts. Die Rechte des jeweiligen Zeicheninhabers sind zu beachten.
Der Verlag, die Autoren und die Herausgeber gehen davon aus, dass die Angaben und Informationen in diesem Werk zum Zeitpunkt der Veröffentlichung vollständig und korrekt sind. Weder der Verlag, noch die Autoren oder die Herausgeber übernehmen, ausdrücklich oder implizit, Gewähr für den Inhalt des Werkes, etwaige Fehler oder Äußerungen. Der Verlag bleibt im Hinblick auf geografische Zuordnungen und Gebietsbezeichnungen in veröffentlichten Karten und Institutionsadressen neutral.

Planung/Lektorat: Katrin Emmerich
Springer VS ist ein Imprint der eingetragenen Gesellschaft Springer Fachmedien Wiesbaden GmbH und ist ein Teil von Springer Nature.
Die Anschrift der Gesellschaft ist: Abraham-Lincoln-Str. 46, 65189 Wiesbaden, Germany

Über das Buch

Nachhaltigkeit ist in aller Munde. Die Rettung der Meere, der Schutz des Klimas, die Erhaltung der Arten, saubere Luft, die Erhaltung von Lebensräumen und vieles mehr gelangt in der Politik, in der Wissenschaft, in den Medien und der Gesellschaft immer stärker in den Fokus. Ökologische Verantwortung ist zum zentralen Versprechen und einer viel zitierten – manchmal überstrapazierten – Ansage geworden. Dass etwas geschehen muss, darüber gibt es kaum noch Zweifel. Über das Tempo der Umsetzung wird aber heftig gestritten. Manchen geht es nicht schnell genug, andere fürchten negative wirtschaftliche Folgen und zögern bei der Umsetzung. Dennoch, die Tatsache, dass es neben wohlwollenden Sonntagsreden auch endlich konkrete Maßnahmen braucht, ist offensichtlich. Alle Wirtschafts- und Gesellschaftsbereiche sind gefordert, ihren Beitrag zu leisten. Das bezieht auch die Sozialwirtschaft und die Soziale Arbeit mit ein.

Dieses Buch soll Ihnen einen ersten Überblick über das weite Feld der Nachhaltigkeit geben, das sowohl ökologische, soziale und ökonomische Aspekte miteinschließt. Der Bogen reicht von einem kurzen historischen Rückblick dazu, wie der Diskurs über Nachhaltigkeit entstanden ist, über die verschiedenen Rollen der Sozialwirtschaft und der Sozialen Arbeit bis hin zu verschiedenen alternativen Wirtschafts- und Gesellschaftssystemen, um auch die großen Zusammenhänge in den Blick zu nehmen. Die Beschreibung der drei Nachhaltigkeitsdimensionen soll konkrete, praktische Möglichkeiten aufzeigen, wie Sozialorganisation oder Social Business sich auf Nachhaltigkeit ausrichten können. Sie stellen die Basis für die Formulierung von Nachhaltigkeitszielen dar.

Wichtig erscheint, dass es bei Nachhaltigkeitsaktivitäten nicht auf einzelne Maßnahmen beschränkt bleibt. Es braucht einen kontinuierlichen Managementprozess, der strategische und operative Aufgaben umfasst. Das vorgestellte Konzept eines nachhaltigen Managementmodells soll helfen, eine konkrete

Nachhaltigkeitsstrategie auf verschiedenen Ebenen zu formulieren. Konkrete Maßnahmen im Bereich der drei Nachhaltigkeitsdimensionen stellen sicher, dass es nicht nur bei Zielen bleibt. Hier möchte das Buch Anregungen liefern, worauf die Akteur*innen der Sozialwirtschaft achten können. Die Überprüfung von Nachhaltigkeitskennzahlen und der Aufbau eines eigenen Nachhaltigkeitscontrollings (Green Controlling) stellen schlussendlich weitere Entwicklungsfelder für die Sozialwirtschaft dar, die auch eng mit dem Reporting im Sinne eines Nachhaltigkeitsberichts verbunden sind. Verschiedene Praxisbeispiele und Interviews mit Expert*innen der Sozialwirtschaft sollen Ihnen wertvolle Tipps zur Umsetzung bieten!

Mit diesem Buch möchte ich den Entscheidungsträger*innen und Fachkräften der Sozialwirtschaft Mut machen, das Thema der Nachhaltigkeit aufzugreifen. Als Wissenschaftler einen konkreten Beitrag für mehr Nachhaltigkeit in der Sozialwirtschaft zu leisten, war mir ein Herzensanliegen. Ich wünsche Ihnen eine anregende Lektüre.

Peter Stepanek

Inhaltsverzeichnis

1 Nachhaltigkeit ist in der Sozialwirtschaft angekommen 1
   1.1 Der Nachhaltigkeitsdiskurs: von den Grenzen des Wachstums.... 4
   1.2 Nachhaltigkeit in der EU: European Green Deal............... 15
   1.3 Management im 21. Jahrhundert: von der Verantwortung
       zum integrierten Management........................... 18
   1.4 Nachhaltigkeit und die Sozialwirtschaft 21
       1.4.1 Nachhaltigkeitsmanagement: der Blick nach innen....... 22
       1.4.2 Nachhaltigkeit in der Arbeit mit Klient*innen........... 26
       1.4.3 Unterstützung des gesellschaftlichen
           und wirtschaftlichen Wandels 31
       1.4.4 Nachhaltigkeit und Soziale Arbeit auf
           internationaler Ebene............................ 31
   Literatur... 33

2 Die Sozialwirtschaft als Teil einer neuen Wirtschaftsordnung...... 37
   2.1 Alternative Wirtschafts- und Gesellschaftskonzepte
       im Überblick 38
   2.2 Ökosoziale Marktwirtschaft............................. 42
   2.3 Green Economy 44
   2.4 Kreislaufwirtschaft.................................... 46
   2.5 Postwachstumsökonomie............................... 52
   2.6 Gemeinwohl-Ökonomie................................ 58
   2.7 Solidarökonomie 61
   2.8 Sharing Economy..................................... 67
   2.9 Ein Konzept, das viele Ideen verbindet 72
   Literatur... 76

3 Die Dimensionen der Nachhaltigkeit ... 81
- 3.1 Das Drei-Säulen-Modell ... 83
- 3.2 Das Schnittmengenmodell ... 84
- 3.3 Das Vorrangmodell ... 86
- 3.4 Das Nachhaltigkeitsdreieck ... 90
- 3.5 Ökologische Nachhaltigkeit ... 92
- 3.6 Soziale Nachhaltigkeit ... 101
- 3.7 Ökonomische Nachhaltigkeits ... 115
- Literatur ... 121

4 Nachhaltige Managementkonzepte für die Sozialwirtschaft ... 125
- 4.1 Was ist Management? ... 126
- 4.2 Nachhaltiges Management ... 128
  - 4.2.1 Aufbau eines Nachhaltigkeitsmanagements ... 130
  - 4.2.2 Tools für die Analyse der Ausgangslage ... 137
  - 4.2.3 Tools für das Management ... 144
  - 4.2.4 Tools für das Monitoring und das Reporting ... 162
- Literatur ... 163

5 Green Controlling: Nachhaltigkeit steuern, Nachhaltigkeit messen ... 165
- 5.1 Green Controlling – beyond money ... 167
- 5.2 Nachhaltige Planung: Nachhaltigkeitsziele definieren ... 171
- 5.3 Nachhaltigkeitskennzahlen für die Sozialwirtschaft ... 172
  - 5.3.1 Kennzahlen der ökologischen Nachhaltigkeit ... 174
  - 5.3.2 Kennzahlen der sozialen Nachhaltigkeit ... 175
  - 5.3.3 Kennzahlen der wirtschaftlichen Nachhaltigkeit ... 178
- 5.4 Green Balanced Scorecard ... 180
- 5.5 Tools für die nachhaltige Unternehmenssteuerung ... 183
- 5.6 Tools zum Controlling & Reporting ... 184
  - 5.6.1 EMAS (Eco Management and Audit Scheme) ... 187
  - 5.6.2 SDG Compass ... 189
  - 5.6.3 Gemeinwohlbilanz ... 190
  - 5.6.4 Global Reporting Initiative (GRI) ... 198
- 5.7 Klima- und Umweltschutz in a Nutshell ... 204
- Literatur ... 206

Literatur ... 209

Nachhaltigkeit ist in der Sozialwirtschaft angekommen

1

Zusammenfassung

In diesem Kapitel werden der internationale Diskurs zu Nachhaltigkeit, zu den Grenzen des Wachstums und zum Klimaschutz von den 1970ern bis heute im Überblick dargestellt und die jüngsten europäischen Entwicklungen (European Green Deal, Neuer Aktionsplan für die Kreislaufwirtschaft) beleuchtet. Auf diesen Grundlagen fußt die Überzeugung, dass Management im 21. Jahrhundert neben dem Finanzerfolg auch die soziale und ökologische Verantwortung im Blick haben muss. Das macht auch vor der Sozialwirtschaft nicht halt, wo Nachhaltigkeit in der Arbeit mit Klient*innen zum Thema wird oder aus einer organisationalen Perspektive betrachtet werden kann. Die Sozialwirtschaft kann darüber hinaus den gesellschaftlichen und wirtschaftlichen Wandel beeinflussen oder gar als Best-Practice-Beispiel dienen.

Lernziele

- Sie kennen die zentralen Begriffe zum Thema Nachhaltigkeit.
- Sie haben einen Überblick über die Entstehung und den Verlauf der Nachhaltigkeitsdebatte.
- Sie können die Kritik am bestehenden Wirtschaftssystem aus einer ökologischen Perspektive nachvollziehen.
- Sie verstehen die Relevanz von Nachhaltigkeit für den Sozialbereich und die Soziale Arbeit.
- Sie können die Herausforderungen an ein Management im 21. Jahrhundert benennen.

© Der/die Autor(en), exklusiv lizenziert an Springer Fachmedien Wiesbaden GmbH, ein Teil von Springer Nature 2022
P. Stepanek, *Sozialwirtschaft nachhaltig managen*, Basiswissen Sozialwirtschaft und Sozialmanagement, https://doi.org/10.1007/978-3-658-37506-5_1

Kaum ein Tag vergeht, an dem uns nicht neue, teils äußerst alarmierende Nachrichten rund um die zunehmenden Wetterextreme, das Abschmelzen des Polareises, den Klimawandel, die Verschmutzung der Meere, das Verschwinden von Arten und die damit verbundenen Auswirkungen auf uns Menschen erreichen. Spätestens seit sich weltweit immer mehr Menschen *Fridays for Future* angeschlossen haben, stehen diese Themen im Mittelpunkt der medialen Aufmerksamkeit. Es ist offensichtlich, dass sich die hochentwickelten, aber auch hoch verschwenderischen Gesellschaften Mitteleuropas ein „Wegdrücken" aus der Verantwortung nicht länger leisten können. Das Selbstbild der „Umwelt-Musterschüler" im Herzen Europas ist nicht länger aufrechtzuerhalten. Denn die Höchstnoten für Luft- und Wasserqualität wurden zum Großteil durch die Verlagerung der Verschmutzung in andere Länder erreicht:

- 2011 hat das Schweizer Umweltbundesamt (Hochreiter o. J.) in einer Studie die gesamte Umweltbelastung durch Konsum und Produktion in der Schweiz erheben lassen. Die Studie auf Basis der Daten von 2005 kommt zum Ergebnis, dass 60 % der Umweltbelastung durch Importe von Waren oder Rohstoffen entstehen und somit in anderen Ländern anfallen. Im Umweltbericht des Jahres 2018 klettert diese Quote auf 75 %! Dabei stammen 28 % der gesamten Umweltbelastung der Schweiz aus dem Bereich Ernährung.
- Der im Jahr 2017 erstmals für Deutschland erschienene „Umweltatlas Lieferkette" zeigt für ausgewählte Branchen mit hohen Umweltwirkungen auf, an welchen Stellen und in welcher Weltregion innerhalb der Lieferketten negative Auswirkungen auftreten können. Diese Umweltwirkungen beziehen sich auf die Schlüsselthemen Treibhausgasemissionen, Luftverschmutzung, Wasserverbrauch und Landnutzung (Adelphi 2021). Während die CO_2-Emissionen in Deutschland sinken, steigen allerdings die importierten CO_2-Emissionen beträchtlich.
- Österreich belegt im internationalem CCPI (Climate Change Performance Index 2021)-Ranking 2020 von Germanwatch, die einen Score für die Reduzierung der Emission aus Treibhausgasen, dem Einsatz erneuerbarer Energie, dem Energieverbrauch und der Klimapolitik berechnet, weit abgeschlagen nur den 38. Platz. Deutschland liegt auf Platz 23. Nur die Schweiz schaffte es mit Rang 16 ins Spitzenfeld.

Immer mehr Organisationen, Unternehmen und Menschen kommen zu der Überzeugung, dass wir so nicht weitermachen können. Wir müssen wirkungsvolle Maßnahmen setzen, um unseren Planeten und unsere Lebensgrundlagen für nachfolgende Generationen zu erhalten. Wie diese Maßnahmen aussehen können und sollen, darüber gibt es leider noch immer wenig Einigkeit. Zu sehr sind wir an unser Wohlstandsmodell gewöhnt, das auf steigende Wirtschaftsproduktion und eine große Fülle an Produkten und Möglichkeiten setzt. Zu sehr achten wir immer noch auf die wirtschaftliche Rentabilität, die immer wichtiger erscheint als das Gemeinwohl, die soziale Gerechtigkeit oder der Umweltschutz. Den Preis dafür zahlen oft die Menschen in sogenannten Billiglohnländern, in denen Sozial- und Umweltauflagen weit weniger streng sind. Aber auch in Mitteleuropa gibt es viele Verlierer*innen dieser Wachstums- und Konsumlogik. Immer öfter wird eine nachhaltige Wirtschaft eingefordert, die als Lösung für die anstehenden globalen Probleme gesehen wird. Nachhaltigkeit ist zum viel zitierten oder überstrapazierten Begriff geworden. Nachhaltig wirtschaften, nachhaltig investieren, nachhaltig einkaufen oder nachhaltig reisen sind inzwischen Schlagworte des täglichen Lebens. Je nach Kontext wird der Begriff jedoch unterschiedlich verwendet. Manchmal steht er bloß als Synonym für einen dauerhaften Erfolg (etwas soll sich nachhaltig, also dauerhaft auswirken), meistens jedoch für eine Art und Weise des Verhaltens, das Mensch, Tier, Umwelt und Klima in Einklang bringt. In diesem Sinne wird der Begriff auch in diesem Buch verwendet. Besonders deutlich wird das beim Begriff des nachhaltigen Investments. Nachhaltigkeit kann dabei bedeuten, dass sich das Investment im Sinne einer Rendite überhaupt rechnet, oder andererseits eine Form des Investments beschreiben, das nachhaltige Technologien oder „grüne" Unternehmen finanziert. Die Wirtschaft hat den Mega-Trend Nachhaltigkeit natürlich auch schon entdeckt und bietet eine Vielzahl an grünen, nachhaltigen Produkten oder Dienstleistungen an. Getreu dem Motto „Tu Gutes und rede darüber!" lässt sich zumindest in der Werbung dieser Trend gut nachvollziehen. Hier setzt auch die Kritik an, die vielen Unternehmen *Green Washing* unterstellt, weil

- keine natürlichen Materialien verwendet werden,
- die eingesetzten Ressourcen nicht langlebig, recycelfähig, umwelt- und/oder klimaschonend sind,
- es nach wie vor eine Ausbeutung von Menschen in Niedriglohnländern gibt oder
- die Produktionsbedingungen nicht europäischen Sozial- und Gesundheitsstandards entsprechen.

Auch wenn es Kritik an den Motiven für die Einführung von sogenannten grünen Produkte gibt, sind dies dennoch wichtige Etappen auf dem Weg zu einem anderen Umgang mit den planetaren Ressourcen und der Umwelt.

1.1 Der Nachhaltigkeitsdiskurs: von den Grenzen des Wachstums

Der Begriff der Nachhaltigkeit ist bei weitem keine Erfindung des späten 20. Jahrhunderts, sondern ist bereits seit dem 18. Jahrhundert in der Forstwirtschaft in Verwendung. Die kluge Art der Waldbewirtschaftung nach *Hans Carl von Carlowitz* bezog sich allerdings nur auf die Wiederbeforstung der Wälder, sodass auch zukünftige Generationen den Wald als Erholungsraum oder als Ressource nutzen könnten. 1972 formuliert der *Club of Rome* als erste Institution, dass es eine Abkehr vom ewigen Wachstum geben muss und dass die zentralen Ressourcen des Planeten begrenzt sind. Das düstere Zukunftsszenario gilt als Startschuss für eine breite Auseinandersetzung mit den negativen Auswirkungen des Wirtschaftswachstums, der Bevölkerungszunahme und des globalen Ressourcenverbrauchs und hat auch 50 Jahre später nichts an Relevanz verloren (Pufé 2014, S. 34 ff.). Dass es um viele der weltweit verfügbaren Ressourcen schlecht bestellt ist, wird unter dem Motto *Peak Everything* zusammengefasst. Wurde der Begriff zunächst als *Peak Oil* für das Erreichen bzw. Überschreiten des Höhepunkts der Erdölförderung benutzt, nimmt Peak Everything Bezug darauf, dass schlussendlich alle zentralen Ressourcen auf diesem Planeten begrenzt sind. Er zeigt auch auf, dass wir bei vielen dieser Rohstoffe alarmierend hohe Förder- oder Verbrauchsquoten haben bzw. drauf und dran sind, die Vorräte aufzubrauchen. Ein eindrucksvoller Indikator für ein Wirtschaften, das sich wenig um die Grenzen der verfügbaren Ressourcen kümmert, ist der *Earth Overshoot Day* oder auf Deutsch der *Erdüberlastungstag*. Dieser markiert den Tag, an dem die jährliche Nachfrage der Menschheit nach ökologischen Ressourcen die Menge übersteigt, die die Erde in diesem Jahr regenerieren kann. Wir halten dieses Defizit aufrecht, indem wir Ressourcenbestände auflösen und Abfälle, vor allem Kohlendioxid in der Atmosphäre, anhäufen. Andrew Simms erstellte das Konzept des Earth Overshoot Day ursprünglich während seiner Arbeit im britischen Think Tank New Economics Foundation. 2020 und 2021 lag der Tag am 22. August, nachdem im Jahr zuvor bereits am 29. Juli alle Ressourcen eines Jahres aufgebraucht waren. Die Verbesserungen in diesen beiden Jahren hängen mit der Corona-Pandemie zusammen (Global Footprint Network 2020). Das Global Footprint Network berechnet auch den Country Overshoot Day, der den nationalen Fußabdruck darstellt. Dieser fällt für Deutschland, Österreich und die Schweiz weit dramatischer aus: So hat Österreich bereits am 7. April 2021 alle nachwachsenden Ressourcen dieses Jahres verbraucht und konsumiert bis 31. Dezember 2021 auf Kosten nachfolgender Generationen. Für Deutschland

1.1 Der Nachhaltigkeitsdiskurs: von den Grenzen des Wachstums

fällt dieser Tag auf den 5. Mai 2021. Die Schweiz folgt am 11. Mai 2021. Die anhaltende Ausbeutung der Ressourcen hat vor allem mit dem Festhalten am ständigen Wirtschaftswachstum zu tun.

Das *Bruttoinlandsprodukt (BIP)* als der zentrale Wohlstandsindikator gilt als das Ergebnis einer Ökonomielehre, die die Grenzen des Wachstums nicht anerkennt und ausschließlich finanzielle Aspekte als Indikator für Wohlstand begreift. Es ist eine rege wissenschaftliche Diskussion darüber entstanden, warum das BIP abzulehnen ist und welche Alternativen es dafür braucht. Bereits 2012 hat der Deutsche Bundestag eine Studie zu Alternativen zum BIP in Auftrag gegeben, die allerdings zum Ergebnis kommt, „dass das BIP zwar kein perfekter Wohlfahrtsmaßstab ist, gleichwohl aber die Basis und der Kern jeder Wohlstandsrechnung bleiben sollte. Kein anderes Maß kann es mit dem BIP hinsichtlich Konsistenz, Informationsgehalt und Objektivität der Daten aufnehmen" (Suntum 2012, S. 47). Dennoch hält die Diskussion an, inwiefern Wachstum notwendig und als Indikator passend ist. Das Lexikon der Nachhaltigkeit (2015) widerlegt sieben Argumente, warum wir Wachstum angeblich brauchen:

- **Wachstum erhöht den Wohlstand**
Die Grundidee ist: Je höher das BIP pro Kopf ist, desto besser geht es wirtschaftlich gesehen den Bewohner*innen eines Landes. Durch das Wachstum können die Menschen ihre materiellen Bedürfnisse befriedigen. Je mehr dieser Bedürfnisse sie stillen können, desto höher ist ihr persönlicher Nutzen. Insofern ist das Ziel, den Nutzen zu maximieren, für viele Staaten erstrebenswert. Diese Sichtweise blendet aber den Umstand aus, dass es neben den Bedürfnissen nach materiellem Besitz auch andere Einflussfaktoren für das Wohlbefinden und die Zufriedenheit bzw. das persönliche Glück gibt. Forschungen zeigen, dass der Grad der Lebenszufriedenheit zwar zunächst mit dem Einkommen korreliert, aber ab einer bestimmten Höhe stagniert und kaum noch wächst. Dieser Wert liegt bei ungefähr der Hälfte des Pro-Kopf-Einkommens reicher Industrieländer.
Beispiel: Eine Gehaltserhöhung einer Leitungsperson, die bereits über EUR 4000 pro Monat netto verdient, ermöglicht dieser Person vielleicht, sich mehr Güter oder Dienstleistungen zu kaufen, erhöht aber weder die verfügbare Zeit mit der Familie oder Freunden noch die Möglichkeiten, sich persönlich zu entfalten. Oftmals wird das zusätzliche Einkommen in Güter investiert, die diese Personen ohnehin bereits besitzen. Das Grundbedürfnis kann somit nicht mehr gestillt werden.

- **Wachstum erhöht die Beschäftigung und senkt die Arbeitslosigkeit**
  Damit die Beschäftigung steigen kann, muss das Wirtschaftswachstum über der Steigerung der Produktivität liegen. Diese ist dann gegeben, wenn derselbe Output mit weniger Arbeitseinsatz erreicht wird. Das ist aber nicht immer der Fall. Darüber hinaus ist eine Zunahme der Beschäftigung nicht automatisch mit der Reduzierung von Arbeitslosigkeit verbunden. Die Arbeitslosigkeit ist vom Wirtschaftswachstum weniger beeinflusst, da es viele Einflussfaktoren auf den Arbeitsmarkt gibt und auch strukturelle Ursachen und demographische Faktoren für Arbeitslosigkeit auftreten können. Kurzum: Wachstum allein reduziert die Arbeitslosigkeit bei bestimmten Zielgruppen und in gewissen Regionen nicht.
  Beispiel I: In einer Grenzregion Österreichs, dem Waldviertel, gab es früher Textilindustrie. Durch das Abwandern dieser Branche in Billiglohnländer sank das Angebot an Arbeitsplätzen in dieser Region beträchtlich, während anderswo in Österreich das Angebot ausreichend war.
  Beispiel II: Auch wenn in einem Land Vollbeschäftigung herrscht, gibt es Gruppen von Menschen, die aufgrund ihrer kognitiven oder körperlichen Fähigkeiten keinen Arbeitsplatz finden. Egal wie hoch das Wirtschaftswachstum auch wäre, diese Gruppen von Arbeitslosen können auf dem ersten Arbeitsmarkt nicht untergebracht werden.
- **Wachstum erhöht Produktivität und verschafft einen Vorsprung im Systemwettbewerb**
  Die Annahme ist, dass die durch das Wachstum ausgeweitete Produktion zu einer höheren Effizienz und somit zu einer höheren Produktivität führt. Das wird als Möglichkeit zur Spezialisierung beschrieben. Die Ressourcen werden immer effizienter eingesetzt, was Preise sinken lässt und die Wettbewerbssituation eines Landes verbessert. Das gilt jedoch nicht für alle Sektoren. Der stark wachsende Dienstleistungssektor entzieht sich zumeist dieser Logik. Dort ist eine höhere Arbeitsproduktivität nicht das Ziel, da die Qualität tendenziell mit einer höheren Produktivität sinken würde. Eine Rationalisierung ist gerade bei personenbezogenen und arbeitsintensiven Dienstleistungen nicht möglich oder sogar kontraproduktiv.
  Beispiel: Gerade in der Sozialwirtschaft ist die Maxime der Effizienzsteigerung nicht haltbar. Denn egal, wie viele Menschen z. B. eine Suchtberatung „nachfragen", wird diese dadurch nicht schneller oder mit weniger gut ausgebildeten Personal erbracht werden können. Dieser Bereich kann nicht rationalisiert oder gar durch den Einsatz von Maschinen verändert werden.

1.1 Der Nachhaltigkeitsdiskurs: von den Grenzen des Wachstums

- **Wachstum ermöglicht Investitionen in den Umweltschutz**
  Diese These stützt sich darauf, dass der Verschmutzungsgrad der Umwelt mit einem steigenden Volkseinkommen sinkt, da reiche Länder dann in den Umweltschutz investieren können. Die Umweltzerstörung schreitet also zunächst voran, bis ein bestimmtes Wohlstandsniveau erreicht ist, danach sinkt sie. Forschungen zeigen, dass dieser Zusammenhang nur in seltenen Fällen zutrifft.
  Beispiel: In Österreich ist der CO_2-Ausstoß von 1995 bis 2018 um 3,1 % gestiegen. Das BIP ist im gleichen Zeitraum um rund 50 % gestiegen. Der Anstieg konnte also nur gebremst werden.

- **Wachstum erleichtert die Bedienung von Staatsschulden und die Finanzierung der sozialen Sicherungssysteme**
  Ein höheres Wachstum führt zu höheren Steuereinnahmen, die dann von den Regierungen für Zinszahlungen, aber auch höhere Sozial- und Gesundheitsausgaben eingesetzt werden können. Der Umkehrschluss, dass diese Ausgaben eben nur durch Wachstum finanziert werden können, ist nicht haltbar, denn die Staaten haben es selbst in der Hand, wofür die Steuereinnahmen eingesetzt werden.
  Beispiel: Anstatt das Sozial- und Gesundheitssystem über Sozialversicherungsabgaben der Dienstnehmer*innen und Dienstgeber*innen zu finanzieren, könnten Staaten auch andere Finanzquellen wie die Finanztransaktionssteuer dafür einsetzen. Damit wäre der Staat nicht mehr ausschließlich auf ein Wachstum der Beschäftigung „angewiesen".

- **Wachstum entschärft Verteilungskonflikte und verringert Armut**
  Dieser These liegt die Trickle-down-Theorie zugrunde, die davon ausgeht, dass der Wohlstand, der durch das Wachstum vor allem in den reicheren Bevölkerungsschichten entsteht, nach und nach auch zu den Armen durchsickert. Je mehr erzeugt wird, je mehr Wohlstand entsteht, desto mehr kann auch Einkommen verteilt werden.
  Beispiel: In Deutschland hat sich laut einem Bericht der Süddeutschen Zeitung (2020) die Kluft zwischen Arm und Reich weiter vergrößert. Von 2000 bis 2017 drifteten die Einkommenszuwächse weit auseinander. Während die bestverdienenden 10 % der Haushalte nach Inflation 22 % mehr verfügbares Einkommen hatten, fiel das Plus in der Mittelschicht nur halb so hoch aus. Die 10 % der Geringverdiener*innen profitierten überhaupt erst, als 2015 ein gesetzlicher Mindestlohn eingeführt wurde.

- **Wachstum wird als Fortschritt wahrgenommen**
  Wirtschaftswachstum wird oftmals als Indikator für Fortschritt gesehen. Dabei wird ausgeblendet, dass dieses Wachstum mit Zerstörung der Umwelt und gesundheitlichen Schäden erkauft wird.

Beispiel: Die Schweizer Gesundheitsbefragung 2017 zeigt, dass der Anteil der Menschen, die sich am Arbeitsplatz gestresst und psychisch belastet fühlen, immer stärker ansteigt: „Insgesamt war 2017 jeder zweite Erwerbstätige von mindestens drei Typen sogenannter psychosozialer Risiken betroffen. Dazu gehören neben Stress auch die Angst um den Arbeitsplatz, hoher Zeitdruck, geringer Gestaltungsspielraum, fehlende Unterstützung durch Vorgesetzte, Diskriminierung oder Gewalt am Arbeitsplatz und hohe Arbeitsanforderung" (Handelszeitung 2019).

1987 hat der *Bericht der Brundtland-Kommission* einen bedeutenden Grundstein zur Nachhaltigkeitsdebatte gesetzt: „Sustainable development is the development that meets the needs of the present without compromising the ability of future generations to meet their own needs. It contains two key concepts: – the concept of 'needs' in particular the essential needs of the world's poor to which overriding priority should be given; and – the idea of limitation imposed by the state of technology and social organizations on the environments ability to meet present and future needs" (WCED 1987, S. 54). Der Bericht verdeutlicht erstmals, dass globale Umweltprobleme hauptsächlich das Ergebnis der schädlichen Konsum- und Produktionsweisen im Norden und der großen Armut im globalen Süden sind. Umweltschutz ist somit auch eine Frage der globalen Gerechtigkeit. Oder noch deutlicher: Eine nachhaltige Wirtschaftsordnung ist eine, die auch auf eine gerechte globale Verteilung des Wohlstands und auf einen ausgeglichenen Ressourcenverbrauch achtet (Pufé 2014, S. 42 ff.). Die Konferenz in Rio de Janeiro zum Thema Umwelt und Entwicklung im Jahr 1992 prägte das Verständnis, dass Nachhaltigkeit nur durch die Integration der ökonomischen, ökologischen und sozialen Dimension erreicht werden kann (Schaltegger und Müller 2008, S. 42 f.). Die Konferenz, die erstmals auch Vertreter*innen von NGOs einband, konnte schlussendlich sechs Dokumente verabschieden (Pufé 2014, S. 50).

In den *27 Grundsätzen der Rio-Deklaration* wurde u. a. erstmals global das Recht auf nachhaltige Entwicklung verankert. Weiter wurden das Vorsorge- und das Verursacherprinzip als Leitprinzipien anerkannt. Als unerlässliche Voraussetzungen für eine neue nachhaltige Entwicklung werden u. a. die Bekämpfung der Armut, eine angemessene Bevölkerungspolitik, Verringerung und Abbau nicht nachhaltiger Konsum- und Produktionsweisen sowie die umfassende Einbeziehung der Bevölkerung in politische Entscheidungsprozesse genannt.

Die *Rahmenkonvention der Vereinten Nationen über Klimaveränderungen* sieht vor, dass die Belastung der Atmosphäre mit Treibhausgasen auf einem Niveau stabilisiert wird, welches eine gefährliche Störung des Weltklimas verhindert. Nach Einschätzung des IPCC muss der Ausstoß an CO_2 bis 2050 weltweit um mindestens 60 % reduziert werden, um den Klimawandel in vertretbaren, also „ungefährlichen" Grenzen zu halten.

Die *Biodiversitätskonvention* ist ein Abkommen zum Schutz der biologischen Vielfalt. Die Welt soll die biologische Vielfalt erhalten und ihre Grundelemente auf gerechte und ausgewogene Art nachhaltig nutzen. Konkret heißt dies, dass die Nutzung so erfolgen muss, dass die biologische Vielfalt langfristig nicht weiter gefährdet wird. Die Länder haben das Recht, über ihre biologischen Ressourcen zu verfügen, sind aber dafür verantwortlich, biologische Vielfalt zu erhalten und biologische Ressourcen auf nachhaltige Weise zu nutzen.

Die *Walddeklaration* nennt Leitsätze für die Bewirtschaftung, Erhaltung und nachhaltige Entwicklung der Wälder der Erde. Gemäß dieser eher unverbindlichen Absichtserklärung sollen Wälder nach ökologischen Maßstäben bewirtschaftet, erhalten und geschützt werden. Eine verbindliche Waldkonvention, wie sie von den Industriestaaten gewünscht wurde, scheiterte am Widerstand der Entwicklungsländer.

Auf der Konferenz wurde ein regierungsübergreifendes Verhandlungskomitee ins Leben gerufen, um eine Konvention zur *Bekämpfung der Wüstenbildung* in den Ländern, die schwer unter der Dürre und Wüstenbildung leiden, vorzubereiten. Dieses Komitee, 1993 gegründet, beschloss nach fünf vorbereitenden Sitzungen am 17. Juni 1994 in Paris die Konvention zur Bekämpfung der Wüstenbildung.

Die Agenda 21 ist das bekannteste der Abkommen. Ihr zufolge ist es an den Regierungen der einzelnen Staaten selbst, für die Umsetzung des Nachhaltigkeitsleitbildes auf nationaler Ebene zu sorgen. Die Agenda umfasst 40 Kapitel, in denen alle Politikbereiche und Maßnahmen angeführt werden. *Die Agenda 21* ermöglicht es, die globalen Ziele in nationale und regionale Maßnahmen münden zu lassen. Diese Maßnahmen sollen mit Beteiligung von NGOs, Unternehmen, der Wissenschaft sowie durch Einbeziehung der Bevölkerung umgesetzt werden. Auf kommunaler Ebene stößt die *Lokale Agenda 21* entsprechende Maßnahmen an. Die Agenda 21 ist in vier Bereiche gegliedert (Pufé 2014, S. 55), die gerade aus der Perspektive der Sozialen Arbeit viele Anknüpfungspunkte im Hinblick auf Empowerment, Gerechtigkeit, Chancengleichheit und Partizipation zeigen und über die lokalen Agenden konkrete Möglichkeiten der Gemeinwesenarbeit und im Sozialraum bieten:

- *Soziale und wirtschaftliche Dimension:* z. B. Armutsbekämpfung, Bevölkerungsdynamik, Gesundheitsschutz und nachhaltige Siedlungsentwicklung.
- *Erhaltung und Bewirtschaftung der Ressourcen für die Entwicklung:* z. B. Schutz der Erdatmosphäre, Bekämpfung der Entwaldung, Erhalt der biologischen Vielfalt, umweltverträglichen Entsorgung von Abfällen.

- *Stärkung der Rolle wichtiger Gruppen:* Stärkung von diversen gesellschaftlichen Gruppen zur Umsetzung der Agenda.
- *Möglichkeiten der Umsetzung:* Schaffung von finanziellen und technologischen Möglichkeiten bzw. Rahmenbedingungen wie Technologietransfer, Bildung, internationale Zusammenarbeit.

Auf der *Rio+20-Konferenz* im Jahr 2012 wurde der Beschluss gefasst, globale Nachhaltigkeitsziele zu entwickeln, die schließlich im Jahr 2015 von den Vereinten Nationen als *Sustainable Development Goals (SDG)* verabschiedet wurden. Die 17 Nachhaltigkeitsziele im Rahmen der Agenda 2030 wurden in insgesamt 169 Unterziele aufgeschlüsselt (Jäger et al. 2016, S. 34). Abb. 1.1 zeigt die 17 Sustainable Development Goals.

Die SDGs haben sich als Wertegerüst in der Politik, der Gesellschaft, der Wissenschaft und der Wirtschaft schon nach wenigen Jahren etabliert. Sie stellen den Rahmen für eine nachhaltige Entwicklung und für ein nachhaltiges Wirtschaften im 21. Jahrhundert dar. Die Vereinten Nationen haben zur Messung dieser Ziele ein Set von Indikatoren entwickelt. Ein solches gibt es auch für die Europäische Union. Von den einzelnen Nationalstaaten wurden nationale SDG-Indikatoren erarbeitet, deren Entwicklung und deren Zielerreichungsgrad in Form von nationalen Berichten dargestellt werden. In vielen Ländern haben sich zivilgesellschaftliche Initiativen zum Thema SDG gegründet, um deren Umsetzung in den Nationalstaaten zu „überwachen". Sie sehen sich als Initiative aus der Zivilgesellschaft, die den Diskurs rund um die Nachhaltigkeitsziele vorantreiben, die Partizipation der Gesellschaft sicherstellen und generell mehr Aufmerksamkeit für das Thema erzielen möchten. Viele Unternehmen und Organisationen haben in den letzten Jahren begonnen, ihre Strategien und ihre Nachhaltigkeitsziele entlang der SDGs auszurichten. Sozialorganisationen und Sozialunternehmen sind nicht selten Partner*innen, um Unternehmen in Form von Kooperationen bei der Erreichung dieser Ziele zu unterstützen oder ihnen Plattformen zu bieten, um daran mitzuwirken. Auch für die Sozialwirtschaft selbst haben die SDGs eine hohe Relevanz, sowohl was die Arbeit mit Klient*innen als auch die Organisationsziele selbst betrifft. In Deutschland hat die Arbeiterwohlfahrt (AWO 2021) auf einer Website zu jedem der 17 Nachhaltigkeitsziele eigene Projekte und Maßnahmen aufgelistet und zeigt, welchen Impact die Organisation zur Erreichung der Ziele leistet.

Fallbeispiel: SDG Watch Austria
SDG Watch Austria ist ein Zusammenschluss von mehr als 200 zivilgesellschaftlichen und gemeinnützigen Organisationen, darunter auch viele Organisationen

Abb. 1.1 Sustainable Development Goals. (Eigene Darstellung in Anlehnung an Bundeskanzleramt o. J.)

der österreichischen Sozialwirtschaft. SDG Watch Austria treibt eine wirksame und ambitionierte Umsetzung der SDGs durch Österreich mittels untereinander abgestimmter Anwaltschaft, Informations- und Vernetzungsarbeit voran und verbreitet Informationen zur Agenda 2030. Gegenüber politischen Vertreter*innen dient das Netzwerk als Sprachrohr der Zivilgesellschaft und koordiniert abgestimmte Aktionen und Kommunikation, um Aufmerksamkeit zu schaffen. SDG Watch Austria ist in europäische und internationale Netzwerke eingebunden (SDG Watch Austria 2020a). Einmal jährlich findet außerdem das von SDG Watch Austria organisierte SDG-Forum statt. Themeninitiativen werden von Mitgliedsorganisationen ins Leben gerufen und von diesen eigenverantwortlich geleitet. Sie dienen der detaillierteren Bearbeitung einzelner Themenbereiche und von Querschnittsmaterien der Agenda 2030. Dadurch können Synergien und Wissensaustausch zwischen Mitgliedsorganisationen gefördert werden (SDG Watch Austria 2020b).

Interview mit Judith Zimmermann-Lackner von SDG Watch Austria
Es sind auch viele Sozialorganisationen Mitglied von SDG Watch Austria. Wo sehen Sie die Berührungspunkte zum Erreichen der SDGs?
Es ist uns ein großes Anliegen, dass auch Sozialorganisationen eingebunden sind. Die Agenda 2030 betrifft uns alle, egal ob wir in der Entwicklungszusammenarbeit, im Umweltbereich oder in der Sozialwirtschaft tätig sind. Für das Wahrnehmen der lokalen Verantwortung zur Erreichung der SDGs braucht es die Expert*innen der Sozialorganisationen. Sonst wäre SDG Watch Austria unglaubwürdig. Gerade diese Organisationen schaffen eine klare Verbindung zwischen internationalen Entwicklungen und der sozialen Situation in Österreich.

Gibt es aus Ihrer Sicht mehr Übereinstimmungen bei den Sozialorganisationen, wenn es mehr um soziale als um ökologische Ziele der SDGs geht?
Klar liegen die sozialen Aspekte der SDGs den Sozialorganisationen näher, aber man muss die Themen gemeinsam denken. Die ökologischen Rahmenbedingungen haben auch große Auswirkungen auf das Soziale. Eine gedeihliche soziale Entwicklung kann nicht stattfinden, wenn es gleichzeitig massive Umweltschäden gibt.

Ihre Organisation möchte die Umsetzung und die Aufmerksamkeit für die SDG vorantreiben. Wie wirkt sich das bei den Mitgliedsorganisationen selbst aus? Haben diese Nachhaltigkeit für sich selbst schon zum Thema gemacht?
Die Beschäftigung mit dem Thema hat einen großen Impact auf das eigene Handeln, auch in der Sozialwirtschaft. Es gibt ein hohes Maß an Selbstreflexion

und an Selbstverpflichtung. Das beginnt bei internen Organisationsaspekten und zeigt sich beim Umgang mit Mitarbeiter*innen, beim Einsatz von Ressourcen oder bei Kriterien zur Auswahl von Projekten.

Welche Tipps haben Sie für alle, die sich erstmals mit den SDGs aus einer Organisationsperspektive beschäftigen?
Wenn man sich mit Nachhaltigkeit beschäftigt, kommt man zwangsläufig zu den SDGs. Die Idee der SDGs geht aber darüber hinaus. Vielleicht sollte man sich zunächst mit der Geschichte, aber auch mit den Zielen der Agenda 2030 auseinandersetzen, um so zu erkennen, welche Herausforderungen das für die einzelnen Nationalstaaten, Regionen oder jeden Einzelnen von uns hat. Viele Organisationen machen Workshops, Veranstaltungen oder Briefings, um diese Idee nach außen zu tragen. Es gibt auch viele lokale Initiativen.

Muss man gleich alle 17 Ziele umsetzen bzw. in den Blick nehmen?
Grundsätzlich sollte man alle SDGs im Blick haben, da die Themen ja auch zusammenhängen. Manche Organisationen widmen sich aber nur einzelnen Zielen, da diese sich leichter erschließen als andere. Schlussendlich wird man aber zu jedem Thema einen Konnex finden.

2030 ist das Zieljahr für die Agenda 2030. Das ist weniger als 10 Jahre entfernt. Wie weit haben wir in Europa bereits unsere „Hausübungen" gemacht?
Die SDGs sind ein großer Erfolg, weil sich hier 192 Ländern verpflichtet haben, für die Umsetzung dieser Ziele einen Beitrag zu leisten. Auch wenn man natürlich kritisieren kann, dass es sich hierbei um den kleinsten gemeinsamen Nenner handelt, ist es doch eine historische Errungenschaft. Dennoch stehen wir noch ganz am Anfang. In Österreich gab es bis 2019 nur eine Bestandsaufnahme, aber keine konkrete Strategie. Schön langsam folgen jetzt konkrete Maßnahmen seitens der öffentlichen Verwaltung. Aber wir haben nicht mehr viel Zeit!

Was folgt auf die Agenda 2030?
Die Agenda 2030 bietet einen sehr wichtigen Rahmen, in dem sich alle gut wiederfinden können. Die SDGs sind ein internationales Erfolgsmodell, das leicht zu verstehen und zu kommunizieren ist. Es ist davon auszugehen, dass es auch nach 2030 eine Agenda geben wird.

Die Corona-Pandemie und die drastischen Einschnitte in das Privatleben und die Wirtschaft haben gezeigt, dass Veränderungen möglich sind und auch auf eine breite Akzeptanz stoßen können:

- Der Fahrradverkehr ist in Wien im April 2020 um 20 % gegenüber dem Vorjahreswert gestiegen (Vienna.at 2020).
- Die weltweite CO_2-Emission ist zeitweise um 17 % gesunken.
- Der Verkehr ist in Deutschland im März 2020 um 70 % zurückgegangen.
- Ein Großteil von Kongressen und internationalen Meetings wurde 2020 online abgehalten.
- Die Internationale Air Transport Assoziation schätzt für 2020 einen Rückgang des Flugverkehrs um rund 60 % (Manager Magazin 2020).

Die wirtschaftlichen Auswirkungen der Pandemie werden laut Prognosen von Wissenschaftler*innen noch viele Jahre andauern. Auch die Prognosen für die Arbeitsmärkte in Europa sind düster. Die Klimakrise ist aber durch die Pandemie nicht weniger relevant geworden. Sie ist nicht weniger real und erfordert ebenfalls rasch vermutlich auch sehr einschneidende Maßnahmen. Die Pandemie hat hier auch Chancen eröffnet, da die europäischen Staaten den „Wiederaufbau" auch gleich nachhaltig gestalten können (z. B. Förderungen für die Green Economy oder die Kreislaufwirtschaft) und die Bürger*innen einen – zunächst durch die Pandemie erzwungenen – klimaschonenden Lebensstil beibehalten könnten (z. B. weniger Flugreisen, steigende Nutzung von Fahrrädern, Rückbesinnung auf regionale Produkte). In einem gemeinsamen Aufruf der Bundespräsident*innen von Deutschland, Österreich und der Schweiz (Sommaruga et al. 2020) forderten Frank-Walter Steinmeier, Alexander Van der Bellen und Simonetta Sommaruga im Juni 2020, dass auch in der Klimapolitik die Strategie gilt: „flatten the curve". Der Ausstoß an klimaschädlichen Treibhausgasen müsse reduziert werden. Es brauche einen Neustart der Wirtschaft „mit Innovationen, die konsequent auf Nachhaltigkeit ausgerichtet sind". Eine Wirtschaft, die von Kohle, Öl, Gas und Abfallbergen wegkommt, schaffe Wachstum und Arbeitsplätze. Es brauche deswegen Investitionen in neue, umweltfreundliche Technologien, in sauberen und bezahlbaren Strom aus erneuerbaren Energien und in Sektoren, die aus Altem Neues machen. Das bedeutet, dass man die Klimapolitik gemeinsam mit der Bevölkerung gestalten müsse: „Dies ist möglich, wenn wir die Voraussetzungen schaffen, dass die Bürgerinnen und Bürger unabhängig von ihrem Einkommen klimaverträglich leben können." Auch wenn viele den Vergleich zur Corona-Krise ziehen: „Die Klimakrise werden wir nicht durch einen Lockdown bewältigen. Erfolgreiche Klimapolitik benötigt einen langen Atem.

Zwischen Maßnahmen und ihren Auswirkungen aufs Klima liegen mitunter Jahrzehnte. Aber auf die Beschäftigung, das Wachstum und den Alltag von uns allen wirkt sich eine kluge Klimapolitik rasch positiv aus."

Auch in der Wirtschaft setzt nicht zuletzt durch die Pandemie langsam ein Umdenken ein. Klaus Schwab, Gründer des Weltwirtschaftsforums in Davos, bringt es in einem Interview mit „Der Zeit" im September 2020 (Gatzke und Uken 2020) auf den Punkt: Die Corona-Pandemie hat es gezeigt. Der Neoliberalismus, als Synonym für ungeregelten, ungehemmten Kapitalismus, habe ausgedient. Es brauche ein Wirtschaftssystem, das widerstandsfähiger, inklusiver und nachhaltiger ist. Der Kapitalismus müsste neu definiert werden. Neben dem Finanzkapital müssten auch das Sozialkapital, das Naturkapital und das menschliche Kapital Berücksichtigung finden. Wolle ein Unternehmen heute erfolgreich sein, muss es alle drei Dimensionen der Nachhaltigkeit in die Strategie einbeziehen. Generell brauche es „Institutionen, die die Welt als System verstehen und die Regierungen, Unternehmen und Zivilgesellschaft integrieren. Keines der Probleme, die wir auf globaler Ebene haben, kann isoliert betrachtet werden und jedes dieser Probleme braucht die Zusammenarbeit aller". Das bedeutet auch, dass Wachstum die falsche Kennzahl ist, wenn die Zuwachsraten des Bruttosozialprodukts gemessen werden. Unternehmen sollten verpflichtet werden, auch über ihre Umweltleistung und soziale Maßnahmen zu berichten. „Das Gleiche sollte man auch vom Staat verlangen." Durch eine Verordnung der Europäischen Union aus dem Jahr 2014 sind die größten europäischen Unternehmen zu einer nicht-finanziellen Berichtslegung verpflichtet.

1.2 Nachhaltigkeit in der EU: European Green Deal

Bereits nach der Finanzkrise 2008 wurde in Anlehnung an den New Deal der Ruf nach einem Green New Deal laut, um die Wirtschaft wieder zurück auf den Wachstumspfad zu bringen und um Beschäftigung und Wohlstand zu erzeugen. Um Wachstum zu erreichen, sehen Ökonom*innen generell vier unterschiedliche Wege (Jackson 2013, S. 94 ff.), in die man nachhaltige Idee integrieren kann:

- Nichts tun, die Wirtschaft wird sich selbst überlassen. Sie wird sich von selbst erholen.
- Die Nachfrage wird durch eine Ausdehnung der Geldmenge erhöht. Die Kreditmärkte werden durch günstige Zinsen stimuliert. Unternehmen und private Haushalte können zu günstigen Konditionen investieren bzw. konsumieren.

- Durch Steuersenkungen und eine Ausweitung von Transferleistungen erhöht sich das verfügbare Einkommen für den Konsum.
- Ein klassisches staatliches Ausgabenprogramm im Sinne von Maynard Keynes initiieren, das bereits in den 1930ern von Franklin D. Roosevelt in den USA gegen die Wirtschaftskrise erfolgreich eingesetzt wurde und unter dem Namen „New Deal" bekannt wurde.

Die Idee des Green New Deal stellt somit eine klassische Win-win-Situation dar. Wenn der Staat z. B. in Infrastruktur investiert, dann soll er gezielt in nachhaltige Projekte und in umweltschonende Infrastruktur investieren. Damit kann man einerseits die Wirtschaft ankurbeln und Beschäftigung schaffen sowie andererseits auch den Klimawandel stoppen und einen Beitrag zur Energiesicherheit liefern. Rasch hat sich dazu ein internationaler Konsens gebildet. Die Idee des Green New Deal ist aber nicht unumstritten. So wird die Wachstumsdoktrin übernommen und ihr ein grüner Anstrich verliehen. Auch grünes Wachstum ist zunächst Wachstum, das zu einem erhöhten Gesamtressourcenverbrauch führt. Die Förderung der Green Economy und ihrer Produkte und Dienstleistungen führt dazu, dass mitunter zwar ressourceneffizienter produziert wird (für ein einzelnes Produkt oder eine Dienstleistung werden weniger Ressourcen verbraucht), aber sich zumeist insgesamt die Nachfrage nach diesen Produkten erhöht oder die Nutzung intensiviert. In diesem Fall spricht man von *relativer Entkoppelung*. Eine nachhaltige Wirtschaft muss aber die *absolute Entkoppelung* als Ziel haben. Das bedeutet, dass selbst wenn die Wirtschaft wächst, der Gesamtressourcenverbrauch sinken muss, um die Klimaziele zu erreichen. Das ist bis dato nicht gelungen. Bisher konnte zwar durch Innovationen oftmals der Ressourceneinsatz produktbezogen gesenkt werden (relative Entkoppelung), der Ressourcenverbrauch steigt jedoch weltweit in absoluten Zahlen weiterhin an, was auch durch das Bevölkerungswachstum bedingt ist. Dennoch ist der Weg über nachhaltige Konjunkturprogramme ein wichtiger erster Schritt, den auch die Europäische Union eingeschlagen hat und der auch post Corona an Relevanz gewinnen wird.

Die Europäische Kommission (2019) hat im Dezember 2019 den European Green Deal präsentiert, der einen Fahrplan für eine nachhaltige EU-Wirtschaft darstellt. Der Grüne Plan für Europa stellt mit der Abkehr von der bisherigen Wachstumsstrategie eine wichtige Weichenstellung für die nächsten Jahrzehnte dar. Ziel ist es, dass bis 2050 keine Netto-Treibhausgasemissionen mehr freigesetzt werden, das Wirtschaftswachstum von der Ressourcennutzung abgekoppelt wird und niemand, weder Mensch noch Region, im Stich gelassen wird. Der detaillierte Aktionsplan mit Maßnahmen auf ganz unterschiedlichen

1.2 Nachhaltigkeit in der EU: European Green Deal

Ebenen fokussiert auf die Förderung einer effizienteren Ressourcennutzung durch den Übergang zu einer sauberen und kreislauforientierten Wirtschaft, auf die Wiederherstellung der Biodiversität sowie auf die Bekämpfung der Umweltverschmutzung (Europäische Kommission 2019a). Es wird sich zeigen, inwiefern die dafür notwendigen Investitionen finanziert werden können und ob ein gerechter und umfassender Übergang gelingen kann. Jedenfalls möchte die EU bis 2050 klimaneutral sein. Dazu müssen sich alle Wirtschaftssektoren aktiv beteiligen. Als ein wichtiger, erster Schritt wurde im März 2020 der „Aktionsplan für die Kreislaufwirtschaft" vorgeschlagen, der vor allem folgende Bausteine enthält (Europäische Kommission 2020a):

- die Reduzierung des Abfalls an elektronischen Geräten durch Verlängerung des Produktlebenszyklus, Ausbau der Reparaturmöglichkeiten und gezieltes Recycling;
- die Ankurbelung von Geschäftsmodellen in der Textilwirtschaft, um die Wiederverwendung und das Recycling der Textilien zu fördern, aber auch ökologische Textilien zu promoten und den Gebrauch der Textilien zu verlängern;
- den Auslauf der Verwendung von Einwegprodukten und den Einsatz von Mikroplastik zu beschränken;
- Die Verwendung von Einwegverpackungen, -geschirr und -besteck bei Verpflegungsdienstleistungen durch Mehrwegsysteme zu ersetzen und generell das Abfallaufkommen in diesem Bereich zu reduzieren; sowie
- die Abfallvermeidung und Reduzierung des Abfallaufkommens.

Die europäische Kommission hat für das Jahr 2021 auch einen Aktionsplan Sozialwirtschaft angekündigt (Action Plan Social Economy), bei dem auch die Rolle der Sozialwirtschaft auf dem Weg zur Kreislaufwirtschaft betont werden wird. Schon jetzt gibt es viele Beispiele dafür, wie sozialwirtschaftliche Organisationen eine entscheidende Rolle spielen: Das Wiener Social Business Reparatur- und Service-Zentrum R.U.S.Z. beschäftigt langzeitarbeitslose und geflüchtete Menschen, finanziert sich fast ausschließlich über Markteinkünfte und ist ein Vorzeigebetrieb der Kreislaufwirtschaft (R.U.S.Z. 2020a). Das Leitbild des Unternehmens zeigt, dass es dabei um mehr als um die Reparatur einzelner Geräte geht: „Wir bieten nicht nur Reparaturdienstleistungen für Elektrogeräte im Großraum Wien an, wir entwickeln auch neue Konsummodelle, lobbyieren für die Kreislaufwirtschaft und zeigen, dass Ressourcenschonung Hand in Hand mit Klimaschutz geht. Davon profitieren Konsument*innen, Wirtschaft und Umwelt" (R.U.S.Z. 2020b).

1.3 Management im 21. Jahrhundert: von der Verantwortung zum integrierten Management

Am Ende des 20. Jahrhunderts rückt ausgehend vom angelsächsischen Raum das Konzept der Unternehmensverantwortung auch in Mitteleuropa mehr in den Fokus. Unter dem Schlagwort *Corporate Social Responsability (CSR)* wird ein Konzept der sozialen und ökologischen Verantwortung diskutiert, das sehr unterschiedliche Ausprägungen haben kann. Der Bogen spannt sich von hohen ethischen und moralischen Ansprüchen einerseits bis zu Pseudomaßnahmen zum Zweck der Imagepflege andererseits. Auch *Green Washing* wird Unternehmen diesbezüglich immer wieder unterstellt. Darunter versteht man Maßnahmen, die nur den Anschein einer zumeist ökologischen Verantwortung erwecken sollen, aber diesbezüglich wenig Substanz haben. Carroll (1979, zitiert nach Schaltegger und Müller 2008, S. 21) liefert eine CSR-Systematik, welche die Erwartungshaltung der Gesellschaft an (profitorientierte) Unternehmen zeigt: Die ökonomische und rechtliche Verantwortung wird vorausgesetzt, eine ethische Verantwortung erwartet und eine philanthropische Verantwortung gewünscht. Für Sozialunternehmen müsste man – wie Tab. 1.1 zeigt – diese Systematik verändern, da die meisten Menschen an Organisationen der Sozialwirtschaft strengere Maßstäbe anlegen. Dafür ist die wirtschaftliche Erwartung an diese Organisationen von geringerer Relevanz und vom Gedanken der Kostendeckung (d. h., die Einnahmen decken die Ausgaben) getragen. Überschüsse werden nicht vorausgesetzt oder erwartet:

Tab. 1.1 CSR-Systematik. (Eigene Darstellung in Anlehnung an Carroll 1979)

Ansatz	Art der Verantwortung	Erwartungshaltung
Be a good Corporate Citizen	Philanthropische Verantwortung	Wird erwartet
Be ethical	Ethische Verantwortung	Wird vorausgesetzt
Obey the Law	Rechtliche Verantwortung	Wird vorausgesetzt
Make Profit	Ökonomische Verantwortung	Wird gewünscht

1.3 Management im 21. Jahrhundert: von der Verantwortung ...

Abgesehen vom bürgerlichen Engagement der Unternehmen und der Menschen, die in Unternehmen tätig sind, gibt es auch wirtschaftliche Überlegungen, warum Unternehmen nachhaltig agieren sollten:

- „Grüne" Produkte haben aktuell ein weit höheres Potenzial, weil Konsument*innen diese verstärkt nachfragen. Unternehmen können sich somit Marktanteile sichern.
- Unternehmen können dadurch Flagge zeigen und sich als verantwortungsvoller Player positionieren. Das steigert das Image.
- Als verantwortungsvoller Arbeitgeber*in sind sie für Mitarbeiter*innen interessanter.
- Durch Effizienz und sparsamen Einsatz von Ressourcen können auch Kosten gesenkt werden. Das führt zu einer Win-win-Situation.
- Schlussendlich sind auch Unternehmen von den Folgen der Umweltzerstörung betroffen. Das kann zu höheren Kosten für Rohstoffe, mehr Schäden durch Umwelteinflüsse bzw. einer geringeren Verfügbarkeit von Ressourcen führen.

In den letzten Jahren entwickelte sich auf Basis der Corporate Social Responsability, aber auch aufgrund der Erkenntnisse zum fortschreitenden Klimawandel und des medialen und gesellschaftlichen Drucks die Forderung nach einem nachhaltigen Management, das ökonomische, ökologische und soziale Ziele im Blick hat. Es braucht hierfür ein erweitertes Spektrum an Kriterien und Werten, um den unternehmerischen, aber auch den gesellschaftlichen Erfolg zu bewerten. Dafür eignen sich sowohl der *PPP-Ansatz,* bei dem People, Profit und Planet im Mittelpunkt stehen, als auch die *Triple Bottom Line,* die darauf Bezug nimmt, dass unter dem Strich nicht nur wirtschaftliche, sondern auch ökologische und soziale Aspekte für den Erfolg von Unternehmen verantwortlich sind (Pufé 2014, S. 128). Kann man Corporate Social Responsability und nachhaltiges Wirtschaften gleichsetzen? Dazu gibt es in der Wissenschaft unterschiedliche Standpunkte. Die einfache Antwort wäre, dass CSR einen Teilaspekt des nachhaltigen Wirtschaftens abdeckt. Schaltegger und Müller (2008, S. 24) arbeiten die zentralen Unterschiede der beiden Konzepte heraus:

1. CSR stellt ein freiwilliges Verhalten von Unternehmen dar, das über rein ökonomisch motivierte Aktivitäten hinausgeht. Nachhaltigkeitsmanagement umfasst sowohl freiwillige als auch unfreiwillige sozial und ökologisch ausgerichtete Aktivitäten. Als unfreiwillig können entweder Aktivitäten betrachtet

werden, die auf Basis von gesetzlichen Regelungen erfolgen (also sich auf Umwelt- oder Sozialgesetze beziehen) oder die zwar nicht explizit geregelt sind, bei denen aber der gesellschaftliche Druck bereits so groß ist, dass Unternehmen sich gezwungen sehen, in diesem Bereich aktiv zu werden, da das Management den Ansprüchen der Stakeholder gerecht werden muss.

2. CSR wird als Reaktion auf vom Unternehmen beobachtete gesellschaftliche Entwicklungen gesehen, während dem Nachhaltigkeitsmanagement eine aktivere Rolle zugeschrieben wird. Nachhaltigkeitsmanagement bedeutet diesbezüglich, dass das Unternehmen die eigene Organisation nachhaltig gestaltet und darüber hinaus auch einen Beitrag zur nachhaltigen Entwicklung der (Volks-)Wirtschaft und der Gesellschaft leistet.

3. CSR als Konzept der gesellschaftlichen Verantwortung schließt einen Business Case for Sustainabilty nicht automatisch mit ein. Nachhaltigkeitsmanagement versteht sich als integrierendes Konzept, das ökologische und soziale Aspekte in die eigenen Managementbereiche bringt. Im Zentrum steht die Verbindung aus den drei Perspektiven ökonomisch, ökologisch und sozial. Ein nachhaltiges Geschäftsmodell oder eine nachhaltige Strategie werden als Ziele verfolgt. Somit schreiben sich soziale und ökologische Themen stärker in die DNA des Unternehmens, als das beim CSR der Fall ist.

4. CSR wird in vielen Unternehmen als Parallelsystem angesehen, das – meist von einer eigenen Abteilung organisiert – als Ergänzung zu den wirtschaftlichen Aktivitäten agiert, ja manchmal sogar im klaren Widerspruch zu diesen steht. Nachhaltigkeitsmanagement wirkt über die Einbettung in die Kernaktivitäten des Unternehmens auch auf die Unternehmensentwicklung und somit auf den (langfristigen) Unternehmenserfolg.

5. CSR kann somit als geschäftsbegleitend gesehen werden, während Nachhaltigkeitsmanagement als kerngeschäftsprägende Aktivität gilt.

Die Aufzählung gibt nur einen Ausschnitt einer umfangreichen Diskussion wieder, die auch Widersprüche und Abgrenzungsproblematiken aufdeckt. In der Folge wird von einem umfangreichen, strategischen Ansatz des Nachhaltigkeitsmanagements ausgegangen, der die Entwicklung der Organisation stark beeinflusst und sich bis tief in das Kerngeschäft einschreibt. Zusammenfassend kann man sagen, dass nachhaltiges Management ein ganzheitlicher Ansatz ist, der sowohl auf der operativen als auch auf der strategischen Managementebene Niederschlag findet, indem ökonomische, soziale und ökologische Ziele geplant und gesteuert werden. Das Schweizer Portal *nachhaltig leben* definiert die drei Ziele der Nachhaltigkeit aus Sicht von Unternehmen wie folgt:

- **Ökologische Nachhaltigkeit** „wird von einer bewussten und nachhaltigen Nutzung der Ressourcen gewährleistet, die es trotz Einsparungen schafft, der Kundennachfrage nachzukommen." Es geht um die Auswirkungen der unternehmerischen Tätigkeit auf Umwelt, Klima, Tiere und Pflanzen (Stallone o. J.a).
- „Die Quintessenz der **ökonomischen Nachhaltigkeit** ist, möglichst dauerhafte, langfristige wirtschaftliche Erträge zu erzielen, ohne die natürlichen Ressourcen in ihrem Wachstum zu hemmen" (Stallone o. J.b).
- „Die **soziale Nachhaltigkeit** ist eine der drei Nachhaltigkeitssäulen, die eine stabil und wirksam nachhaltige Gesellschaft garantiert. Ihr Ziel ist es, die menschliche Würde genauso wie das Arbeits- und Menschenrecht zu gewährleisten – und zwar über unsere Generation hinaus." In Unternehmen geht es um Transparenz, Mitbestimmung und Chancengleichheit, aber auch um sozial verträgliche und gesunde Arbeitsbedingungen (Rösemeier-Buhmann o. J.).

Nachhaltigkeitsmanagement bezieht sich sowohl auf das Kerngeschäft als auch auf das Leitbild und die Werte von Organisationen, was auch im Bereich der Akquise und Bindung von Mitarbeiter*innen eine hohe Relevanz hat. Eine systematische Sichtweise der unterschiedlichen Dimensionen der Nachhaltigkeit erfolgt in Kap. 3. Das Wesen und die Instrumente des Nachhaltigkeitsmanagements werden in den Kap. 4 und 5 vorgestellt.

1.4 Nachhaltigkeit und die Sozialwirtschaft

Die Sozialwirtschaft stellt eine besondere Branche dar. Es gibt verschiedene Definitionen, die den Begriff enger (als Synonym für den Dritten Sektor oder Non-Profit-Sektor) oder weitersehen. Dieses Buch folgt einem breiten Begriffsverständnis:

- Die Sozialwirtschaft, als Bereich einer Volkswirtschaft, fasst alle Organisationen, Betriebe und öffentliche (staatliche) Einrichtungen zusammen, die soziale Dienstleistungen oder Soziale Arbeit erbringen, ungeachtet dessen, ob diese auf Gewinn ausgerichtet sind oder nicht.
- Sozialwirtschaftliche Organisationen können jede Rechtsform wählen. Zum überwiegenden Teil sind sie gemeinnützige Vereine, gemeinnützigen GmbHs oder Genossenschaften.

- Auch wenn der Dienstleistungscharakter im Vordergrund steht, nehmen die sozialwirtschaftlichen Organisationen ihre gesellschaftliche und politische Verantwortung als Sprachrohr für benachteiligte Gruppen der Gesellschaft wahr.
- Die Soziale Arbeit als Menschenrechtsprofession stellt eine Kerndienstleistung dar. Darüber hinaus gibt es auch andere fachliche Zugänge und Konzepte, die in der Sozialwirtschaft zum Einsatz kommen. Gerade zum Gesundheits-, Pflege-, Kultur- und Bildungsbereich gibt es eine gewisse Nähe und oftmals auch Überschneidungen oder eine intensive Zusammenarbeit.
- Die Sozialwirtschaft finanziert sich zum Großteil über Förderungen, Subventionen, sogenannte Leistungsverträge oder auch über Markteinkünfte. Auch Spenden und Sponsoring gehören zum bunten Finanzierungsmix dieser Branche. In diesem Zusammenhang kommt auch dem Leistungsdreieck aus Organisation-Klient*in-Förderstelle (oder Kostenträger) eine große Bedeutung zu. Auch wenn die EU einen großen Einfluss auf diese Branche hat, dominieren nationalstaatliche Einflussfaktoren.
- Eine besondere Form von Sozialorganisationen stellen Sozialunternehmen (Social Business) dar. Dieser hybride Organisationstyp kennzeichnet sich durch marktfähige Produkte und Dienstleistungen und einen Finanzierungsansatz mit zumindest 50 % Markteinkünften. Die soziale Mission steht auch bei diesen Unternehmen im Fokus. Es gibt dabei auch Low-Profit-Modelle, bei denen geringe Gewinne an Eigentümer*innen ausgeschüttet werden.

In Hinblick auf die Sozialwirtschaft gibt es drei verschiedene Ansätze, sich mit Nachhaltigkeit zu beschäftigen (siehe Abb. 1.2):

Baumüller und Morzsa (2017, S. 51) sehen gerade bei den Non-Profit-Organisationen mit ihrem auf eine soziale Mission ausgerichteten Zielsystem, dass Nachhaltigkeitsziele einen großen Stellenwert einnehmen können bzw. dass das Zielsystem einer NPO mit der Ausrichtung auf die soziale Mission im Einklang mit den Anforderungen an Nachhaltigkeitszielen steht. In den folgenden Kapiteln sollen die drei unterschiedlichen Ansätze aus Abb. 1.2 kurz betrachtet werden. Eine ausführliche Auseinandersetzung folgt in den nachfolgenden Kapiteln.

1.4.1 Nachhaltigkeitsmanagement: der Blick nach innen

Aufgrund der Verantwortung zur Erfüllung der sozialen Mission haben auch die Organisationen der Sozialwirtschaft einen Nachhaltigkeitsauftrag. Auch wenn soziale Dienstleistungen zumeist mit einem geringeren Ressourcenverbrauch

1.4 Nachhaltigkeit und die Sozialwirtschaft

Abb. 1.2 Drei Ansätze für Nachhaltigkeit in der Sozialwirtschaft. (Eigene Darstellung)

verbunden sind und es auch keinen Produktionsprozess gibt, bei dem giftige Abwässer, schädliche Emissionen oder Lärm freigesetzt werden und dadurch die Umwelt, die Mitarbeiter*innen oder die Anrainer*innen stark belastet werden, kann die Sozialwirtschaft durch ihre Tätigkeit ebenso negative Auswirkungen auf Mensch, Tier und Umwelt haben. Die Verfolgung einer sozialen Mission für die Klient*innen oder die Gesellschaft entbindet nicht davon, sich systematisch mit den verschiedenen Aspekten der Nachhaltigkeit in der eigenen Organisation zu beschäftigen. Tab. 1.2 zeigt mögliche Beispiele für Nachhaltigkeitsmaßnahmen in der Sozialwirtschaft im Bereich der ökologischen, sozialen und ökonomischen Nachhaltigkeit.

Man kann davon ausgehen, dass ökologische und soziale Aspekte auch in der Positionierung als Arbeitgeber*in (sogenannte Employer Brand) an Bedeutung gewinnen. Die Generation der *Millenials* hat ein höheres Bewusstsein für ökologische und soziale Verantwortung. Unternehmen, die ihren Beitrag zu einer sauberen Umwelt und für das Wohl der Menschen und Mitarbeiter*innen darstellen können, werden als attraktivere Arbeitgeber wahrgenommen. Das macht auch vor der Sozialwirtschaft nicht Halt, wo in manchen Bereichen auch ein großer Wettbewerb um Mitarbeiter*innen herrscht. In Zukunft werden auch soziale Einrichtungen verstärkt kommunizieren müssen, welche Relevanz ökologische und soziale Verantwortung hat.

Nachhaltigkeit bzw. Umwelt- und Klimaschutz müssen auch in das Leitbild, die Strategie und den Wertekanon der Sozialwirtschaft aufgenommen werden.

Tab. 1.2 Beispiele für Nachhaltigkeitsmanagement in der Sozialwirtschaft

Bereiche, die nachhaltige Maßnahmen erfordern	Maßnahmen, die ökologische und sozialen Folgen vermindern oder gänzlich vermeiden	Bereich der Nachhaltigkeit
Eine Organisation der Entwicklungszusammenarbeit (EZA), die Hilfsgüter von Mitteleuropa nach Zentralafrika transportiert, verursacht beim Transport und der Verteilung dieser Güter CO_2-Emissionen	Die Organisation der EZA bezieht einen Teil der Hilfsgüter in einem afrikanischen Land und entwickelt ein Konzept, wie die CO_2-Emissionen beim Transport und der Verteilung um 30 % gesenkt werden können	Ökologische Nachhaltigkeit
Eine Organisation, die Essen auf Rädern zubereitet und an Menschen ausliefert, kauft Lebensmittel zu, die bei der Produktion, bei der Lagerung und bei der Auslieferung an Klient*innen Ressourcen verbrauchen und Emissionen verursachen	Beim Essen auf Rädern wird auf ausschließlich saisonale, regionale und zum Teil biologische Lebensmittel umgestellt. Bei der Verteilung kommen im innerstädtischen Raum Lastenräder zum Einsatz. So können 40 % CO_2 eingespart werden	Ökologische Nachhaltigkeit
Ein Wohnhaus für obdachlose Personen verbraucht Energie für Heizung und Strom sowie Wasser. Der Verbrauch steigt in den letzten Jahren um ca. 5 % jährlich an	Das Wohnhaus für Obdachlose tauscht nach und nach die Beleuchtungsmittel und erneuert die Dichtungen bei den Wasserhähnen. Das senkt den Verbrauch um 15 %	Ökologische Nachhaltigkeit
Die Qualitätsmanagerin einer Organisation besucht jährlich drei internationale Kongresse. Um Zeit zu sparen, fliegt sie zu den Kongressen	Die Qualitätsmanagerin fährt nur zu zwei Kongressen pro Jahr und reist mit der Bahn an. Das spart 75 % der CO_2-Emission	Ökologische Nachhaltigkeit
Die Arbeitszeitmodelle einer Einrichtung, die Nachhilfe für Kinder kostenlos anbietet, sehen vermehrt Dienste am Nachmittag und am Samstag vor, was Mitarbeiter*innen, die selbst Kinderbetreuungspflichten haben, vor große Schwierigkeiten stellt	Die Nachhilfe-Einrichtung bietet ihren Mitarbeiter*innen mit Kinderbetreuungspflichten eine Betreuung für die eigenen Kinder an und organisiert die Dienste so, dass weniger Mitarbeiter*innen am Samstag arbeiten müssen	Soziale Nachhaltigkeit

(Fortsetzung)

1.4 Nachhaltigkeit und die Sozialwirtschaft

Tab. 1.2 (Fortsetzung)

Bereiche, die nachhaltige Maßnahmen erfordern	Maßnahmen, die ökologische und sozialen Folgen vermindern oder gänzlich vermeiden	Bereich der Nachhaltigkeit
In einer Beratungsstelle für Opfer von Gewalt ist der Betreuungsschlüssel zu hoch. Die Mitarbeiter*innen sind sehr gefordert. Das führt zu Überlastung und gesundheitlichen Problemen	Die Beratungsstelle stellt einen Teil der Beratung auf ein Peer-Beratungssystem und den Einsatz von Freiwilligen um und kann so die angestellten Mitarbeiter*innen von einem Teil der Arbeit freispielen. Das resultiert in einer Reduktion von Überstunden. Darüber hinaus wird ein Burn-out-Präventionsprogramm gestartet	Soziale Nachhaltigkeit
Der Fördergeber einer Einrichtung im Jugendbereich untersagt dem Fördernehmer das Bilden von Rücklagen. In Zeiten einer Pandemie kann die Organisation Verdienstausfälle nicht kompensieren	Die Jugendhilfeeinrichtung verhandelt mit dem Fördergeber für einen Teil der Fördermittel einen flexiblen Förderzeitraum von fünf Jahren. So können 10 % der jährlichen Fördermittel zu einem späteren Zeitpunkt zweckgebunden eingesetzt werden	Ökonomische Nachhaltigkeit

Das wird sich auch auf die Führung auswirken. Unter dem Schlagwort *New Work* werden eine neue Arbeitswelt, neue Formen der Führung und eine agile Arbeitsorganisation beschrieben, die auch Auswirkungen darauf haben, ob Mitarbeiter*innen gerne für ein Unternehmen tätig sind. Zu den fünf Prinzipien von New Work gehören Freiheit, Selbstverantwortung, Sinn, Entwicklung und soziale Verantwortung. Als soziale Verantwortung wird die Berücksichtigung von nachhaltigem und ökologischem Wirtschaften, die Verwurzelung des Unternehmens durch regionales Engagement und das bewusste Folgen des Grundsatzes des ehrbaren Kaufmanns verstanden (Humanfy 2021). Insofern kann man – bei einer sehr umfassenden Betrachtung – die Auseinandersetzung mit Nachhaltigkeitsthemen auch als Start eines Organisationsentwicklungsprozesses sehen.

Wird Nachhaltigkeit auch zu einem wichtigen Kriterium bei öffentlichen Ausschreibungen oder der Vergabe öffentlicher Mittel? Laut Europäischer Kommission (2020b) beträgt die Kaufkraft der Behörden 14 % des BIP der EU. Die öffentlichen Auftraggeber*innen können die Nachfrage nach nachhaltigen Produkten stark ankurbeln: „Um dieses Potenzial zu nutzen, wird die Kommission in sektorspezifischen Rechtsvorschriften verbindliche Mindestkriterien und

Zielvorgaben für die umweltorientierte öffentliche Beschaffung (GPP) vorschlagen und schrittweise eine obligatorische Berichterstattung einführen, um die Verbreitung der umweltorientierten öffentlichen Beschaffung zu überwachen" (ebd.). Auch wenn es bis dato nur vereinzelte Indizien gibt, sollte sich die Sozialwirtschaft darauf einstellen, dass öffentliche Förderstellen, Stiftungen, Impactinvestor*innen, Sponsor*innen und Spender*innen schon bald auch von der Sozialwirtschaft ein umfassendes Verständnis von Nachhaltigkeit und Nachweise für Maßnahmen einfordern werden. Denn zur Erreichung verschiedener EU-Ziele (z. B. European Green Deal, Klimaziele, Energieautarkie, SDGs) werden die Mitgliedsländer wohl alle Unternehmen und Organisationen in die Pflicht nehmen. Das wird eine nachhaltige Steuerung der Organisationen notwendig machen.

1.4.2 Nachhaltigkeit in der Arbeit mit Klient*innen

Neben den Aspekten des Managements wird Nachhaltigkeit auch ein Thema für die Soziale Arbeit und kann in der Beratung von Menschen, in der Gemeinwesenarbeit und im Sozialraum ihren Niederschlag finden. Auch auf einer gesamtgesellschaftlichen und auf einer globalen Ebene sind Umweltfragen und soziale Aspekte gemeinsam zu denken. Beim *Joint World Conference on Social Work and Social Development 2010* in Hongkong wurden vier Säulen für die Globale Agenda der Sozialen Arbeit identifiziert (Jones und Truell 2012):

- die Förderung der sozialen und wirtschaftlichen Gleichheit,
- die Förderung der Würde und des Wertes der Menschen,
- die Förderung der Nachhaltigkeit von Gemeinschaft und Umwelt und
- die Stärkung der Anerkennung der Bedeutung von menschlichen Beziehungen.

Bei der Klimakrise geht es auch um „Fairantwortung". Das bedeutet einen Lastenausgleich zwischen den reichen Ländern und dem globalen Süden. Es braucht Fairness zwischen Alt und Jung, aber vor allem gegenüber den nachfolgenden Generationen. Es geht um einen Ausgleich, zwischen jenen, die (zu) viel oder mehr konsumieren, als sie zum Leben brauchen, und jenen, die ihre Grundbedürfnisse decken möchten.

Die österreichische Mikrozensus-Studie der Statistik Austria (2014) aus dem Jahr 2014 „Umweltbetroffenheit und -verhalten von Personengruppen abhängig von Einkommen und Kaufkraft" zeigt, dass Menschen mit niedrigem Einkommen die Umweltqualität etwas seltener gut einschätzen, eine höhere Lärm-, Staub- und Rußbelastung aufweisen. Sie sehen den Verkehr als die größte Umweltbelastung

1.4 Nachhaltigkeit und die Sozialwirtschaft

und nicht, wie die Besserverdiener*innen, die Auswirkungen der Klimaveränderungen. Die gesamte Lebensqualität wird von Menschen mit niedrigem Einkommen weit geringer eingeschätzt. Die Studie zeigt auch große Unterschiede im Umweltschutz-, Konsum- und Mobilitätsverhalten. Die vielen Details der Studie verdeutlichen, dass die Soziale Arbeit gefordert ist, die Umweltthemen auch als soziale Themen zu betrachten. Andererseits gilt es auch darauf zu achten, dass Klimaschutzmaßnahmen nicht ihrerseits soziale Probleme hervorrufen bzw. die Lasten ungleich verteilt werden.

Die Soziale Arbeit wird auftretende Ungerechtigkeiten aufzeigen und bekämpfen müssen. So könnten z. B. steigende Energiepreise ein Problem für einkommensschwache Schichten werden und der *Stromarmut (bzw. Energiearmut, wo sich Haushalte die Energiekosten nicht mehr leisten können)* mehr Auftrieb geben. Die Sozialplattform Klimaschutz (Der Paritätische 2019), ein Zusammenschluss verschiedener deutscher Sozialverbände, forderte 2019 von der Politik eine sozial-ökologische Wende für alle. Besonders betont wird, dass sozialpolitische Versäumnisse keine Ausrede für schwachen Klimaschutz sein und Soziales und Klima nicht gegeneinander ausgespielt werden dürfen. „Das Fundament für breiten Rückhalt ambitionierter Klimaschutzpolitik sind soziale Sicherheit und Beschäftigungsperspektiven. Klimaschutz darf kein Elitenprojekt und ein umweltbewusstes Leben darf kein Luxus sein. Ziel muss es sein, dass sich alle ein klima- und umweltfreundliches Leben leisten können. Wir teilen gemeinsam die feste Überzeugung, dass die ökologische Wende nur als sozial-ökologische Wende gestaltet werden kann. Mehr noch: Die klimapolitischen Herausforderungen eröffnen die Chance, Soziales neu zu denken und mehr Lebensqualität für alle zu schaffen." Konkret werden sieben Forderungen erhoben, die hier im Überblick dargestellt werden:

1. Es brauchte eine soziale Kompensation der durch den Klimaschutz gestiegenen oder steigenden Lebenshaltungskosten. Einkommensschwache Personen dürfen keine zusätzlichen Belastungen zu tragen bekommen.
2. Ein Stopp für steigende Belastungen der Mieter*innen aufgrund von thermischen Sanierungen. Es braucht einen Ausbau des sozialen Wohnbaus und eine Sicherung des öffentlichen und gemeinnützigen Wohnungsbestandes.
3. Sozialleistungen und Transferleistungen müssen reformiert werden, damit sich die Menschen steigende Energiekosten leisten können.
4. Es braucht einen möglichst kostenlosen, inklusiven und ökologischen öffentlichen Verkehr. Es braucht smarte Lösungen für den ländlichen Raum. Die Nutzung der Bahn und der ÖPNV muss bundesweit zu bezahlbaren Preisen möglich sein.

5. Soziale Anlaufpunkte sind Teil der öffentlichen Infrastruktur. Es muss sichergestellt sein, dass die Träger zusätzliche Kosten für den Klimaschutz abgegolten bekommen und dass Angebote darüber hinaus ausgebaut werden können. Der Stellenwert der regionalen öffentlichen und gemeinnützigen Daseinsvorsorge sowohl für Verbesserung der Lebensqualität vor Ort als auch als Beitrag zum Klimaschutz muss erkannt werden.
6. Ambitionierter Klimaschutz braucht einen funktionierenden Sozialstaat, in dem niemand aufgrund der durch den Klimawandel hervorgerufenen Veränderungen um seine Existenz zittern muss und sich aufgefangen fühlt.
7. Es braucht eine gerechtere Steuerpolitik und eine Abkehr vom Dogma der „schwarzen Null". „Notwendige haushalts- und steuerpolitische Maßnahmen müssen sozial, solidarisch und gerecht gestaltet werden. Dies schließt die stärkere Heranziehung sehr hoher Einkommen, großer Vermögen und Erbschaften sowie die Bekämpfung systematischen Steuerbetrugs und Steuervermeidung insbesondere international tätiger Konzerne, als auch die Aufnahme von Krediten und Altschuldenentlastungen für klamme Kommunen ein."

Es gibt unterschiedliche Ansatzpunkte bzw. Argumente, warum sich die soziale Arbeit auch verstärkt Umweltthemen annehmen sollte. Exemplarisch sollen hier drei erwähnt werden:

- Eine für die österreichische Bevölkerung repräsentative Studie für Global 2000 (Integral 2020) aus dem Jahr 2020 zu Sinus-Milieus und Klimaschutz zeigt, dass gerade bei den unteren sozialen Schichten weniger Wissen und weniger Sensibilität zu diesem Zukunftsthema herrscht. Auch zeigen diese Milieus viel weniger Bereitschaft, selbst Maßnahmen zu setzen. Aber gerade diese Bevölkerungsgruppen werden die Auswirkungen stärker zu spüren bekommen als andere. Das kann man als Auftrag sehen, ökologische Fragen in die Arbeit mit diesen Gruppen einzubeziehen bzw. sich verstärkt auch mit der Frage der Umweltgerechtigkeit zu beschäftigen.
- Nachhaltigkeit kann die Angebotspalette der Sozialwirtschaft bereichern bzw. neue Beschäftigungsfelder und Finanzierungsalternativen aufzeigen. An der Schnittstelle sozial/ökologisch werden neue Berufe und neue Möglichkeiten zur Beteiligung entstehen. Schon jetzt gibt es eine erfolgreiche Verflechtung aus sozialen und ökologischen Themen. Verschiedene sozialökonomische Betriebe sind in Österreich an dieser Schnittstelle entstanden. So ist rund ein Viertel aller Mitglieder von *Arbeit plus,* dem Österreichischen Netzwerk von

1.4 Nachhaltigkeit und die Sozialwirtschaft

Sozialunternehmen im arbeitsmarktpolitischen Bereich, in der Kreislaufwirtschaft zu verorten. Auch für Social Business gibt es vielfältige Möglichkeiten, nachhaltige Produkte und Dienstleistungen zu verkaufen.
- Die neuen Formen des Wirtschaftens und der Selbstversorgung, die in Kap. 2 diskutiert werden, brauchen Begleitung, Unterstützung und mitunter auch Konfliktarbeit. Hier kann die bewährte Praxis der Gemeinwesenarbeit zum Einsatz kommen.

In Österreich verfolgt das Projekt Umweltcoach der Caritas Wien das Ziel, wohnungslose/obdachlose Menschen bzw. Menschen in stationären Pflege- und Betreuungseinrichtungen für Nachhaltigkeitsthemen zu sensibilisieren.

Fallbeispiel Umweltcoach der Caritas der Erzdiözese Wien
Das Projekt der Caritas wurde 2016 gestartet und seit 2017 gemeinsam mit der Universität für Bodenkultur durchgeführt. Studierende belegen die Lehrveranstaltung „Praktische Wissensvermittlung im Umweltbereich". Das Ziel der zweisemestrigen Lehrveranstaltung ist, dass die Studierenden Freiwillige im Rahmen des Caritas-Projekts „Umweltcoach" (hauptsächlich in Einrichtungen der Wohnungslosenhilfe) werden und alltägliches Umweltwissen an die in den Einrichtungen lebenden Menschen vermitteln.

Jährlich nehmen rund 20 Studierende am Projekt teil. In der Lehrveranstaltung bekommen die Studierenden fachlichen Input und Workshops zu den Schwerpunkten Ernährung, Abfall, Mobilität und Energie, aber auch zu den Zielgruppen der Caritas. In den Einrichtungen entwickeln sie (zumeist in Gruppen von zwei bis vier Studierenden) gemeinsam mit den Klient*innen Maßnahmen und Ideen wie z. B. Kochworkshops, Bau eines Insektenhotels, Filme zu Umweltthemen, Einrichtung von Gemeinschaftsgärten, Upcycling-Workshops, aber auch zum nachhaltigen Verhalten in einem der Kernbereiche Ernährung, Abfall, Mobilität und Energie. So lernen die Studierenden, wie man Nachhaltigkeit mit verschiedenen Zielgruppen didaktisch bearbeiten kann, und verbringen auch Zeit z. B. mit Bewohner*innen in einem Wohnhaus oder einem Tageszentrum der Wiener Wohnungslosenhilfe. Das führt bei Studierenden zu einem Perspektivenwechsel, zum Verstehen sozialer Bedarfe und Notlagen, aber auch zum Aufbau sozialer Kompetenz. Somit verbinden sich ökologische und soziale Aspekte.

Im Rahmen der Lehrveranstaltung müssen Studierende ihre Arbeit vorstellen und sind auch untereinander vernetzt. Am Ende des Semesters werden im Rahmen der Abschlusspräsentation die verschiedenen Maßnahmen als Umweltcoach vorgestellt und gemeinsam mit den Einrichtungsleiter*innen der Caritas diskutiert. Das führt zu einer Art Markt der verschiedenen Ideen. Es hat sich in den letzten Jahren gezeigt, dass die Studierenden überdurchschnittlich motiviert und engagiert sind, aber teilweise sehr hohe Erwartungen an das haben, was sie in der Tätigkeit als Umweltcoach mit diesen Zielgruppen der Caritas bewirken können. Oft kommt es auch zu einem Umdenken dahingehend, was man als „Erfolg" in der Arbeit als Umweltcoach ansehen kann. Das Projekt bietet ideale Voraussetzungen für Studierende, denen sowohl Umwelt- als auch Sozialthemen ein Anliegen sind. 2018 hat der Umweltcoach den ÖGUT-Preis als Vorbild für Nachhaltigkeit bekommen.

Das Spektrum der teilnehmenden Einrichtungen der Caritas ist sehr breit und reicht von einer Mutter-Kind-Einrichtung bis zu einer Notschlafstelle. Dabei hat sich gezeigt: Je stabiler der Pool der Klient*innen ist, desto leichter ist es, sie in das Projekt zu integrieren und sie zu erreichen (wie z. B. in Einrichtungen, wo wohnungslose Menschen dauerhaft wohnen können). Die Caritas hat aber auch gute Erfahrungen in Notversorgungseinrichtungen gemacht. Manche Einrichtungen nehmen schon mehrere Jahre am Projekt teil. Dort ist der Umweltcoach schon zum „Selbstläufer" geworden. Sie haben schon viel Knowhow dazu aufgebaut, wie sie mit den Studierenden zusammenarbeiten können. Als Herausforderung wird dabei empfunden, sich jedes Jahr auf neue Studierende einstellen zu müssen. Aktuell nehmen pro Jahr fünf bis acht Einrichtungen teil. Auch die interne Organisation des Projekts bei der Caritas wird von einer Freiwilligen erledigt, die selbst auch als Studentin am Projekt beteiligt war.

Das innovative Projekt wurde im Rahmen der Strategie 2020 der Caritas entwickelt und deckt drei Ziele ab: die Stärkung der Nachhaltigkeit, mehr Involvieren von Freiwilligen sowie die Erhöhung der Partizipation von Mitarbeiter*innen und Klient*innen. Die Partizipation der Klient*innen ist ein besonders wichtiges Ziel. Sie ist zwar mit einem hohen Aufwand verbunden, bringt aber sehr wertvolle Ergebnisse. Neben den Klient*innen sind auch die Mitarbeiter*innen der Einrichtungen eine Zielgruppe. Vor allem wenn die Einrichtungsleiter*innen, die sich für das Projekt entscheiden, hinter dem Projekt stehen, kann es eine große Wirkung nach innen entfalten. Generell ist Nachhaltigkeit zu einem wesentlichen Schwerpunkt der Caritas Wien geworden. Die Steuerung der Aktivitäten ist im Bereich der Geschäftsführung angesiedelt und folgt einer Strategie. Wichtig ist jedenfalls, dass es ein koordiniertes, strategisches Vorgehen gibt und nicht bloß eine Sammlung von Einzelaktivitäten. Der Umweltcoach ist ein Teil dieser Nachhaltigkeitsstrategie.

1.4.3 Unterstützung des gesellschaftlichen und wirtschaftlichen Wandels

Die in Kap. 2 vorgestellten alternativen Wirtschafts- und Gesellschaftskonzepte verlangen nach einem Wertewandel. Diesen Wandel zu begleiten kann eine neue Aufgabe für die Soziale Arbeit darstellen, denn damit verbunden sind mitunter auch neue Verteilungskonflikte auf lokaler, nationaler oder internationaler Ebene oder eine Spaltung der Gesellschaft in die Bewahrer*innen und die Veränderungswilligen. Auch die stärkere Betonung der unbezahlten Arbeit und die Selbstversorgung brauchen einen entsprechenden Rahmen. Auch hier kann aufbauend auf der Expertise der Sozialen Arbeit eine wichtige Funktion entstehen. Es spricht vieles dafür, dass gerade die Soziale Arbeit prädestiniert dafür ist, den gesellschaftlichen bzw. wirtschaftlichen Wandel zu begleiten.

- Soziale Arbeit ist durch die Orientierung an den Bedürfnissen der Menschen, der Konzentration auf das Gemeinwesen und die Sozialräume seit jeher mit gesellschaftlichen Entwicklungen und Phänomenen beschäftigt.
- In der Gemeinwesenarbeit (GWA) und im Sozialraum moderiert, begleitet, unterstützt Soziale Arbeit z. B. Partizipations- und Veränderungsprozesse.
- Sozialarbeiter*innen sind es gewohnt, sich gesellschaftlichen Diskursen zu stellen, sie aufzugreifen, zu reflektieren und zu übersetzen. Das wird auch bei der Transformation der Gesellschaft eine wichtige Kompetenz darstellen.

1.4.4 Nachhaltigkeit und Soziale Arbeit auf internationaler Ebene

Auf internationaler Ebene wurden bereits verschiedene Konzepte dazu publiziert, wie Nachhaltigkeit und Soziale Arbeit gemeinsam betrachtet werden können. Tab. 1.3 zeigt die unterschiedlichen Begriffe *Sustainable Social Work, Ecological Social Work, Green Social Work und Environmental Social Work* anhand der Fachliteratur, die auch im internationalen Diskurs diskutiert werden.

Arbeitsaufgaben zur praktischen Auseinandersetzung und persönlichen Vertiefung
A1.1 Recherchieren Sie, inwiefern Förderstellen in Ihrem Bereich auf das Thema Nachhaltigkeit setzen.

Tab. 1.3 Übersicht über verschieden Ansätze der gemeinsamen Betrachtung von Sozialer Arbeit und Nachhaltigkeit

Konzept	Literaturquelle	Schwerpunkt
Sustainable Social Work	Rinkel, M., & Powers, M. (2019). Social Work – Promoting Community & Environmental Sustainability. Vol. 3. International Federation of Social Workers	Auseinandersetzung mit den SDGs, der sozialen Nachhaltigkeit, der Arbeit mit Gemeinschaften zu Nachhaltigkeit sowie Aspekte der Degrowth-Bewegung aus dem Blickwinkel der Sozialen Arbeit
Ecological Social Work	McKinnon, J., & Alston, M. (2016). Social Work – Towards Sustainability. Macmillan Education	Förderung eines ökologischen Bewusstseins bei Sozialarbeiter*innen; Umweltgerechtigkeit: Zusammenhang zwischen Umweltzerstörung und den sozialen Auswirkungen; Umweltthemen in der Arbeit mit Klient*innen und Gemeinschaften
Green Social Work	Dominelli, L. (2012). Green Social Work: From Environmental Crises to Environmental Justice. Polity	Plädoyer, dass sich die soziale Arbeit mit Umweltthemen beschäftigen muss; berücksichtigt die Arbeit als Sozialarbeiter*in wie auch die strukturellen Aspekte der sozialen Organisationen, aber auch Umweltgerechtigkeit und Wechselwirkung zwischen Gleichberechtigung, Sicherung des Wohlergehens und dem Schutz der Umwelt
Environmental Social Work	Gray, M., Coates, J., & Hetherington, T. (2012). Environmental Social Work. Routledge	Zeigt die Relevanz des Zusammenspiels zwischen ökologischen, gesundheitlichen und sozialen Gleichstellungsproblemen; Vorstellung verschiedener Möglichkeiten, Umweltthemen in die Soziale Arbeit zu integrieren; Anregungen, wie man Nachhaltigkeit und Umweltfragen in den Unterricht der Sozialen Arbeit integrieren kann

A1.2 Verschaffen Sie sich auf https://www.sdgwatch.at/de/ueber-sdgs einen Überblick über die 17 SDGs. Suchen Sie sich drei bis fünf Ziele heraus und überlegen Sie anhand der Subziele und ihrer Indikatoren, inwiefern Ihre Organisation zur Erreichung dieser Ziele Maßnahmen setzt.

A1.3 Überlegen Sie, in welchen Bereichen Ihrer beruflichen Tätigkeit Sie mehr auf ökologische und soziale Nachhaltigkeit achten können. Wo sehen Sie großen Handlungsbedarf? In welchen Bereichen kann man konkret ansetzen?

A1.4 Sammeln Sie Ideen, wie man mit der Beschäftigung mit Nachhaltigkeit in Ihrem Bereich neue Angebote entwickeln könnte. Versuchen Sie ein bis drei Ideen konkreter auszuformulieren und klar herauszuarbeiten, was z. B. der ökologische Aspekt dabei ist.

A1.5 Welches Potenzial sehen Sie für Nachhaltigkeitsthemen in der Arbeit mit Ihren Klient*innen/Bewohner*innen/Teilnehmer*innen?

Literaturtipps

Vergleich CSR und Nachhaltigkeit https://www.csr-in-deutschland.de/DE/Was-ist-CSR/Grundlagen/Nachhaltigkeit-und-CSR/nachhaltigkeit-und-csr.html.

Informationen der Europäischen Union zur Umsetzung der SDGs auf europäischer und nationaler Ebene: https://ec.europa.eu/eurostat/de/web/sdi/overview.

Informationen zu den SDGs: United Nations Department of Economic and Social Affairs: Sustainable Development https://sdgs.un.org/goals.

Literatur

Adelphi (2021). Umweltatlas Lieferketten – Umweltwirkungen und Hot-Spots in der Lieferkette. https://www.adelphi.de/de/publikation/umweltatlas-lieferketten. Zugegriffen: 17.11.2021.

AWO Bundesverband e. V. (2021). Wir arbeiten dran. https://wirarbeitendran.awo.org/. Zugegriffen: 17.11.2021.

Baumüller, J., & Morzsa, C. (2017). Nachhaltigkeit und Innovationen in NPOs - empirische Befunde zu den Spezifika des Notprofit-Kontext. In L. Theuvsen, R. Andeßner, M. Gmür, D. Greiling (Hrsg.), Nonprofit-Organisationen und Nachhaltigkeit. NPO-Management. (S. 51–60) Springer Fachmedien.

Bundeskanzleramt (o. J.). Nachhaltige Entwicklung – Agenda 2030/SDGs. https://www.bundeskanzleramt.gv.at/themen/nachhaltige-entwicklung-agenda-2030.html. Zugegriffen: 19.01.2022.

Carroll, A. B. (1979). A Three-Dimensional Conceptial Model of Corporate Performance. Academy of Management Review 4(4). S. 497–505.

Climate Change Performance Index (2021). Key results overall rating: Still no countries are ranked in the top three overall positions. https://ccpi.org/countries/. Zugegriffen: 17.11.2021.

Der Paritätische (2019). Soziale Plattform Klimaschutz: Bündnis legt Forderungen vor. https://www.der-paritaetische.de/alle-meldungen/soziale-plattform-klimaschutz-buendnis-aus-gewerkschaft-sozial-und-wohlfahrtsverbaenden-fordert-soz/. Zugegriffen: 17.11.2021.

Dominelli, L. (2012). Green Social Work: From Environmental Crises to Environmental Justice. Polity.

Europäische Kommission (2019). Ein europäischer Grüner Deal https://ec.europa.eu/info/strategy/priorities-2019-2024/european-green-deal_de#zeitplan. Zugegriffen: 17.11.2021.

Europäische Kommission (2020a). Aktionsplan für die Kreislaufwirtschaft https://ec.europa.eu/commission/presscorner/detail/de/fs_20_437. Zugegriffen: 17.11.2021.

Europäische Kommission (2020b). Mitteilung der Kommission an das Europäische Parlament, den Rat, den Europäischen Wirtschafts- und Sozialausschuss und den Ausschuss der Regionen. Ein neuer Aktionsplan für die Kreislaufwirtschaft. Für ein saubereres und wettbewerbsfähigeres Europa. https://eur-lex.europa.eu/legal-content/DE/TXT/HTML/?uri=CELEX:52020bDC0098&from=FI. Zugegriffen: 17.11.2021.

Gatzke, M, & Uken, M. (2020). Der Neoliberalismus hat ausgedient. Die Zeit. https://www.zeit.de/amp/wirtschaft/2020-09/corona-kapitalismus-rezession-wef-neoliberalismus-klaus-schwab. Zugegriffen: 17.11.2021.

Gray, M., Coates, J., & Hetherington, T. (2012). Environmental Social Work. Routledge.

Global Footprint Network (2020). About Earth Overshoot Day. https://www.overshootday.org/about-earth-overshoot-day/. Zugegriffen: 17.11.2021.

Handelszeitung (2019). Stress belastet immer mehr Schweizer Arbeitnehmer. https://www.handelszeitung.ch/beruf/stress-belastet-immer-mehr-schweizer-arbeitnehmer. Zugegriffen: 17.11.2021.

Hochreiter, W. (o. J.). Wir exportieren Umweltbelastungen – Tendenz steigend! https://www.ak-umwelt.at/schwerpunkt/?issue=2015-01. Zugegriffen: 17.11.2021.

Humanfy (2021). New Work Charta. https://humanfy.de/new-work-charta. Zugegriffen: 17.11.2021.

Integral (2020). Mutter Erde Studie „Klimawandel". https://www.global2000.at/sites/global/files/Mutter_Erde_Pressekonferenz_Pressemappe_20200910.pdf. Zugegriffen 17.11.2021.

Jackson, T. (2013). Wohlstand ohne Wachstum. Aktualisierte und überarbeitete Neuausgabe. Oekom Verlag.

Jäger, J., Omann, I., & Hinterberger, F. (2016). Was verträgt unsere Erde noch? In K. Wiegand (Hrsg.), Mut zur Nachhaltigkeit. 12 Wege für die Zukunft. Forum für Verantwortung (15–79). Fischer Taschenbuch.

Jones, D., & Truell, R. (2012). The Global Agenda for Social Work and Social Development: A place to link together and be effective in a globalized world. International Social Work 55(4). S. 454–472.

Lexikon der Nachhaltigkeit (2015). Gründe warum wir Wachstum „angeblich" brauchen. https://www.nachhaltigkeit.info/artikel/gruende_warum_wir_wachstum_angeblich_brauchen_1824.htm. Zugegriffen: 17.11.2021.

Manager Magazin (2020). Airlines befürchten mehr als 150 Milliarden Dollar Corona-Verlust. https://www.manager-magazin.de/unternehmen/luftfahrt-iata-befuerchtet-noch-hoehere-verluste-durch-corona-krise-a-c28e6d45-5b77-4d09-88f4-d8a580f603af. Zugegriffen: 17.11.2021.

McKinnon, J., & Alston, M. (2016) Social Work - Towards sustainability. Macmillan Education.

Pufé, I. (2014). Nachhaltigkeit. 2. Auflage. UTB.

Rinkel, M., & Powers, M. (2019). Social Work -Promoting Community & Environmental Sustainability. Vol. 3. International Federation of Social Workers.

Literatur

Rösemeier-Buhmann, J. (o. J.). Soziale Nachhaltigkeit und wie wir sie leben. https://www.nachhaltigleben.ch/soziale-nachhaltigkeit-1036. Zugegriffen 17.11.2021.

R.U.S.Z. (2020a). Unternehmen. https://rusz.at/uber-uns/unternehmen/. Zugegriffen: 17.11.2021.

R.U.S.Z. (2020b). Leitbild, https://rusz.at/uber-uns/leitbild/. Zugegriffen. 17.11.2021.

SDG Watch Austria (2020a). Was wir tun. https://www.sdgwatch.at/de/was-wir-tun/. Zugegriffen 17.11.2021.

SDG Watch Austria (2020b). Wer wir sind. https://www.sdgwatch.at/de/wer-wir-sind/faq/. Zugegriffen 17.11.2021.

Schaltegger, S., & Müller, M. (2008). CSR zwischen unternehmerischer Vergangenheitsbewältigung und Zukunftsgestaltung. In M. Müller, & S. Schaltegger: Corporate Social Responsability. Trend oder Modeerscheinung? S. 17–30. oekom.

Sommaruga, S., Steinmeier, F.W., & Van der Bellen, A. (2020). Beim Klimaschutz vorwärts machen. Gastkommentar. Zeitung Der Standard. https://www.derstandard.at/story/2000117896189/beim-klimaschutz-klimaschutz-vorwaerts. Zugegriffen: 17.11.2021.

Statistik Austria (2014). Umweltbetroffenheit und Umweltverhalten von Personengruppen abhängig von Einkommen und Kaufkraft. http://www.statistik.at/web_de/services/publikationen/15/index.html?includePage=detailedView&sectionName=Energie%2C+Umwelt&pubId=682. Zugegriffen: 17.11.2021.

Stallone, S. (o. J.a). Nachhaltigkeit im Unternehmen. Nachhaltig leben. https://www.nachhaltigleben.ch/nachhaltigkeit-in-unternehmen-983. Zugegriffen 17.11.2021.

Stallone, S. (o. J.b). Ökonomische Nachhaltigkeit. Nachhaltig leben. https://www.nachhaltigleben.ch/oekonomische-nachhaltigkeit-849. Zugegriffen 17.11.2021.

Süddeutsche Zeitung (2020). Die Kluft zwischen Arm und Reich bleibt groß. https://www.sueddeutsche.de/wirtschaft/schere-arm-reich-deutschland-studie-1.4891110. Zugegriffen: 17.11.2021.

Suntum, U. (2012). Zur Kritik des BIP als Indikator für Wohlstand und Wirtschaftswachstum. (RatSWD Working Paper Series, 208). Rat für Sozial- und Wirtschaftsdaten (RatSWD). https://nbn-resolving.org/urn:nbn:de:0168-ssoar-427668. Zugegriffen: 17.11.2021.

Vienna.at (2020). Corona-Krise lässt Wiener vermehrt auf das Fahrrad umsteigen. https://www.vienna.at/corona-krise-laesst-wiener-vermehrt-auf-das-rad-umsteigen/6616417. Zugegriffen: 17.11.2021.

WCED (1987). Development and international economic co-operation: Environment. Report of the world Commission on Environment and Development A/42/427. Geneva: United Nations https://digitallibrary.un.org/record/139811. Zugegriffen 15.05.2021.

Die Sozialwirtschaft als Teil einer neuen Wirtschaftsordnung

2

Zusammenfassung

In diesem Kapitel werden verschiedene alternative Wirtschafts- und Gesellschaftskonzepte im Überblick dargestellt. Denn der Kapitalismus, wie wir ihn heute leben, ist kein Konzept, um die großen gesellschaftlichen und ökologischen Fragen des 21. Jahrhunderts zu lösen: Wie können bis zu 10 Mrd. Menschen ernährt werden? Wie können wir die Artenvielfalt retten? Wie kommen wir mit den klimatischen Veränderungen zurecht? Und wie reichen die zentralen Ressourcen des Planeten aus? Die Ökosoziale Marktwirtschaft, die Kreislaufwirtschaft, die Postwachstumsökonomie, die Gemeinwohl-Ökonomie, die Solidarökonomie oder die Sharing Economy liefern Antworten, wie ein Wirtschafts- und Gesellschaftsmodell aussieht, das in Einklang mit Mensch, Tier und Umwelt steht. Neben der allgemeinen Beschreibung der Modelle werden auch die Anknüpfungspunkte für die Sozialwirtschaft aufgezeigt.

Lernziele

- Sie verstehen, warum es im 21. Jahrhundert alternativer Wirtschafts- und Gesellschaftskonzepte bedarf und wodurch sich diese voneinander unterscheiden.
- Sie kennen die grundlegende Idee der Postwachstumsökonomie, der Solidarökonomie und der Gemeinwohl-Ökonomie und können die Unterschiede erklären.

- Sie können erklären, inwiefern die Sharing Economy zwar als Konzept zur Schonung der Ressourcen ein wichtiger Schritt ist, aber in der Praxis oft das Gegenteil bewirkt.
- Sie können das Potenzial der Sozialwirtschaft im Rahmen der verschiedenen Wirtschafts- und Gesellschaftskonzepte aufzeigen.

2.1 Alternative Wirtschafts- und Gesellschaftskonzepte im Überblick

Nachhaltiges Wirtschaften, das dem Wohl der Menschen dient, das natürlichen Grenzen erkennt und respektiert, braucht verantwortungsvolle, faire, klimaschonende, umweltverträgliche und demokratische Rahmenbedingungen. Im Zentrum steht ein Wertewandel, sowohl innerhalb der Gesellschaft als auch bei den Betrieben. Wir müssen uns von der vorherrschenden Vorstellung, dass Wohlstand nur mit Wirtschaftswachstum erzielbar ist, verabschieden. Wir brauchen anspornende Leitlinien für die Wirtschaft des 21. Jahrhunderts. Es gilt Gerechtigkeit und Fairness im regionalen und im globalen Kontext im Blick zu haben. Die Politik ist gefordert, diese Veränderungen einzuleiten und zu gestalten. Hier geben z. B. die SDGs der UN einen Rahmen vor. In Kap. 1 wurde beschrieben, warum es ein neues, nachhaltiges Wirtschaftssystem braucht. Aber wie sieht nun der Weg in ein solches konkret aus und warum spricht man in diesem Zusammenhang von alternativen Wirtschafts- und *Gesellschafts*konzepten? Wie können wir dem Ressourcenmangel, der Umweltzerstörung, den sozialen Verwerfungen und der Klimakrise begegnen? Dazu gibt es viele verschiedene Ideen und Antworten: Es gibt Konzepte, die das bestehende Wirtschaftssystem „begrünen" bzw. ökologisieren wollen, ohne dabei den Pfad der Wachstums- und Konsumlogik zu verlassen. Hierzu zählen u. a. die *Ökosoziale Marktwirtschaft,* die *Green Economy* oder die *Blue Economy.* Vielen Wissenschaftler*innen geht das aber nicht weit genug, da diese Konzepte die Ursachen der Probleme nicht bekämpfen und keine ausreichenden Antworten auf die brennenden Fragen liefern. Andere, umfassendere Ansätze sehen die Antwort in einer anderen Art des Wirtschaftens und in neuen Lebens- und Gesellschaftsmodellen:

- Sie wollen Rahmenbedingungen (vollkommen) neu formulieren,
- die Wirtschafts- und Steuerpolitik anders aufsetzen,
- die Verantwortung der Wirtschaft gegenüber Mensch, Tier und Umwelt hervorheben und
- eine Abkehr von bisherigen ökonomischen Zwängen und Postulaten bewirken.

2.1 Alternative Wirtschafts- und Gesellschaftskonzepte im Überblick

Jackson (2013, 153 ff.) formuliert für den Weg in ein nachhaltiges Wirtschaftssystem zwölf Forderungen, die er drei Bereichen zuordnet:

Grenzen festsetzen

1. *Obergrenzen für Ressourcen und Emissionen sowie Reduktionsziele:* Es braucht eine Beschränkung der eingesetzten Ressourcen und der verursachten Emissionen. Das Kontraktions- und Kohärenz-Modell kann hier ein passender Ansatz sein: Es wird ein gleiches Pro-Kopf-Ziel innerhalb ökologischer Grenzen definiert und die Obergrenze schrittweise auf ein nachhaltiges Niveau gesenkt. Dazu braucht es wirksame Mechanismen.
2. *Nachhaltige Steuerreform:* Steuern sollen eine Lenkungswirkung haben. Gutes Verhalten muss belohnt, schlechtes steuerlich „bestraft" werden. Die Kosten der Umweltschäden müssen in die Produktkosten einberechnet werden und dürfen nicht auf die Gesellschaft abgewälzt werden. Gleiches gilt auch für Folgekosten. So sind z. B. in Österreich Kerosin für Flugzeuge und internationale Flugreisen von der Mehrwertsteuer befreit, während beim Kauf von Zugtickets eine solche anfällt. Eine ökologische Steuerreform würde Einkommen steuerlich entlasten und den Ressourcenverbrauch oder die Umweltverschmutzung (stärker) besteuern.
3. *Ökologischer Wandel in Entwicklungsländern unterstützen:* Im Sinne der globalen Gerechtigkeit gilt es die Länder des globalen Südens bei der Transformation zu einer ökologischen Wirtschaft finanziell und strukturell zu unterstützen und gleichzeitig dafür zu sorgen, dass der nachlassende Konsum des globalen Nordens und die fehlenden Absatzmärkte der Länder des Südes dort nicht zu noch mehr Armut führen.

Das Wirtschaftsmodell reparieren

4. *Eine ökologische Makroökonomie entwickeln:* Ein wichtiger Schritt besteht darin, eine neue ökologische Volkswirtschaftslehre zu entwickeln. Diese untersucht, wie eine Ökonomie sich unter der Prämisse des eingeschränkten Verbrauchs von Ressourcen und Emissionen verhält. Hierzu käme auch ein Modell, das die Reaktionen der Faktoren Konsum, Investitionen, Beschäftigung und Produktivität in einer Volkswirtschaft unter diesen Voraussetzungen zeigt. Es braucht ein nachhaltiges Wohlstandssystem, das vor allem eine Abkehr von der Wachstumsdoktrin darstellt. Das bedeutet auch eine Entkoppelung der Finanzierung des Sozialsystems von der Besteuerung der Arbeit.

5. *In Arbeitsplätze, Vermögenswerte und Infrastruktur investieren:* Dazu zählen Gebäudesanierung, Förderung von erneuerbarer Energie, Umgestaltung von (Strom-)Versorgungsnetzen, Ausbau öffentlicher Verkehrsmittel, Schaffung und Erhaltung autofreier und öffentlicher Räume sowie der Erhalt und der Schutz der Ökosysteme.
6. *Mehr finanzielle und steuerpolitische Umsicht:* Reglementierung der Finanzmärkte, Verbot von skrupellosen Finanzpraktiken, Beschränkung/Deckelung von Manager*innengehältern und Boni, Schutz der Verbraucher*innen vor Überschuldung und ein Sparen der staatlichen Haushalte zugunsten künftiger Generationen.
7. *Die volkswirtschaftliche Gesamtrechnung revidieren:* Das BIP (Brutto-Inlands-Produkt) hat als Wohlstandsindikator ausgedient, da es ausschließlich die Geschäftätigkeit eines Landes misst. Dazu ist es ganz egal, auf welcher Grundlage diese Geschäftstätigkeit entsteht oder welche Folgen sie hat. Allein dass es diese Tätigkeit gibt, wird als Indikator für den Wohlstand eines Landes herangezogen. Kriege, Naturkatastrophen, Pandemien mehren kurzfristig das BIP. Was es allerdings nicht misst: Veränderungen im Vermögensbestand; reale Wohlfahrtsverluste, die aus ungleich verteilten Einkommen entstehen; die Erschöpfung von Ressourcen; die externen Kosten der Umweltverschmutzung und deren langfristige Folgen; die Kosten von Kriminalität, Unfällen, das Auseinanderbrechen von Familien und andere soziale Kosten. Es braucht ein alternatives Instrument, das all diese Umstände berücksichtigt.

Die gesellschaftliche Logik verändern

8. *Die Regulierung der Arbeitszeit:* Wenn die Produktion und der Konsum gedeckelt sind, hat dies auch Auswirkungen auf die Produktivität und die Beschäftigung einer Volkswirtschaft. Die verfügbare Arbeit wird neu verteilt, um die makroökonomische Stabilität und die Sicherung der Lebensumstände zu gewährleisten. Die Reduktion der Arbeitszeit ist aber auch aus einer gesundheitlichen und sozialen Perspektive erstrebenswert (Stichwort Work-Life-Balance). Der verlorenen Produktivität stehen Kosteneinsparungen in anderen Bereichen gegenüber.
9. *Die systembedingte Ungleichheit bekämpfen:* Das Bekämpfen der Ungleichheit lässt soziale Kosten sinken (Wegfall der Notwendigkeit für Transferleistungen), erhöht die Lebensqualität und reduziert den Statuskonsum. Es braucht Instrumente, um die Diskriminierung, die Ungleichheiten beim Einkommen, aber auch die ungleichen sozialen Chancen zu beseitigen.

10. *Gedeihen und Verwirklichungschance messen:* Es muss ein adäquates Maß für dauerhaften Wohlstand gefunden werden, das auch die Verwirklichungschance der Menschen abbildet. Hierzu gibt es bereits Vorschläge wie eine nationale Wohlfahrtsgesamtrechnung.
11. *Das Sozialkapital stärken:* Die menschlichen und sozialen Ressourcen müssen gestärkt werden, damit alle Menschen am öffentlichen Leben teilhaben können. Es braucht gezielte Maßnahmen, um das Sozialkapital aufzubauen und die Gemeinschaft zu stärken: konsumfreie öffentliche Räume, Förderung lokaler nachhaltiger Initiativen, Schaffung von Arbeitsplätzen in der Nähe des Wohnortes, Förderung und leichter Zugang zu lebenslangem Lernen, mehr Planungshoheit für Regionen und Gemeinden/Städte, Sicherung der Infrastruktur, Erhalt von öffentlich-rechtlichen Medien u. v. m. Hier sind vor allem die Stärkung und der Ausbau der Sozialen Arbeit, im Speziellen der Gemeinwesenarbeit, als begleitende Maßnahme notwendig. Ihr kommt bei der Stärkung des Sozialkapitals, der Inklusion sowie dem Empowerment aller Gesellschaftsschichten eine Schlüsselrolle zu.
12. *Die Kultur des Konsumismus abbauen:* Der Konsumismus ist die Antriebsfeder eines konsumgetriebenen Wirtschaftswachstums. Dafür nimmt man unproduktiven Statuskonsum sowie schädliche psychologische und soziale Folgen in Kauf. Im Zentrum steht ein Lebensstil, der sich durch den Erwerb und Konsum von Gütern und Dienstleistungen definiert. Die Kultur des Konsumismus wird durch mehr oder weniger subtile Signale in der Werbung, den Medien und Social Media verstärkt. Die Kultur des Konsumismus zurückzudrängen verlangt nach großen Anstrengungen. Hierzu zählen Werbebeschränkungen, Schaffung werbefreier Zonen, die Förderung öffentlicher Medien, die Beschränkung der künstlichen Produktalterung, das Verbot der geplanten Obsoleszenz (künstliche Produktalterung bzw. geplanter Verschleiß), Anreize und Möglichkeiten zur Reparatur u. v. m. Die Globalisierung ist nützlich, wenn sie fair und verantwortungsvoll gelebt wird. Es muss Transparenz über Herkunft von Waren und deren Inhaltsstoffe geben. Soziale und gesundheitliche Standards dürfen nicht an der Landesgrenze enden. Eine neue Kultur wird von einem Wertewandel in der Gesellschaft begleitet. Diesen herbeizuführen ist ein langwieriges Unterfangen. Es braucht positive Anreize, Vorbilder und einen gesellschaftlichen Diskurs. Auch hier können die Soziale Arbeit und die vielen Sozialorganisationen und Initiativen einen wichtigen Beitrag zur Veränderung liefern. In vielen europäischen Ländern gibt es zahlreiche Beispiele für einen solchen Wandel. Dennoch sind wir weit entfernt davon, diese Veränderungen als Mainstream zu bezeichnen.

Gerade die Forderungen im Bereich der gesellschaftlichen Logik zeigen, wie sehr eine nachhaltige Wirtschaft das soziale Gefüge eines Landes verändert bzw. prägt. Dies führt auch zu neuen Aufgaben der Sozialen Arbeit, da die Gemeinschaft und die Sozialräume verstärkt/anders gefordert sein werden (siehe Kap. 1). In den folgenden Kapiteln werden ausgewählte alternative Wirtschafts- und Gesellschaftsmodelle beschrieben. Die Zusammenstellung soll einen raschen Überblick über die Konzepte ermöglichen, hat aber nicht den Anspruch, jedes Konzept detailliert zu diskutieren. Vielmehr soll Interesse geweckt werden, sich vertiefend mit der Literatur zu diesem Thema zu beschäftigen.

2.2 Ökosoziale Marktwirtschaft

Die Ökosoziale Marktwirtschaft versteht sich als Weiterentwicklung der Sozialen Marktwirtschaft, die das Europa in der Nachkriegszeit geprägt hat, und ergänzt die Idee um den Aspekt des Umweltschutzes. Ziel ist ökologische Nachhaltigkeit im gesamten Wirtschafts- und Gesellschaftssystem. Die Dynamik des Marktes wird als Chance für den Umweltschutz gesehen, *„indem durch ökologische Kostenwahrheit, Verursacherprinzip und eine ökosoziale Steuerreform auf dem Markt die richtigen Signale für eine nachhaltige Entwicklung gegeben werden"* (Ökosoziales Forum o. J.). Ein Abrücken vom herrschenden Wirtschaftssystem ist nicht notwendig, solange von der Politik die nötigen sozialen und ökologischen Grenzen und Rahmenbedingungen formuliert werden. Wie in der Sozialen Marktwirtschaft versucht auch die Ökosoziale Marktwirtschaft die ausschließliche Marktorientierung durch soziale und ökologische Aspekte abzufedern und die unterschiedlichen Interessen auszugleichen. Im Unterschied zu anderen Konzepten soll eben „Umweltschutz mit marktwirtschaftlichen Mitteln durchgesetzt", anstatt mit Verboten und Geboten erzwungen werden (Ökosoziales Forum Wien o. J.). Die Ökosoziale Marktwirtschaft baut auf zwei Säulen auf:

- „Einerseits auf dem Ordoliberalismus der Freiburger Schule, die eine Alternative sowohl zum Laissez-faire-Liberalismus als auch zur Planwirtschaft entwickelte. In diesem Konzept sollten Solidarität und Leistungsprinzip, Ordnungsprinzip und Dezentralismus miteinander versöhnt werden.
- Die zweite Säule ist die christliche Soziallehre. Ihre grundlegenden Prinzipien sind die Würde des Menschen, Solidarität als Lebensprinzip und Subsidiarität als Ordnungsprinzip" (Ökosoziales Forum o. J., S. 2).

2.2 Ökosoziale Marktwirtschaft

Von wem formuliert? Wer treibt es voran?
Der Begriff der Ökosozialen Marktwirtschaft geht auf Hans Christoph Binswanger (Schweizer Wirtschaftswissenschaftler 1929–2018) zurück, der in seinen Arbeiten die Grundlage für die ökologische Steuerreform und für eine ökologisch-sozial orientierte Marktwirtschaft formulierte. In Österreich hat sich der konservative Politiker Josef Riegler ab 1989 für die Idee stark gemacht. Er formulierte das Strategische Dreieck der Ökosozialen Marktwirtschaft: „ökonomisch leistungsfähig, sozial orientiert, ökologisch verantwortungsvoll" (Riegler 2017).

Wie wird das umgesetzt?
Das Konzept versteht sich als Wegweiser, es geht dabei nicht um Einzelmaßnahmen oder konkrete Projekte. Der European Green Deal oder auch die Idee der Green Economy können auch in dieser Tradition gesehen werden. Die Aspekte der *ökologischen Kostenwahrheit (z. B. CO_2-Bepreisung), Verursacherprinzip (z. B. Einwegpfand) und eine ökosoziale Steuerreform* werden aktuell von der österreichischen Bundesregierung aufgegriffen, stehen aber auch in anderen Ländern auf der politischen Agenda.

Welche Kritik gibt es? Wo liegen die Grenzen?
Zum einen kann man die starke Betonung des Marktes und der Marktmechanismen kritisch sehen. Die Ökosoziale Marktwirtschaft geht davon aus, dass man das bestehende System um eine grüne Komponente ergänzen kann bzw. dass es das Interesse von Unternehmen gibt, an einer Veränderung mitzuwirken. Frei nach dem Motto, dass der Markt alles regelt, müsse man nur für die richtigen Rahmenbedingungen sorgen. Das Erfolgsmodell der Sozialen Marktwirtschaft wird „begrünt" ins 21. Jahrhundert fortgeschrieben, ohne dass man hinterfragt, inwiefern sich der europäische Wohlstand auch auf Kosten anderer Regionen und deren Bewohner*innen stützt oder ob man das eigene Wohlfahrtssystem vom Wirtschaftswachstum samt negativer Begleiterscheinungen entkoppeln muss. Auch die Idee, dass sich das Wirtschafts- und Gesellschaftssystem freiwillig verändert und dass es keiner Verbote und Beschränkungen bedarf, ist sehr umstritten.

Wie anschlussfähig ist dieses Konzept für die Sozialwirtschaft?
Die Sozialwirtschaft ist ebenso Teil der Ökosozialen Marktwirtschaft, wie sie auch einen Teil der Sozialen Marktwirtschaft darstellt. Auch durch die Betonung der christlichen Soziallehre ist sie für viele Sozialorganisationen anschlussfähig, da gerade im Dach-Raum viele große Wohlfahrtsverbände christliche Wurzeln haben.

2.3 Green Economy

„UNEP defines a green economy as one that results in improved human wellbeing and social equity, while significantly reducing environmental risks and ecological scarcities. In its simplest expression, a green economy can be thought of as one which is low carbon, resource efficient and socially inclusive" (UNEP 2011, S. 1–2). In der Green Economy sollte das Wachstum von Einkommen und Beschäftigung durch öffentliche und private Investitionen in vor allem jenen Bereichen vorangetrieben werden, die grüne Jobs schaffen oder grüne Investitionen darstellen.

Das österreichische Umweltministerium (Bundesministerium für Klimaschutz, Umwelt, Energie, Mobilität, Innovation und Technologie o. J.) definiert grüne Jobs auf Basis einer EU-Definition ohne Angabe der Quelle: *„Laut Definition der Europäischen Union (EU) sind Green Jobs Arbeitsplätze in der Herstellung von Produkten, Technologien und Dienstleistungen, die Umweltschäden vermeiden und natürliche Ressourcen erhalten. Diese Arbeitsplätze findet man in den verschiedensten Sparten wie zum Beispiel erneuerbare Energien, nachhaltiges Bauen und Sanieren sowie Wasser- und Abwassermanagement. Berufe mit hohem Qualifikationsniveau können ebenso dazugehören wie Lehrberufe oder Hilfsarbeiten. Der Hauptzweck von Green Jobs ist der Beitrag zum Umweltschutz."*

Die grünen Investitionen müssen katalysiert und durch gezielte öffentliche Ausgaben, politische Reformen und Gesetzesänderungen unterstützt werden. Ziel ist, die Kohlenstoffemissionen und Umweltverschmutzung zu reduzieren, die Energie- und Ressourceneffizienz zu steigern und den Verlust an biologischer Vielfalt und Ökosystemdienstleistungen zu verhindern. UNEP sieht sich als Unterstützerin von Entscheidungsträger*innen, die eine ressourcenschonende, CO_2-ärmere und sozial gerechtere Wirtschaft umsetzen wollen. Dazu zeigt sie Wege für Reformen auf, die in einer Gesamtstrategie gebündelt werden und den Übergang zur Green Economy ermöglichen. Im engen Zusammenhang damit steht die Idee eines grünen Konjunkturprogramms, der sogenannte *Green New Deal*. Hier sollen vor allem durch Investitionen im Bereich der thermischen Gebäudesanierung, durch den Ausbau von öffentlichen Verkehrsmitteln, die Förderung erneuerbarer Energien und die Abschaffung von umweltkontraproduktiven Subventionen grüne Jobs geschaffen werden (UNEP 2011, Lebensministerium 2015, S. 15).

Das Deutsche Bundesforschungsministerium sieht bei der Green Economy einen umfassenden wirtschaftlichen und gesellschaftlichen Wandel: *„Der Weg zur Green Economy führt über einen Veränderungsprozess, der die gesamte*

2.3 Green Economy

Gesellschaft betrifft. Es geht um eine umfassende ökologische Modernisierung der gesamten Wirtschaft und ihrer Sektoren. () Fragen nach Lebens- und Arbeitsbedingungen, Konsummustern, Produktlebenszyklen und Finanzierungsmodellen stehen damit in direktem Zusammenhang" (Deutsches Bundesforschungsministerium o. J.).

Von wem formuliert? Wer treibt es voran?
UN Environmental Programme (UNEP) hat 2011 den Weg in eine grüne Wirtschaft beschrieben. Auf der RIO+20-Konferenz (2012) stellte es eines von zwei Leitthemen dar. Seitens der Europäischen Kommission wurde mit dem *European Green Deal* 2019 eine gesamteuropäische Strategie formuliert, die auch auf die Ebene der Mitgliedstaaten wirken soll.

Wie wird das umgesetzt?
Das Konzept richtet sich in seiner Ursprungsidee an politische Entscheidungsträger*innen und mündet in Wirtschafts- und Umweltschutzmaßnahmen, aber auch in einer anderen Förderpolitik, in der Unternehmen oder ganze Programme der Green Economy besonders gefördert werden. Auf europäischer Ebene versucht man anhand verschiedener Aktionspläne und Förderprogramme diesen Zweig der Wirtschaft zu stärken. Auch auf nationalstaatlicher Ebene werden viele Initiativen gesetzt.

Welche Kritik gibt es? Wo liegen die Grenzen?
Die Umweltökonomen Oliver Taherzadeh und Benedict Probst der Universität Cambridge formulieren fünf Kritikpunkte am Konzept der Green Economy:

- Das Wachstum frisst die Effizienzsteigerungen auf. Es kommt schlussendlich doch zu einem Anstieg des Ressourcenverbrauchs. Eine absolute Entkoppelung ist nicht zu erkennen.
- Die technologischen Möglichkeiten zur Reduktion der Emissionen und Belastungen werden überschätzt.
- Umweltschutz und Gewinndenken gehen nicht immer zusammen. Nicht jede Branche kann ökologisch und profitabel sein. Der „grüne Kapitalismus" wird nicht die Lösung sein.
- Auch grüner Konsum ist schlussendlich Konsum. Auch dieser Konsum lässt den Ressourcenverbrauch steigen. Darüber hinaus wird die Verantwortung an Konsument*innen abgegeben.
- Die Ansicht, dass der Markt zwar Teil des Problems, aber schlussendlich auch Teil der Lösung ist, muss stark angezweifelt werden. *„Die Bepreisung von*

Umweltschäden über Märkte ist dasselbe wie der Verkauf von Genehmigungen zur Verschmutzung und Vernichtung unserer Natur. Obwohl Marktmechanismen die Unternehmen zu nachhaltigem Verhalten verführen können, werden nur strenge Gesetze und Vorschriften dazu beitragen, deren Wachstum mit den Grenzen der Umwelt in Einklang zu bringen" (Taherzadeh und Probst 2019).

Kritisch gesehen werden muss auch, dass das UNEP-Konzept für Unternehmen keinen Handlungsrahmen bietet. Es setzt vielmehr darauf, dass politische Rahmenbedingungen geschaffen werden, die Branchen und Unternehmen bevorzugt, die im Bereich der grünen Investitionen zum Zug kommen.

Wie anschlussfähig ist dieses Konzept für die Sozialwirtschaft?
Auch in der Sozialwirtschaft können sogenannte grüne Jobs entstehen. Gerade Sozialunternehmen mit Beschäftigungsfokus können als Teil der Green Economy gesehen werden. Ob innerhalb der Sozialwirtschaft mit ihrem ausgeprägtem Dienstleistungscharakter allerdings auf Basis spezifischer öffentlicher Investitionen neue umweltverträgliche und ressourcenarme Produkte entwickelt werden, darf bezweifelt werden. Die Sozialwirtschaft kann aber ihren Platz in einer Green Economy finden, indem sie an der umfassenden Modernisierung hin zu einer ökologischen Marktwirtschaft mitwirkt. Das Ziel eines ökologisch verträglichen Wachstums und die Veränderungen des Konsumverhaltens und der Einstellungen der Menschen braucht Akteur*innen, die diesen Wandel begleiten. Auch hier ergibt sich ein Potenzial für Sozialorganisationen und Sozialunternehmen.

2.4 Kreislaufwirtschaft

Die *Kreislaufwirtschaft (Circular Economy)* setzt auf ein optimales Nutzen der verfügbaren Ressourcen mittels Weiternutzung, Wiederverwertung, Recycling und Upcycling. Das Prinzip ist leicht erklärt: Was der eine wegwirft, ist für den anderen ein wertvoller Rohstoff. Es gilt Abfälle zu vermeiden, wenn diese entstehen, möglichst viele davon zu verwerten und jene, die nicht wiederverwertbar sind, umweltgerecht zu entsorgen. Diese Gedanken müssen bereits bei der Entwicklung von Produkten einfließen. Die Kreislaufwirtschaft zielt bei der Produktion von Waren und bei der Erbringung von Dienstleistungen auf einen verringerten Einsatz von Ressourcen und weniger Entsorgung von Ausgangserzeugnissen sowie die Reduzierung des Verbrauchs an Energie aus nicht erneuerbaren Energieträgern ab. Soziale und technischen Innovationen ermöglichen

2.4 Kreislaufwirtschaft

- ein ökologisches Produktdesign,
- die Wiederverwertung und die Reparatur von Erzeugnissen,
- die Wiederverwendung von Abfällen und
- das Recycling.

Abb. 2.1 zeigt die verschiedenen Aspekte der Kreislaufwirtschaft.

Die Basis ist das *Cradle-to-Cradle-Prinzip,* bei dem „Materialien in einem geschlossenen System zirkulieren, deren Qualität erhalten oder aufgewertet wird, um sichere und gesunde Produkte" anzubieten (Lebensministerium 2015, S. 25). Die erzeugten Produkte und erbrachten Dienstleistungen haben keine negativen Umweltauswirkungen. Aufgrund der Tatsache, dass alle Nährstoffe erhalten bleiben, kann man auch – ähnlich wie die Natur – im Überfluss produzieren (ebd.). Die Kreislaufwirtschaft basiert auf drei Erkenntnissen, die aus der Natur stammen:

Abb. 2.1 Kreislaufwirtschaft. (Eigene Darstellung in Anlehnung an Europäisches Parlament 2021)

1. Im biologischen Kreislauf gibt es keinen Abfall. Alles wird wiederverwertet, denn jeder Abfall stellt einen Nährstoff für eine gewisse Spezies dar. Das, was bei der Erzeugung eines Produkts übrig bleibt, stellt die Grundlage für ein anderes dar. Bereits bei der Entwicklung eines Produktes muss darauf geachtet werden, dass die verwendeten Materialien biologisch oder technisch wiederverwertbar sind und dass das Produkt recyclebar ist.
2. Es soll nur erneuerbare Energie – im besten Fall Sonnenenergie – als Energiequelle dienen.
3. Die Natur lehrt, dass Diversität die Resilienz fördert. Die Berücksichtigung der lokalen Voraussetzungen und der Bedürfnisse erhöhen die Widerstandsfähigkeit einer Wirtschaft.

Im März 2020 erschien der zweite *Circular Economy Action Plan (CEAP)* der Europäischen Union. Dieser formuliert den Rahmen für eine nachhaltige Produktpolitik, der das Design nachhaltiger Produkte, die Stärkung der Position von Verbraucher*innen und öffentlichen Auftraggeber*innen sowie das Kreislaufprinzip in Produktionsprozesse einschließt. Von zentraler Bedeutung sind die Bereiche Elektronik und IKT, Batterien und Fahrzeuge, Verpackungen, Kunststoffe, Textilien, Bauwirtschaft und Gebäude sowie Lebensmittel, Wasser und Nährstoffe. Der Plan, der in einem engen Zusammenhang mit dem European Green Deal steht,

- „bietet eine zukunftsorientierte Agenda für ein saubereres und wettbewerbsfähigeres Europa, das gemeinsam mit Wirtschaftsakteuren, Verbrauchern, Bürgerinnen und Bürgern sowie Organisationen der Zivilgesellschaft geschaffen wird".
- Er zielt darauf ab, „einen starken und kohärenten Rahmen für die Produktpolitik zu schaffen, durch den nachhaltige Produkte, Dienstleistungen und Geschäftsmodelle zur Norm werden, und die Verbrauchsmuster so zu verändern, dass von vornherein kein Abfall erzeugt wird". Und
- er soll Abfälle verringern sowie „sicher(zu)stellen, dass die EU über einen gut funktionierenden Binnenmarkt für hochwertige Sekundärrohstoffe verfügt" (Europäische Kommission 2020).

Von wem formuliert? Wer treibt es voran?
Erste Überlegungen zu einer Kreislaufwirtschaft reichen in die 1970er Jahre zurück. Breitere Aufmerksamkeit bekommt das Konzept der Circular Economy durch die Auseinandersetzung von David W. Pearce, Kathleen Segerson and R. Kerry Turner (Luis und Celma 2020, S. 1). Die Europäische Kommission hat mit

2.4 Kreislaufwirtschaft

ihren Aktionsplänen wesentliche Impulse gesetzt. Im Bereich der Sozialwirtschaft treibt die unabhängige NPO *Rreuse* das Thema auf europäischer Ebene voran. Rreuse vertritt die Interessen von Sozialunternehmen, die im Bereich des Re-Use, des Reparierens und des Recyclings aktiv sind. Die Organisation zählt 25 Dachorganisationen und rund 850 Sozialunternehmen zu ihrem Netzwerk, die 95.000 Mitarbeitende, Freiwillige und Auszubildende beschäftigen und 2000 Shops betreiben. Dazu gehören z. B. in Deutschland der Dachverband FairWertung e. V. und in Österreich der Dachverband RepaNet.

Wie wird das umgesetzt?
Das Konzept kann sowohl auf wirtschaftspolitischer Ebene umgesetzt werden, indem Rahmenbedingungen geschaffen werden, die ein unternehmerisches Verhalten im Sinne der Kreislaufwirtschaft fördern und umwelt- und klimaschädliches Verhalten „bestrafen", als auch von einzelnen Akteur*innen (Unternehmen, Organisationen und Konsument*innen). Es ist als Prinzip auch in anderen Wirtschafts- und Gesellschaftskonzepten enthalten, wie der Sharing Economy, der Solidarökonomie, der Postwachstumsökonomie und der Green Economy.

Welche Kritik gibt es? Wo liegen die Grenzen?
Ein möglicher Kritikpunkt an der Idee der Kreislaufwirtschaft stellt die Tatsache dar, dass das Konzept keine Abkehr von bisherigen Konsummustern beinhaltet. Es geht davon aus, dass es – wenn man es nur richtig anstellt – eine unendliche Wiederverwertbarkeit der Ressourcen gibt und dass man so auch weiterhin im Überfluss konsumieren kann. Das ist vor allem im Hinblick auf die wachsende Weltbevölkerung keine Lösung, da die zentralen planetaren Ressourcen eben begrenzt sind. Das Sortieren und Recycling von Altstoffen, Überschüssen und Abfällen verbraucht selbst sehr viele Ressourcen und vor allem sehr viel Energie. Solange noch immer zu einem überwiegenden Teil nicht erneuerbare Energiequellen genutzt werden, kommt es mitunter zu einer zusätzlichen Emissionsbelastung. In Deutschland lag z. B. der Anteil der erneuerbaren Energie im Jahr 2019 erst bei 42,1 % (Umweltbundesamt 2021).

Für Unternehmen bietet das Prinzip viele Möglichkeiten, durch entsprechendes Produktdesign und das Angebot von Reparatur- und Wartungsservice einen konkreten Beitrag zu leisten. Auch im Sinne der Zulieferkette können Unternehmen aktiv werden. Dabei stellt sich die Frage, wie tief ein Unternehmen überhaupt in die Lieferkette blicken kann und möchte. Es besteht die Gefahr, dass Unternehmen die eigenen Produkte im Sinne der Kreislaufwirtschaft positionieren, obwohl es in Wirklichkeit nicht möglich ist, alle Teile wiederzuverwerten. Die Frage ist, zu wie viel Prozent das Produkt recyclebar sein muss, um im Sinne der Kreislaufwirtschaft zu gelten. Beim *Aktionsplan für eine Europäische Kreislaufwirtschaft* kann kritisiert werden, dass dieser zwar viele dringend notwendige Maßnahmen enthält, aber noch keine verbindliche Umsetzung in Sicht ist. Es bleibt abzuwarten, was schlussendlich seitens der Nationalstaaten umgesetzt werden wird.

Wie anschlussfähig ist dieses Konzept für die Sozialwirtschaft?
Sozialen Unternehmen kommt eine bedeutende Rolle zu. Bereits im ersten Aktionsplan für die Kreislaufwirtschaft im Jahr 2015 weist die Europäische Kommission darauf hin, „dass die Sozialwirtschaft und soziale Unternehmen in einigen Mitgliedstaaten bei der Einführung der Kreislaufwirtschaft eine Pionierfunktion ausübten und auch weiterhin neue Entwicklungen vorantreiben". Die EU und die Mitgliedstaaten könnten noch größere Vorteile aus dem Innovationspotenzial sozialer Unternehmen beim Ausbau der Kreislaufwirtschaft ziehen, wenn angemessene Unterstützung und Förderung gewährt würden (GECES 2016, S. 31). In Österreich sind z. B. ein Viertel aller Mitglieder von Arbeit Plus, dem österreichweiten Netzwerk von 200 Sozialen Unternehmen im arbeitsmarktpolitischen Bereich, Teil der Kreislaufwirtschaft. Das Potenzial der Sozialwirtschaft liegt vor allem bei der Schaffung von Arbeitsplätzen mit Bezug zur Kreislaufwirtschaft, da die Unterstützung des grünen Wandels somit Hand in Hand mit einer Stärkung der sozialen Inklusion geht. Auch der zweite Aktionsplan aus dem Jahr 2020 verweist auf diesen Aspekt (Europäische Kommission 2020).

Fallbeispiel Fairphone
Das Social Enterprise Fairphone ist ein Beispiel dafür, dass es nicht nur um nachhaltige Produkte geht, sondern auch um Impulse für ein anderes Konsumverhalten oder Wirtschaften. Das niederländische Unternehmen stellt faire Smartphones her. Fairphone setzt auf ethische Grundsätze, faire Arbeitsbedingungen und einen gerechten Lohn. Für das nachhaltige Smartphone werden möglichst viele Teile fair produziert oder recycelt. Es ist so konzipiert, dass es leicht repariert werden kann und einzelne Komponenten auch ausgetauscht/erneuert werden können. So kann die Lebenszeit des Smartphones deutlich verlängert werden. Darüber hinaus möchte das Social Business auch die Nachfrage nach fairen Produkten steigern und einen wichtigen Impuls in einer Industrie setzen, die gerade für die Arbeitsbedingungen bei der Rohstoffgewinnung immer wieder scharf kritisiert wird. Fairphone wendet sich klar gegen die künstliche Produktalterung, da gerade im Elektronikbereich besonders kurze Lebenszyklen der Produkte durch die Industrie forciert werden (Fairphone o. J.).

2.4 Kreislaufwirtschaft

Fallbeispiel Fairmittlerei

Täglich werden von Industrie und Handel einwandfrei gebrauchsfähige Non-Food-Produkte für den Verkauf gesperrt bzw. vernichtet. Die Gründe dafür sind vielfältig, z. B. falsche Etikettierung, die Unterschreitung der gesetzlichen Mindestfüllmenge, Änderungen im Layout, Restbestände von Sonderaktionen, Sortimentswechsel und vieles mehr. In Österreich können jedes Jahr rund 2200 t allein an Drogerieartikeln von Herstellern nicht verkauft werden. Das entspricht ca. 42.300 vollen Mülltonnen. Zusätzlich schreibt der Handel jährlich ca. 800 t Waren im Wert von ca. 30 Mio. EUR ab (Fairmittlerei 2017). Der in Wien ansässige Verein Fairmittlerei hat den Gedanken der Kreislaufwirtschaft aufgegriffen und vermittelt Überschussware von Industrie und Handel an gemeinnützige Organisationen in ganz Österreich. Die Fairmittlerei in Zahlen für 2020:

- Zwei hauptamtliche Mitarbeiter*innen (1,25 Vollzeitäquivalente)
- ca. 25 ehrenamtliche Mitarbeiter*innen
- ca. 45 spendende Unternehmen
- ca. 100 Kund*innen
- ca. 60 t gerettet
- NGOs haben sich > 100.000 EUR erspart

Der Verein verfügt über ein ausgebautes Netzwerk an Unternehmen, die zwar Non-Food-Produkte als Spenden zur Verfügung stellen möchten, für die logistische Abwicklung aber keine Ressourcen haben. Die Abholung und Lagerung der Produkte, Qualitätssicherung sowie die Abstimmung von Angebot und Nachfrage sind die wesentlichen Dienstleistungen der Fairmittlerei. Gemeinnützige Organisationen (NGOs) haben die Möglichkeit, die lagernden Produkte über einen Webshop bequem online zu bestellen. Die Preise der Produkte variieren je nach Produktgruppe, liegen jedoch bei ca. 20 bis 25 % des üblichen Marktpreises.

Die Fairmittlerei stellt sicher und prüft, dass nur NGOs in den Genuss dieser preiswerten Einkaufsmöglichkeit kommen. Zu den Kund*innen zählen unter anderem das SOS-Kinderdorf, das Diakoniewerk, das Wiener Hilfswerk und die Volkshilfe. Die Produktpalette reicht von Wasch- und Reinigungsmitteln über Heimwerkbedarf und Büroartikel bis hin zu Elektronik und Möbeln. Durch ein großes Spendernetzwerk versucht die Fairmittlerei, ein möglichst umfangreiches und beständiges Sortiment anzubieten. Bis dato arbeitet der Verein, der 2016 gegründet wurde, fast ausschließlich mit ehrenamtlichen Mitarbeiter*innen. Die Fairmittlerei fungiert als Schnittstelle für eine optimierte Ressourcenverteilung, die den gesamten organisatorischen Aufwand von Produktspenden abwickelt und eine Win-win-Situation für alle Beteiligten und die Umwelt herstellt.

- Industrie und Handel können nicht mehr verkaufsfähige Produkte einfach und zeitsparend an die Fairmittlerei spenden, ersparen sich dadurch anfallende Lager- und Vernichtungskosten und übernehmen darüber hinaus Verantwortung für Gesellschaft und Umwelt.
- Gemeinnützige Organisationen haben die Möglichkeit, die Warenspenden zu einem Bruchteil des Marktpreises zu erwerben. Die gesparten finanziellen Mittel können für die jeweiligen Organisationsziele eingesetzt werden.
- Mit ihrer Idee und deren Umsetzung unterstützt die Fairmittlerei die SDGs als Ganzes, insbesondere das Ziel 12 „Nachhaltige Konsum- und Produktionsmuster sicherstellen", wo es u. a. konkret um die Verringerung des Abfallaufkommens durch Vermeidung, Verminderung, Wiederverwertung und Wiederverwendung, die Ermutigung von Unternehmen, nachhaltige Verfahren einzuführen, sowie die Sicherstellung geht, dass Menschen über Informationen und das Bewusstsein für eine nachhaltige Lebensweise verfügen.

2.5 Postwachstumsökonomie

„Degrowth is a term for a vast array of concepts that offers an alternative to the growth ideologie and its emphasis on development. (…) Degrowth promotes transformative change in society at large that is not only a shift in economic models, rather a shift to embrace an ecosocial worldview that strengthens realitionships to people and place and elevates the knowledge commons" (Powers und Rinkel 2019, S. 21).

Am weitesten geht das Konzept der Postwachstumsökonomie, das auf dem Degrowth-Gedanken aufbaut und eine Notwendigkeit für einen weitreichenden Umbau formuliert: Die Vertrer*innen „rufen zur Abkehr vom sinnleeren und ressourcenverschwenderischen Konsum auf und betonen die Vorzüge von einem suffizienten Leben" (Lebensministerium 2015, S. 8). Durch weniger Konsum und weniger Erwerbsarbeit steige die Zufriedenheit der Menschen und verringerten sich negative Umweltfolgen. Auf staatlicher Ebene brauche es dazu klare Maßnahmen, um die Folgen des Schrumpfens der Wirtschaft abzufedern und zu begleiten und um zu zeigen, „wie es sich in einer Wirtschaft mit wenig oder keinem Wachstum trotzdem gut leben lässt" (ebd.). Die Postwachstumsökonomie gibt sich nicht mit kleinen, grünen Adaptionen des Kapitalismus oder dem Vertrauen auf die Wandlungsfähigkeit von Unternehmen zufrieden. Sie ist eine radikale Abkehr vom Denken, das die Wohlfahrtsstaaten nach dem Zweiten Weltkrieg geprägt hat. Paech (2009) fordert die Beseitigung jeglicher Wachstumsabhängigkeiten und -zwänge, um eine ökologisch und sozial zukunftsfähige Ökonomie zu schaffen. Das bedeutet eine Abkehr von

2.5 Postwachstumsökonomie

- der vorherrschenden Innovationsorientierung,
- gegenwärtigen Geld- und Zinssystemen,
- hohen Gewinnerwartungen,
- dem auf globaler Arbeitsteilung beruhendem Modell der Fremdversorgung,
- der Kultur der bedingungslosen Steigerung materieller Selbstverwirklichungsansprüche.

Wie Abb. 2.2 zeigt, bilden eine eingeschränkte globale Arbeitsteilung, eine aufgewertete regionale Ökonomie, Subsistenz und Suffizienz die Säulen eines schonenden Wirtschaftssystems. Frei nach dem Motto „Weniger ist mehr" stellt die Postwachstumsökonomie die Wirtschaft und Gesellschaft mehr oder weniger auf den Kopf.

Da es bislang keine absolute Entkoppelung des Ressourcenverbrauchs vom Wachstum gibt, muss es zu einer Reduzierung im Sinne eines „Gesundschrumpfens" kommen, damit man ein Maß des Wirtschaftens und des Konsums erreicht, das mit Klimazielen und dem prognostizierten Bevölkerungswachstum verträglich ist. Das soll durch eine reduzierte Wirtschaftsleistung erreicht werden, bei der der globale Handel stark eingeschränkt und nur noch im Sinne der Kreislaufwirtschaft organisiert ist. Dies führt zu einer Aufwertung der lokalen Wirtschaft, die aber selbst bezogen auf den Ressourcenverbrauch auch eingeschränkt ist. Das „Weniger- ist-mehr-Motto" zeigt sich auch bei der bezahlten Arbeit. Statt 40 h pro Woche sollen die Menschen nur noch 20 h einer bezahlten Arbeit nachgehen. Das führt zwar zu geringeren Einkommen, aber auch zu weniger Konsum und Suffizienz, also einem gesunkenen Bedarf an Ressourcen. Parallel dazu kommt es zu einer Abkehr vom verschwenderischen Lebensstil, ohne dass

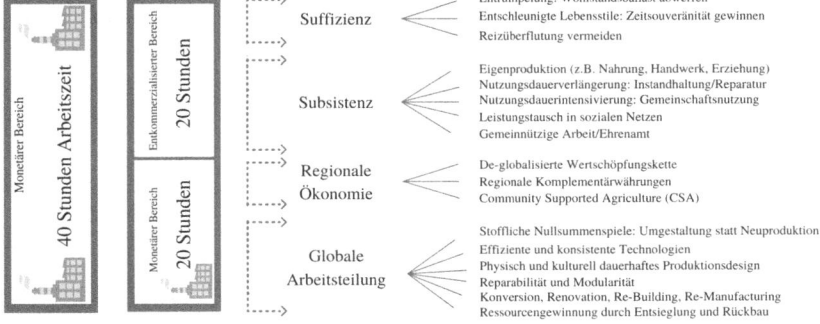

Abb. 2.2 Das schonende Wirtschaftssystem der PWÖ. (Eigene Darstellung in Anlehnung an Paech 2014, S. 151)

es zu einem Einschnitt in die Lebensqualität führen wird. Denn viele Wissenschaftler*innen argumentieren, dass ein Mehr an Geld und Gütern nicht zu einer höheren Lebensqualität führt, wenn gewisse Grenzen bereits überschritten sind. Mehr Geld hat oft zur Folge, dass man sich mehr Maschinen leisten kann, die einem die Arbeit abnehmen, oder dazu, dass man andere Menschen für Arbeit bezahlen kann, die man zuvor selbst erledigt hat.

Mit Suffizienz zieht der Gedanken eines Wertewandels ein. Das beinhaltet eine Abkehr vom bisherigen Konsum- und Freizeitverhalten. Es ist das Ende des Statuskonsums, des Konsums als Belohnung für die harte Arbeit oder vielen Überstunden, des Konsums als Freizeitbeschäftigung und dem ständigen Verführt-Werden durch die Werbung. Das Ziel ist ein – zumindest in unseren Breiten – entschleunigter Lebensstil, indem man viel Zeit hat und insgesamt zufriedener leben kann. *„Viele Konsumaktivitäten sind symbolischer Art, zielen auf soziales Prestige oder die Zugehörigkeit zu einer bestimmten Gruppe oder ‚Szene'. Innovationen schaffen neue Angebote der materiellen Selbstinszenierung, die von Pionieren aufgegriffen werden. Wer nicht mitzieht, verliert den Anschluss. Folglich ist ein immer höherer Konsumaufwand nötig, um die soziale Integration zu verteidigen. Insoweit die Auswahl an Konsumoptionen geradezu explodiert, der Tag aber nach wie vor nur 24 h hat, wird die minimal erforderliche Zeit zum Ausschöpfen konsumtiver Optionen zum Engpassfaktor. Das Viel-Haben tritt in Widerspruch zum Gut-Leben"* (Paech 2009).

Einen großen Unterschied zu anderen Konzepten stellt die Betonung der Subsistenz dar, also der Selbstversorgung und selbstständigen Bedarfsdeckung. Die frei gewordene Zeit ermöglicht es, den „verlorenen" Konsumwohlstand durch Eigenproduktion, durch Verlängerung der Nutzungsdauer der Konsumgüter mittels Reparatur und Instandhaltung oder durch den Tausch oder die gemeinsamen Nutzung von Konsumgütern mit anderen zu kompensieren. Vieles, was bisher im Bereich der bezahlten Arbeit erledigt wurde, wird in Form von ehrenamtlicher bzw. unbezahlter Arbeit organisiert. Das bietet den Menschen die Chance auf Autonomie von der Geld- und Industrieversorgung. Dafür braucht es drei zentrale Ressourcen:

1. handwerkliches Geschick, künstlerische und substanzielle Kompetenzen,
2. Zeitressourcen, denn das Substituieren von Industrieproduktion ist entsprechend arbeitsintensiv und
3. soziale Netze, um die eigenen Neigungen und Talente synergetisch ergänzen zu können.

2.5 Postwachstumsökonomie

Diese „duale Versorgung steigert die Krisenresistenz und mindert den Wachstumsdruck, weil monetäres durch soziales Kapital ersetzt wird" (Paech 2015). In den westlichen Industrienationen wird es dadurch zu einem drastischen Rückgang des BIP und einer Reduktion des Ressourcenverbrauchs kommen. Paech (2009) fordert einen kulturellen Wandel „vom reinen Konsumenten, zum Prosumenten" und den „Austritt aus Geldökonomie durch eigene produktive Leistungen". Dadurch, dass die Menschen nur noch 20 h bezahlter Arbeit nachgehen, entstehen kombinierte Versorgungssysteme, die eben auch durch unbezahlte/ehrenamtliche Arbeit ergänzt werden oder sowohl professionell als auch selbstversorgend organisiert werden. Das zeigt sich in den Bereichen Freizeit, Erziehung/Pflege, Eigenarbeit, Nachbarschaftshilfe, sozialer Austausch, Ehrenamt, urbane Subsistenz und Regionalversorgung (Paech 2009).

Von wem formuliert? Wer treibt es voran?
Im deutschsprachigen Raum zählt Niko Paech zu den Hauptvertretern dieser Wirtschaftsordnung. Unter dem Schlagwort Postwachstumsgesellschaft publizieren aber auch Irmi Seidl und Angelika Zahrnt. Sie postulieren einen starken gesellschaftlichen Wandel, den es neben dem ökonomischen, technischen und strukturellen Wandel braucht, um sich vom Wachstumzwang zu befreien. Im Fokus steht die Frage, wie eine Politik, Gesellschaft und Wirtschaft aussieht, die nicht auf Wandel fokussiert ist (Lebensministerium 2015, S. 39). Auf internationaler Ebene ist auch Tim Jackson zu erwähnen, der mit „Wohlstand ohne Wachstum" ein Standardwerk zum Degrowth-Diskurs geliefert hat und sowohl eine Problemanalyse als auch Schritte für eine Abkehr vom destruktiven Wachstum bietet. Auch in Südeuropa gibt es einen lebhaften Diskurs unter ähnlichen Schlagworten (Frankreich – décroissance, Spanien – decrecimiento, Italien – decrescita).

Wie wird das umgesetzt?
Die Postwachstumsökonomie stellt die wohl umfangreichste Transformation des Wirtschafts- und Gesellschaftssystems dar. Sie greift weit in unser gesellschaftliches Gefüge ein und stellt eine absolute Neuordnung der lokalen sowie globalen Wirtschaft dar. Durch die Betonung der Suffizienz und der Substanz in Kombination mit der Abkehr von einer bezahlten Vollzeitbeschäftigung schafft sie neue Betätigungsräume für die Menschen.

Aber welche Auswirkungen hat das auf unser gesamtes System? Wie können wir uns innerhalb einer überschaubaren Zeitspanne zu einer neuen Gesellschaft transformieren, die mit weniger materieller Ausstattung zurechtkommt? Auch wenn die Protagonist*innen einige Antworten für die Transformation liefern, fehlt es an Entscheidendem: Wie kann man die Menschen von diesem Weg überzeugen und wer traut sich, dieses Konzept auch politisch umzusetzen? Es gilt abzuwarten, ob die Corona-Krise als „Blaupause" einer Postwachstumsökonomie dienen wird und ob man daraus Lehren für die Zukunft ziehen kann.

Welche Kritik gibt es? Wo liegen die Grenzen?
Die Postwachstumsökonomie schraubt das Konsumverhalten und die Produktion in den hochindustrialisierten Ländern zurück, was auch Folgen in den Ländern haben wird, die vom westlichen Konsum leben. Wie wirken sich jedoch die Beschränkung des globalen Handels und die Schließung der Produktionsstätten in den sogenannten Billiglohnländern auf die Lebensumstände der Bewohner*innen aus? Zudem ist für viele Länder ein Wirtschaftswachstum noch notwendig, um ein Mindestmaß an Versorgung, Lebensqualität und Ausstattung mit materiellen Gütern zu gewährleisten. Wie kann man Wohlstand für diese Menschen garantieren, wenn die Ökonomie dieser Länder aktuell stark exportorientiert ist? Eine Antwort wäre, dass man zwar weniger global konsumiert, diese Produkte jedoch zu einem fairen Preis gehandelt werden. Das erscheint insofern machbar, als der Anteil des Lohns für die Produktion am Verkaufspreis der Waren schlussendlich vergleichsweise gering ist. So könnten also die Menschen in diesen Ländern mehr verdienen, obwohl weniger Waren und Dienstleistungen verkauft werden. Die Preise für die Importwaren würden in Europa zwar steigen, aber für die europäischen Konsument*innen immer noch aufzubringen sein.

Auch in puncto Gleichstellung von Mann und Frau muss dieses Konzept kritisch beleuchtet werden. Wenn es zu mehr Eigenleistung, Selbstversorgung, gemeinschaftlicher Tätigkeit und Nachbarschaftshilfe kommen soll, dann taucht die berechtigte Sorge auf, dass dies auf dem Rücken der Frauen passieren soll. Wie kann eine moderne Postwachstumsgesellschaft auch für einen Ausgleich zwischen den Geschlechtern sorgen? Dazu wäre es notwendig, die Idee der *Feministischen Ökonomie* in die Postwachstumsökonomie zu integrieren. Die Feministische Ökonomie hat u. a. eine Aufwertung der Care-Arbeit oder generell der nicht-bezahlten Arbeit im Fokus.

Es fehlt derzeit auch an Modellen zu den finanziellen Auswirkungen der Postwachstumsökonomie auf die Staatsfinanzen und die Steuereinnahmen. Das Runterfahren der Wirtschaft (wie wir es in der Corona-Pandemie gesehen haben) hat jedenfalls weitreichende finanzielle und gesellschaftliche Folgen. Diese Fragen sind noch nicht ausreichend beantwortet.

2.5 Postwachstumsökonomie

Wie anschlussfähig ist dieses Konzept für die Sozialwirtschaft?
Die Postwachstumsgesellschaft kann nicht von einzelnen Organisationen oder Unternehmen umgesetzt werden. Sie ist ein Konzept für die gesamte Ökonomie eines Landes oder eines Wirtschaftsraums, das sehr unterschiedliche Auswirkungen auf die verschiedenen Branchen hat. Für die Sozialwirtschaft birgt dieses Wirtschafts- und Gesellschaftskonzept Chancen und Risiken. Zu den Chancen und Aufgaben aus Sicht der Sozialwirtschaft zählen:

- Es braucht *neue Formen der Kooperation und der (Selbst-)Organisation*. Das hohe Maß an unbezahlter Arbeit, an Tausch von Ressourcen, am gemeinsamen Produzieren verlangt auch nach neuen Strukturen und Modellen (siehe Stärkung der sozialen Netze). Gerade die Soziale Arbeit, mit ihrer Erfahrung aus der Gemeinwesenarbeit, kann eine wichtige Funktion in der Begleitung, der Entwicklung bzw. der Förderung des Empowerments übernehmen.
- Mit der *umfassenden Transformation des (Wirtschafts-)Lebens* geht auch ein gesellschaftlicher Wertewandel einher, der wohl nicht ohne nationale und internationale Verteilungskonflikte ablaufen wird. Die Soziale Arbeit kann diesen Wertewandel begleiten und ihre Expertise einbringen, damit es dabei nicht zu sozialen Härten für bestimmte Bevölkerungsschichten kommt, und für mehr globale Gerechtigkeit sorgen.

Zu den Risiken für die Sozialwirtschaft gehören die nachfolgend genannten.

- Mit der zunehmenden Selbstversorgung und der Nachbarschaftshilfe einerseits und den sinkenden Staatseinnahmen (weniger Mehrwertsteuer, weniger Einkommensteuer, weniger Unternehmenssteuer) andererseits kann es zu einer *doppelten Welle der De-Professionalisierung im Sozial- und Gesundheitswesen* kommen. Der Staat wird viele soziale Dienste nicht mehr finanzieren können. Möglicherweise entsteht eine Dynamik, in der der Wert der professionellen Unterstützung (das Konzept spricht auch von mehr Selbst- anstatt Fremdversorgung) sinkt. Die Betonung der zeitlichen Verfügbarkeit von Angehörigen kann abseits der Versorgung der Grundbedürfnisse aufgrund fehlender Erfahrung oder Ausbildung zu verschiedenen qualitativen Verschlechterungen oder einem Mangel an Versorgung (der Sohn hat weniger Pflege-Know-how als ein gut ausgebildeter Pfleger), an Betreuung (weniger Aktivierung der betreuungspflichtigen Tochter mit einer Behinderung durch die Mutter) oder an Bildung (die Versorgung der Kleinkinder zu Hause ersetzt nicht die Förderung der sozialen Kompetenz im Kindergarten) führen.

- Auch die Sozialwirtschaft ist Teil des bestehenden Wirtschafts- und Gesellschaftssystems und muss den Weg zu *weniger Wachstum* beschreiten: *„Social work continues to situate itself in the structures that promote the growth model, thus becoming, perhaps unwittingly, part of the problem. In order to address the climate crisis, to promote community and environmental sustainability, and to seek climate justice, we must shift to a degrowth approach"* (Rinkel und Powers 2019, S. 21).

2.6 Gemeinwohl-Ökonomie

Die Gemeinwohl-Ökonomie beschreibt eine ethische Wirtschaft, in der nicht nur der finanzielle Erfolg der Unternehmen im Vordergrund steht, sondern Gemeinwohlstreben und Kooperation. Entlang der fünf zentralen Werte *Menschenwürde, Solidarität, Gleichberechtigung, ökologische Nachhaltigkeit und Mitbestimmung* wird ein Wirtschaftskonzept entwickelt, das das Wohl von Mensch und Umwelt zum Ziel hat. Mittels der Gemeinwohlbilanz wird der Beitrag der Unternehmen oder Organisationen zum Gemeinwohl gemessen (Gieselbrecht und Ristig-Bresser 2017, S. 176).

Die Gemeinwohl-Ökonomie setzt zwar auf der Ebene des Unternehmens/der Organisation an, möchte aber auch das Wirtschafts- und Gesellschaftssystem umgestalten. Es ist eine Abkehr von einem System der Konkurrenz hin zu mehr Kooperation, Mitbestimmung und Solidarität. Unternehmen, die eine positive Gemeinwohlbilanz vorweisen können, sollen geringere Steuern bezahlen, einen leichteren Zugang zu Förderungen oder Krediten erhalten und bei öffentlichen Aufträgen bevorzugt werden. Die Gemeinwohlbilanz soll auch Transparenz gegenüber Konsument*innen schaffen und ihnen die Kaufentscheidung erleichtern. Somit sind nachhaltige, faire, demokratische und kooperative Unternehmen im Vorteil. Regionale Wirtschaftskreisläufe werden gestärkt. Unternehmen und Organisationen schaffen menschenwürdige Arbeitsplätze sowie hochwertige Produkte und Dienstleistungen, dadurch sinken Umweltschäden und soziale Probleme. Im internationalen Handel werden gemeinwohlschädliche Produkte mit Zöllen belegt. Unternehmensgewinne sollen nicht der Vermögensmehrung der Kapitalgeber*innen dienen, sondern im Unternehmen verbleiben, um es mit mehr Eigenkapital zu stärken, oder der Einkommenserzielung der Unternehmer*innen und der Beschäftigten zukommen. Das senkt den Druck, eine möglichst hohe Rendite für die Geldgeber*innen zu erzielen, was auch den Zwang zum Wachstum der Wirtschaft reduziert (Gemeinwohlökonomie o. J.a).

2.6 Gemeinwohl-Ökonomie

Auf der Makroebene soll das Gemeinwohlprodukt das BIP als Erfolgsfaktor ablösen. Darüber hinaus soll die Weitergabe von Erbvermögen gedeckelt werden, um eine demokratische Mitgift für Folgegenerationen finanzieren zu können. Auch direkt gewählte Wirtschaftsparlamente, demokratische Allmenden in verschiedenen Bereichen (Bildung, Soziales, Gesundheit, Mobilität, Energie, Kommunikation) und eine Fair-Handelszone sind Teil eines geplanten Systemwechsels (Lebensministerium 2015, S. 45).

Im Vergleich zu anderen alternativen Wirtschafts- und Gesellschaftskonzepten ist die Gemeinwohl-Ökonomie, was Umsetzungsschritte und Maßnahmen auf verschiedenen Ebenen betrifft, sehr konkret. Im Zentrum steht die Wertorientierung. Mitbestimmung, Solidarität und Gleichberechtigung sind stärker ausgeprägt als in Konzepten, die „nur" auf Ressourcenschonung bzw. Umwelt- und Klimaschutz setzen. Umgekehrt setzt die Gemeinwohl-Ökonomie zwar auf einen Umbau des Wirtschaftssystems, trotzdem treten die ökologischen Aspekte (weniger Ressourcen, Senkung des CO_2-Ausstoßes, Klimaschutzmaßnahmen) ein wenig in den Hintergrund. Diese Effekte entstehen als Folge der werteorientierten Wirtschaft, die gemeinwohlorientierte und regionale Unternehmen belohnt.

Im Sinne der drei Säulen der Nachhaltigkeit ist dieses Konzept durchaus kompatibel, da es durch die Struktur der Gemeinwohlbilanz alle Themen in den Fokus nimmt. Ein großer Unterschied ist die Tatsache, dass auch einzelne Unternehmen und Organisationen durch eine Gemeinwohlbilanz einen ersten Schritt tun können. Einzelne Schritte können somit bereits eine Veränderung einläuten, ohne dass es eines gesamten Systemwechsels wie zum Beispiel bei der Postwachstumsökonomie bedarf. Eine Besonderheit ist auch, dass Gemeinden und Regionen sich dem Prinzip der Gemeinwohl-Ökonomie verschreiben können und die Gemeinwohlbilanz auch für verschiedene Unternehmens- und Organisationsformen adaptiert wird.

Von wem wurde das Konzept formuliert? Wer treibt es voran?
Im Jahr 2010 hat der Österreicher Christian Felber das Konzept erstmals in seinem Buch „Gemeinwohl-Ökonomie" vorgestellt. Aus dieser Idee entstand gemeinsam mit Mitgliedern von Attac-Austria und interessierten Unternehmer*innen die Gemeinwohl-Ökonomie-Bewegung, die mittlerweile auf Regionalgruppen in Europa, Amerika, Afrika und Asien verweisen kann. Neben den Regionalgruppen gibt es Akteur*innenkreise, Sprecher*innen und Botschafter*innen, die die Idee weitertragen. Im Jahr 2021 unterstützten weltweit jedoch erst rund 2000 Unternehmen und Organisationen die Gemeinwohl-Ökonomie-Bewegung (Gemeinwohlökonomie o. J.b). Unternehmen und

Organisationen, die eine Gemeinwohlbilanz erstellen wollen, müssen dies nach dem Beitritt zum Verein entlang der in Tab. 2.1 angeführten Werte und Stakeholder tun.

Wie wird das umgesetzt?
Die Gemeinwohlbilanz wird kontinuierlich weiterentwickelt. Aktuell ist die Version 5.0 in Verwendung. Die Matrix umfasst 20 Felder, die für verschiedene Unternehmen und Organisationen noch gewichtet werden (Branche, Größe, Finanzströme und soziale Risiken). Im Gemeinwohlbericht stellen sie die Umsetzung der Gemeinwohlwerte dar, zeigen ihr Entwicklungspotenzial und bewerten das Ergebnis (siehe Kap. 5).

Welche Kritik gibt es? Wo liegen die Grenzen?
Im Sinne der Grenzen des Wachstums ist die Gemeinwohl-Ökonomie weniger weitreichend als die Postwachstumsökonomie oder die Kreislaufwirtschaft, da sie nicht so konsequent die Veränderung des Konsums und der Ressourcenverschwendung im Fokus hat. Die angestrebte Transformation der Wirtschaft und

Tab. 2.1 Gemeinwohlmatrix 5.0 (Eigene Darstellung in Anlehung an Gemeinwohl-Ökonomie, o. J.c)

WERT / BERÜHRUNGSGRUPPE	MENSCHENWÜRDE	SOLIDARITÄT UND GERECHTIGKEIT	ÖKOLOGISCHE NACHHALTIGKEIT	TRANSPARENZ UND MITENTSCHEIDUNG
A: LIEFERANT*INNEN	A1 Menschenwürde in der Zulieferkette	A2 Solidarität und Gerechtigkeit in der Zulieferkette	A3 Ökologische Nachhaltigkeit in der Zulieferkette	A4 Transparenz und Mitentscheidung in der Zulieferkette
B: EIGENTÜMER*INNEN & FINANZPARTNER*INNEN	B1 Ethische Haltung im Umgang mit Geldmitteln	B2 Soziale Haltung im Umgang mit Geldmitteln	B3 Sozial-ökologische Investitionen und Mittelverwendung	B4 Eigentum und Mitentscheidung
C: MITARBEITENDE	C1 Menschenwürde am Arbeitsplatz	C2 Ausgestaltung der Arbeitsplätze	C3 Förderung des ökologischen Verhaltens der Mitarbeitenden	C4 Innerbetriebliche Mitentscheidung und Transparenz
D: KUND*INNEN UND MITUNTERNEHMEN	D1 Ethische Kund*innenbeziehungen	D2 Kooperation und Solidarität mit Mitunternehmen	D3 Ökologische Auswirkung durch Nutzung und Entsorgung von Produkten und Dienstleistungen	D4 Kund*innen-Mitwirkung und Produkttransparenz
E: GESELLSCHAFTLICHES UMFELD	E1 Sinn und gesellschaftliche Wirkung der Produkte und Dienstleistungen	E2 Beitrag zum Gemeinwesen	E3 Reduktion ökologischer Auswirkungen	E4 Transparenz und gesellschaftliche Mitentscheitung

2.6 Gemeinwohl-Ökonomie

Gesellschaft ist jedenfalls sehr groß, da sie tief in das kapitalistische Gefüge und deren Logik eingreift. Gerade in Österreich gibt es in dieser Hinsicht sehr viel Kritik von Wirtschaftskreisen (z. B. Wirtschaftskammer, Industriellenvereinigung), aber auch von Ökonom*innen, wie z. b. Erhard Fürst (2016), der im Zusammenhang mit der Einführung der Gemeinwohl-Ökonomie ein äußerst düsteres Bild zeichnet, das in einer wirtschaftlichen Katastrophe und einem politischen Chaos endet: „Sind sich die Bewunderer Felbers bewusst, was die Umsetzung dieser Gemeinwohl-Ökonomie in Österreich bedeuten würde? Sofortiger Austritt aus der EU und der Währungsunion, Schließung der wirtschaftlichen Grenzen, Kapitalflucht, Unternehmensabwanderungen, Brain-Drain, Zusammenbruch des nationalen Finanzsystems und der öffentlichen Finanzen, massive Währungsabwertung, Inflation, Massenarbeitslosigkeit." Auch wenn die Kritik drastisch oder gar überzogen erscheint, legt sie das Problem aller Konzepte offen. Sie sind Eingriffe in ein System, das jahrhundertelang gewachsen ist und dessen Reaktion auf die Maßnahmen nicht so einfach vorherzusehen und abzuschätzen ist. Auffällig ist, dass die Kritik sich fast ausschließlich auf die makroökonomischen Ideen und deren Auswirkungen bezieht, während die Idee des Gemeinwohlberichts und der -bilanz kaum kritisch gesehen wird.

Wie anschlussfähig ist dieses Konzept für die Sozialwirtschaft?
Die Sozialwirtschaft, mit ihrer starken Fokussierung auf die soziale Mission, erfüllt schon aktuell viele Aspekte der Gemeinwohl-Ökonomie-Bewegung. Die Sozialwirtschaft als Branche wird in einer gemeinwohlorientierten Wirtschafts- und Gesellschaftsordnung weiterhin einen festen Platz haben. Ihre Relevanz wird vermutlich noch steigen, da es noch attraktiver für Unternehmen wäre, mit Sozialorganisationen zusammenzuarbeiten oder diese als Expert*innen in den Unternehmensablauf zu integrieren (z. B. im Sinne der betrieblichen Sozialarbeit). Im Kap. 5 zeigt das Fallbeispiel Diakonie Herzogsägmühle den Nutzen für eine sozialwirtschaftliche Organisation.

2.7 Solidarökonomie

Die Solidarökonomie rückt die menschlichen Bedürfnisse, ethisches Handeln und Werte in den Mittelpunkt und setzt soziale und ökologische Interessen über die reine Profitorientierung. Im Unterschied zum kapitalistischen System kennzeichnen freiwillige Kooperation, Selbstorganisation, demokratische Prozesse und gegenseitige Hilfe diesen Bereich der Wirtschaft. Gewinnmaximierung, Konkurrenz und falsch verstandene, unsolidarische Eigenverantwortung werden abgelehnt. Die Unternehmen der Solidarökonomie sind verbunden mit sozialen Bewegungen und zivilgesellschaftlichem Engagement. Sie sind durch ein demokratisches Management geprägt. Solidarisch zu handeln bedeutet auch Solidarität mit nachfolgenden Generationen, was sich auch in der Erhaltung natürlicher Ressourcen und der Lebensgrundlagen zeigt (Lebensministerium 2015, S. 47; Elsen 2019).

Elsen (2019) fasst die Grundsatzdebatten rund um die Solidarökonomie zusammen, die gekennzeichnet ist durch

- ein erweitertes Arbeitsverständnis, das Eigenarbeit, Familienarbeit, Care Arbeit und freiwilliges Engagement beinhaltet,
- eine andere Sichtweise der Ökonomie, die neben den Unternehmen auch öffentliche und private Haushalte, Vereine und Initiativen umfasst, somit auch eine Abkehr der Gleichsetzung von Markt und Ökonomie darstellt,
- die Einbettung der Ökonomie in den sozialkulturellen Kontext des Gemeinwesens sowie durch
- die Auseinandersetzung mit den Begriffen Solidarität und Kooperation.

Solidarische Ökonomie ist eine Form des Wirtschaftens, die besonders auf lokale Aktivitäten setzt. Auch damit leisten diese Initiativen und Unternehmen einen Beitrag zur Ressourcenschonung. Giegold (2012) fasst die unterschiedlichen Beispiele der Solidarökonomie zusammen und weist darauf hin, dass manche bereits eine lange Geschichte haben, andere wiederum erst vor kurzem entstanden sind. Dazu gehören

- gemeinschaftliche Eigentumsformen wie Wohnungs- und Produktionsgenossenschaften, Agrarkooperativen, Gemeinwesenbetriebe, Belegschaftsübernahmen und Nutzungsgemeinschaften,
- gemeinschaftliche Lebensformen wie Gemeinschaftssiedlungen, Kommunen oder Ökodörfer,
- Direktvermarktung, Erzeuger-Verbraucher-Gemeinschaften, Lebensmittelkooperativen oder neue Dorfläden,
- Teilen und gemeinschaftliche Produktion von Wissen z. B. bei Open Source Software oder Wikipedia,
- fairer Handel,
- alternative Geldsysteme wie Tauschringe und Regionalgeld sowie
- lokale Banken und ethisches Investment.

2.7 Solidarökonomie

Weltweit finden sich zahlreiche Beispiele für solidarisches Wirtschaften. Ähnlich wie bei der Sharing Economy beziehen sich die Grundgedanken auf frühe Formen des Wirtschaftens, haben aber sowohl in hochentwickelten Ländern wie auch in Ländern des globalen Südens neue Ausprägungsformen. Die Solidarökonomie setzt auf einen Beitrag zum Lebensunterhalt, auf gemeinschaftliches Eigentum, Selbstverwaltung und demokratische Entscheidungen. Wie die Aufzählung zeigt, sind es oft Genossenschaften und Vereine, die die entsprechenden Rahmenbedingungen für diese Art des Wirtschaftens ermöglichen. Die Solidarökonomie versteht sich als Abkehr vom Kapitalismus, kann aber auch als Ergänzung aufgefasst werden. Sie agiert vorwiegend regional, sieht aber auch gerade im Hinblick auf den fairen Handel globale Aspekte der Verantwortung. Konzeptionell kann sie sich sowohl auf ein einzelnes Projekt bzw. Unternehmen, auf große Wirtschaftsgebilde (Netzwerke, Genossenschaften) oder auf ein ganzes Wirtschaftssystem beziehen. Insofern kann sie sich auf freiwillige Vereinbarungen zwischen den Kooperationspartner*innen stützen oder in verbindliche (gesetzliche) Regeln münden (Giegold 2012).

Von wem formuliert? Wer treibt es voran?
Die Solidarökonomie kann als globale Bewegung verstanden werden, die von vielen unterschiedlichen Stakeholdern vorangetrieben wird. Insofern haben sich auch weltweit unterschiedliche Begriffe dafür durchgesetzt, die konzeptionell auch unterschiedliche Schwerpunkte haben. Dazu gehören die *Soziale Ökonomie,* die *Alternative Ökonomie,* die *Gemeinwesen-Ökonomie,* die *Community Economy,* Genossenschaften oder die *Ökonomische Selbsthilfe* (Giegold 2012).

Im deutschsprachigen Raum kann man die Entstehung der Solidarökonomie im 19. Jahrhundert verorten, wo sich Menschen in Form von Konsum-, Kredit- und Wohnbaugenossenschaften zusammengeschlossen haben, um den negativen Folgen der Industrialisierung etwas entgegensetzen zu können. Elsen (2019) sieht die Wurzeln der Suche nach gerechten Alternativen des Wirtschaftens gar im 17. Jahrhundert Mitte der 2000er Jahre wurde das aus Brasilien stammende Konzept der Solidarökonomie u. a. durch Elmar Altvater bekannt gemacht. Kongresse in Berlin und Wien setzten wichtige Impulse für das Wiedererstarken der Genossenschaftsbewegung, die sich von den bekannten Bank-, Winzer-, Landwirtschaftsgenossenschaften unterscheidet (Lebensministerium 2015, S. 48). Stellvertretend für die sehr breite Bewegung kann das weltweite Netzwerk RIPESS als wichtiger Akteur und Treiber der Solidarökonomie mit Mitgliedern aus Lateinamerika, Nordamerika, Europa, Afrika, Asien und Ozeanien verstanden werden. Das United Nations Research Institute for Social Development (UNRISD) sieht die Solidarische Ökonomie als eine Strategie zur Erreichung verschiedener SDGs wie Armutsbekämpfung, nachhaltige Landwirtschaft, Reduktion sozialer Ungleichheit, würdige Arbeit und Gendergerechtigkeit (Elsen 2019).

In vielen Städten des globalen Nordens sind neue zivilgesellschaftliche, ökosoziale Alternativen stärker im Fokus. Elsen sieht die Solidarökonomie als Gegenentwurf zu den zerstörerischen kapitalistischen Systemen und nimmt weltweit einen starken Impuls für diese Bewegung „durch das wachsende Bewusstsein zivilgesellschaftlicher Gruppierungen für die notwendige ökosoziale Transformation zur Bewältigung des Klimawandels und der Knappheit an lebenswichtigen Ressourcen" wahr. So hat sich z. B. in Graz (Österreich) ein Netzwerk (City of Collaboration) an solidarökonomischen Initiativen und Unternehmen gebildet, das sich als Plattform für die Verbreitungen dieser neuen Form des Wirtschaftens sieht, welche die Motivation und Vernetzung der Akteur*innen zum Ziel hat und darüber hinaus Beratung und Informationen anbietet.

Wie wird das umgesetzt?
Elsen (2019) weist auf marktkonforme und nicht-marktkonforme Formen der Solidarökonomie hin. Loske (2014) unterscheidet fünf Formen des kooperativen Wirtschaftens, die auch die Ausprägungsformen bzw. die Bereiche der Solidarökonomie bilden, anhand derer die Formen in der Praxis eingeteilt werden und die sich positiv auf den gesamten Ressourcenverbrauch auswirken können. Es zeigen sich dabei Überschneidungen zu anderen Wirtschafts- und Gesellschaftskonzepten:

- die *Ökonomie des Teilens* im Sinne der gemeinsamen Nutzung (Sharing Economy),
- die *Ökonomie der Langlebigkeit* im Sinne der effizienten Nutzung von Produkten, der Reparaturfähigkeit, der Verlängerung der Produktlebenszyklen oder der Abkehr von der künstlichen Produktalterung (Kreislaufwirtschaft, Green Economy),
- die *Ökonomie des Prosumierens* als Aufhebung der globalen Trennung von Konsum und Produktion, als gemeinsame Entwicklung von Produkten oder das gemeinsame Wirtschaften von Nutzer*innen und Anbieter*innen,
- die *Ökonomie der Subsidiarität* als eine Betonung des Wirtschaftens auf regionaler Ebene und eine Abkehr von den globalen Wirtschaftszyklen (Postwachstumsökonomie, Regionalwirtschaft) sowie
- die *Ökonomie der Resilienz* als Fähigkeit des Ökosystems, auch in Zeiten der Veränderung stabil zu bleiben, wie z. B. auf dem Weg in die Klimaneutralität.

2.7 Solidarökonomie

In vielen europäischen Wohlfahrtsstaaten suchen Initiativen, Netzwerke und Genossenschaften nach Antworten auf soziale Fragen, einen veränderten Arbeitsmarkt, fehlende Angebote der sozialen Sicherung und generell auf den Rückbau des Wohlfahrtsstaates. Genossenschaften als die „lebensweltlich verankerte Form des solidarischen Wirtschaftens" haben im Zuge der Transformation des Wirtschafts- und Gesellschaftssystems hohe Relevanz. Sie werden als innovative, korrektive und demokratische Alternativen gesehen (Elsen 2019). Die Genossenschaftsbewegung erfährt in ganz Europa eine Renaissance. Auch in der DACH-Region gibt es zahlreiche Beispiele, die eine enge Verknüpfung zur Sozialwirtschaft zeigen:

- In Österreich bietet die Vorarlberger Almenda Genossenschaft Beratung, Umsetzung und Abrechnung von Regionalwährungen an. Das Social Business fungiert im Change Lab als genossenschaftlicher Accelerator, der neue soziale und umweltorientierte Projekte oder neue Unternehmen begleitet und mittels Bürgerbeteiligung finanziert.
- Die Genossenschaft Kalkbreite in Zürich (CH) entwickelt vielfältige neue Ideen für das urbane Leben, in der Stadtentwicklung, bei Gewerbe- und Wohnkonzepten, im öffentlichen Raum oder bei partizipativen Prozessen und Selbstorganisation.
- Die deutsche Genossenschaft GenoPfleGe ist die bisher einzige Genossenschaft für Pflegeunternehmen und Einzelpflegekräfte und bietet ihren Mitgliedern durch gemeinschaftliches Wirtschaften das Heben wertvoller Potenziale, die einzelnen Unternehmen verwehrt bleiben.

Welche Kritik gibt es? Wo liegen die Grenzen?
Das Spektrum der Solidarökonomie ist sehr breit und die Beispiele sind sehr vielfältig. So kann ein Reparatur-Café in Wien, eine Food-Coop in München oder ein großes Wohnprojekt in Zürich darunter verstanden werden. Das solidarische Handeln in Nischen kann nur sehr begrenzt Recht und Gerechtigkeit für alle durchsetzen. Oft sind es eher kleine Initiativen, die nur sehr eingeschränkt das System verändern können. Die Selbstorganisation und die demokratischen Prozesse bieten viel Raum für zwischenmenschliches Konfliktpotenzial und das Verschleppen von Entscheidungen.

Ein Kritikpunkt ist, dass durch die gemeinschaftliche Selbsthilfe auch der Rückzug des Staates legitimiert werden könnte. Dem Argument, dass man solidarisches Wirtschaften nur im Rahmen kleiner Organisationen leben könne, kann man viele internationale Beispiele großer Genossenschaften entgegenhalten. Gerade im Bereich der Fair-Trade-Projekte gibt es viel Kritik an den Fair-Trade-

Kriterien. Sie sind oftmals kein Garant für solidarisches Handeln. Die Solidarökonomie ersetzt auch keine Regulierung der Ökonomie oder der internationalen Finanzmärkte (Giegold 2012).

Wie anschlussfähig ist dieses Konzept für die Sozialwirtschaft?
Elsen (2019) beschreibt verschiedene Handlungsfelder im Kontext sozialräumlicher Organisationsformen wie Ernährungssouveränität, urbane Landwirtschaft, solidarische Landwirtschaft, Green Care, selbstbestimmtes Leben und Wohnen im Alter, Repair-Cafés, Gemeinschaftswerkstätten, Alternativwährungen und geldlose Tauschsysteme sowie kooperative Bewirtschaftung von Gemeingütern. Gerade im Kontext der Sozialen Arbeit können die Angebote der Sozialwirtschaft wichtige Impulse zur Emanzipation geben und den Weg zu solidarischem Wirtschaften für und mit benachteiligen Menschen öffnen.

Es gibt viele inhaltliche Überschneidungen zwischen der Idee der Solidarökonomie und der Praxis der Sozialwirtschaft. Pühringer & Hammer (2013, S. 237) beschreiben, dass die Sozialwirtschaft ein großes Potenzial hat, die Prinzipien der Solidarökonomie zu entdecken, zu erlernen und umzusetzen, „weil sie bereits jetzt einige wesentliche und entscheidende Unterschiede zu herkömmlichen konkurrenz- und profitorientierten Unternehmen aufweisen, und nicht zuletzt auch deshalb, weil die Frage nach sozialen Kämpfen sowie Fragen von Verteilungsgerechtigkeit zumindest in der Gründungsidee vieler sozialer Unternehmen eine sehr zentrale Rolle gespielt hat und weiterhin spielt".

Einen großen Unterschied kann man aber in der Frage des gemeinsamen Eigentums und in der Frage der Mitbestimmung sehen. Die meisten Organisationen der Sozialwirtschaft sind als Vereine oder gemeinnützige Gesellschaften mit beschränkter Haftung (gGmbh) organisiert. Während im Verein die Mitbestimmung der Mitglieder zumindest im Rahmen der Jahresversammlung Realität ist, ist dies bei den gGmbHs nicht vorgesehen.

Die Solidarökonomie, mit dem starken Bezug zur Genossenschaft, ist klar auf eine wirtschaftliche Tätigkeit ausgerichtet, auch wenn sich Art und Weise stark vom gängigen Modell des Kapitalismus unterscheiden. Während es für Genossenschaften ihrer DNA verankert ist, dass sie am Wirtschaftsleben teilnehmen, ist es beim Verein ein Zufall bzw. Nebenschauplatz.

Im Unterschied zum Verein sind die Genossenschafter*innen auch mit Kapital am Solidarunternehmen beteiligt. Ein Vorteil ist, dass das wirtschaftliche Risiko auf viele Menschen verteilt werden kann, Menschen auch nur für eine gewisse Zeit am Unternehmen beteiligt sind und ein Ein- und Ausstieg leichter möglich ist als bei einer gGmbH. In der Sozialwirtschaft findet sich eine Vielzahl unterschiedlicher Genossenschaften, die auch als Sozialgenossenschaften bezeichnet werden: „Sozialgenossenschaften agieren auf Basis sozialer Bedürfnisse und Problemlagen. Es handelt sich um Genossenschaften, die zuvörderst soziale Belange ihrer Mitglieder, Dritter und womöglich der Allgemeinheit zu fördern trachten" (Blome-Drees 2017, S. 63). Es können drei Grundformen von Sozialgenossenschaften unterschieden werden (Stefan 2020):

- Sozialgenossenschaften Betroffener (Selbsthilfe),
- Solidarische Sozialgenossenschaften (Förderung Dritter),
- Professionelle Sozialgenossenschaften (v. a. Pflege- und Gesundheitsbereich in Form von Produktivgenossenschaft zum Erhalt des eigenen Arbeitsplatzes).

Eine besondere Form sind jene Genossenschaften, an der auch Klient*innen selbst als Genossenschafter*innen beteiligt sind, wie z. B. die Wiener Assistenzgenossenschaft, die Menschen dabei unterstützt, persönliche Assistenz zu organisieren. Die Kund*innen können Genossenschafter*innen werden. Die Genossenschaft selbst stellt die Assistent*innen an und übernimmt die gesamte Organisation und Abrechnung (WAG o. J.).

2.8 Sharing Economy

Die Sharing Economy oder die *Ökonomie des Teilens* folgt dem Motto „Nutzen statt Besitzen" und hat die Reduktion der verbrauchten materiellen Ressourcen und das Potenzial der gemeinsamen Nutzung zum Ziel. Denn nicht jeder muss ein eigenes Auto, eine eigene Nähmaschine oder eine Schlagbohrmaschine besitzen, um sie gelegentlich benutzen zu können. Durch gemeinsames Nutzen, sei es geborgt oder getauscht, kann der gesamte Material- und Energieverbrauch durch eine geringere Produktion gesenkt werden. Auch ausgediente oder nicht mehr genutzte Güter können für andere Menschen oder Organisationen eine wertvolle Ressource darstellen.

Von wem wurde das Konzept formuliert? Wer treibt es voran?
Aufgrund der langen Tradition dieser Form des Wirtschaftens, der nicht ganz eindeutigen Definition und Verortung des Konzepts und der globalen Entwicklung dieser Geschäftsmodelle können für die Sharing Economy keine zentralen Akteur*innen identifiziert werden.

Wie wird das umgesetzt?

Die Sharing Economy hat viele verschiedene kommerzielle und nichtkommerzielle Ausprägungen:

- die gemeinsame Nutzung von Eigentum,
- die Bereitstellung oder gemeinsame Nutzung von Flächen und Räumen,
- das temporäre Teilen von Ressourcen,
- die Überlassung von Gütern zur Nachnutzung,
- das Tauschen von Gütern oder Know-how.

Tab. 2.2 zeigt in Anlehnung an Theurl (2015, S. 87) und Littig (2021) verschiedene Bereiche, dazugehörige Geschäftsmodelle oder Anwendungsformen sowie vereinzelt auch Unternehmen, die in diesem Feld tätig sind.

Das Prinzip des Tauschens, Teilens oder Überlassens lässt sich auch von Unternehmen und Organisationen anwenden. Auch sie können ihre Anlagegüter gemeinsam nutzen oder – wenn sie selbst nicht mehr verwendet werden – anderen überlassen. Genau genommen kann alles, was Menschen oder Organisationen besitzen, können oder wissen, auch geteilt werden.

Auch wenn Teilen und Tauschen schon immer gelebt wurde und viele der in Tab. 2.2 erwähnten Beispiele schon eine lange Tradition haben, hat das Web 2.0 zu Beginn des 21. Jahrhunderts die Möglichkeiten, sich mit Menschen zu vernetzen bzw. eine gemeinsame Nutzung zu organisieren, stark verändert. Die zahlreichen Tauschplattformen, Social-Media-Plattformen oder Foren vermitteln nicht nur Nachnutzer*innen und Zwischennutzer*innen, sie bieten auch die Möglichkeit, Know-how zu teilen. Die Zusammenarbeit ist ein wesentlicher Bestandteil dieser Ansätze, was auch die Nähe zur Solidarwirtschaft unterstreicht. Streng genommen ist die Sharing Economy kein umfassendes alternatives Wirtschaftsmodell wie die in den vorigen Kapiteln beschriebenen. Sie dient nicht als Ansatz für eine gesamte Volkswirtschaft, sondern kann als Ergänzung zu vielen alternativen Modellen oder als Geschäftsmodell einzelner Unternehmen oder Organisationen gesehen werden:

- Besondere Bedeutung wird ihr im Rahmen der Postwachstumsökonomie zugeschrieben, weil sie eine Antwort auf die Frage ist, wie die Menschen weiterhin verschiedene Konsumgüter nützen können, aber dennoch der gesamte Ressourcenverbrauch sinkt.
- Sie ist auch eine Form des suffizienten Lebensstils, der in verschiedenen Konzepten seinen Niederschlag findet, aber auch als eine Strategie für mehr ökologische Nachhaltigkeit im Unternehmen gesehen wird (siehe Kap. 3).

2.8 Sharing Economy

Tab. 2.2 Überblick über verschiedene Geschäftsmodelle in der Sharing Economy

Bereich	Geschäftsmodelle bzw. Anwendungsformen	Beispiel für Unternehmen
Verkehr	Car-, Bike-, Roller-Sharing Fahrgemeinschaften Nachbarschaftsautos Bürger*innenbusse	City Bikes Elektromobil Eichgraben (AT) Car2Go
Wohnen	Apartment-Sharing private Zimmervermittlung Wohngemeinschaften	Couchsurfing
Gewerbeimmobilien	Co-Working Spaces Bürogemeinschaften Shop-in-Shop-Konzepte	Impact Hub
Kleidung	Kleidertausch 2nd-Hand-Läden Upcycling	Vinted-App Gabarage (AT)
Know-how-Transfer & Unterstützung	Repair-Cafés Unterstützung im Haushalt oder Garten	Energie und Reparatur Café (AT) The Good Gym (UK)
Bücher	Offener Bücherschrank	
Grünflächen	Gemeinschaftsgarten Teilen von Ernten Solidarische Landwirtschaft	Stadtacker Wagenhallen/ Stuttgart (D) Kooperationsstelle für solidarische Landwirtschaft (CH)
Nahrungsmittel	Food Sharing Food Saving Urban Gardening	TooGoodToGo
Produktentwicklung	Co-Working Co-Making Co-Creation	Changemakers (Ashoka) (AT)
Finanzierung	Crowdfunding Crowdinvesting Crowddonating	Kickstarter Greenrocket Respect.net (AT)
Gebrauchsgegenstände	Nachbarschaftsbörsen Verleih- und Geschenkbörsen Werkzeugverleih	Maschinenring (AT) Willhaben (AT) Frag nebenan (D)
Ehrenamt und wechselseitige Hilfe	Zeitbanken	Wir gemeinsam (AT)

- In der Kreislaufwirtschaft stellt das Tauschen und Teilen eine Verlängerung der Nutzungsdauer der Güter dar.
- Auch in der Solidarwirtschaft ist dieses Konzept ein wichtiger Grundpfeiler und wird von vielen Organisationen angewandt.

Betrachtet man verschiedene Sharing-Geschäftsmodelle, so gibt es sowohl globale Angebote (wie z. B. Airbnb, Uber, Couchsurfing) als auch viele lokale Initiativen (Tauschkreise, Nachbarschaftsinitiativen, Gemeinschaftsgärten, offene Bücherschränke, Kostnixläden, regionales Car- oder Fahrrad-Sharing u. v. m.). Eine Einteilung lässt sich auch nach kostenlosen und kostenpflichtigen Angeboten treffen.

Welche Kritik gibt es? Wo liegen die Grenzen?
Gemeinsames Nutzen, Teilen und Tauschen ist an sich ein sehr altes Konzept. Der Ski-Verleih, die städtische Bücherei, der Maschinenring, die Tauschboutique, der Comic- und Romantausch, die Nachbarschaftshilfe, die Mitfahrzentrale, die Videothek, die Wohngemeinschaft und die Bürogemeinschaften gab es schon in den 1970er/1980er Jahren. Geändert hat sich das Geschäftsmodell rundherum – und das nicht immer im Sinne der Nachhaltigkeit oder des Gemeinwohls.

Gerade die globalen und gewinnorientierten Angebote über Webplattformen müssen sehr kritisch gesehen werden, denn sie bedienen sich der kapitalistischen Marktlogik des Wachstums und der Verdrängung. Einerseits stehen sie in der Kritik, weil ihre Geschäftsmodelle oft mit schlechter Bezahlung einhergehen, bestehende lokale Angebote (z. B. Taxis) verdrängen, und andererseits, weil sie oftmals keinen Ersatz zum eigenen Konsumgut darstellen, sondern einen Zusatzkonsum. Ob Carsharing wirklich die Umwelt entlastet, ist sehr umstritten. Denn ein positiver Effekt für die Umwelt entsteht nur dann, wenn das Leihauto nicht anstatt eines öffentlichen Verkehrsmittels oder des Fahrrads benutzt wird, denn in diesem Fall würde der Individualverkehr steigen. Verzichten Menschen auf die Anschaffung eines eigenen Autos und nutzen stattdessen Sharing-Angebote, sinkt der gesamte Ressourcenverbrauch, weil die Autos durch das Teilen besser ausgelastet werden. Auch die Vermüllung des öffentlichen Raums durch Leihräder oder Leih-Scooter wird beklagt. Airbnb hat in vielen Städten zu einem Sinken des Wohnungsangebots geführt. In Stadtzentren, wo die privaten Wohnungen immer öfter an Tourist*innen vermietet werden, verändert sich auch das Angebot an Infrastruktur, Handel und Dienstleistungen. Das hat neben den steigenden Mietpreisen auch Auswirkungen auf die Lebensqualität der dort (noch) wohnenden Bevölkerung. Theurl (2015, S. 88 f.) sieht im Zusammenhang mit der Sharing Economy zwei zusammenhängende Gefahren:

1. Eine totale Kommerzialisierung: IT und Bewertungsmöglichkeiten können in allen Wirtschaftsbereichen gewinnorientierte Angebote entstehen lassen, auch dort, wo sie heute noch nicht vorstellbar sind und bisher anders bzw. unentgeltlich organisiert waren.
2. Ein Festhalten an der Old Economy: Das Teilen als Zusammenbringen von ausreichend Angebot und Nachfrage findet immer öfter im Rahmen eines auf Gewinn ausgerichteten Unternehmens statt. Die Sharing-Economy-Plattformen haben eine starke Tendenz zur Monopolisierung aufgrund der Vorteile des wachsenden Angebots für beide Seiten sowie sehr geringer bzw. nicht vorhandener Zusatzkosten (Grenzkosten) für weitere Angebote.

Loske (2019, S. 72) verweist im Zusammenhang mit kommerziellen oder globalen Angeboten der Sharing Economy auf die Gefahr des Lohndumpings und des Abbaus sozialstaatlicher Errungenschaften, eine voranschreitende Kommerzialisierung des menschlichen Miteinanders, unfaire Wettbewerbspraktiken durch digitale Vermittlungsmonopole, schlecht bezahlte Arbeit, Wissens- und Machtkonzentration sowie Datenschutzprobleme bei den digitalen Plattformen und auf den Entfall von Steuereinnahmen durch das Verschieben von Gewinnen hin. Auch die Gefahr der Scheinselbstständigkeit wird im Kontext der neuen Arbeitsformen erwähnt.

Wie anschlussfähig ist dieses Konzept für die Sozialwirtschaft?
Vieles, das wir heute der Sharing Economy zuordnen, gibt es schon lange (z. B. Leihmodelle) oder ist schon lange Teil der Gemeinwesenarbeit (Nachbarschaftsinitiativen). Die Sozialwirtschaft sieht sich nur äußerst selten als ein Teil der Sharing Economy, auch wenn sie mit ihren Angeboten durchaus in diesem Segment vertreten ist (Tauschbörsen, Nachbarschaftshilfe, Nachhilfeangebote u. v. m.).

Die Gemeinwesenarbeit initiiert, unterstützt und begleitet zahlreiche Projekte und Angebote der Sharing Economy oder hilft Menschen, das Teilen und Tauschen in eigenen Initiativen zu ermöglichen. Für die flächendeckende Ausweitung von Angeboten könnte die Sozialwirtschaft ein relevanter Stakeholder sein, um diese Prozesse konfliktfrei zu organisieren. Auch die Europäische Kommission sieht Potenziale für die sozialen Unternehmen, die auf der stark ausgeprägten territorialen Verwurzelung und der Fähigkeit zur Stärkung sozialer Verbindungen beruhen. So können Sozialunternehmen zahlreiche wichtige Initiativen anstoßen. Allerdings schöpfen diese Unternehmen ihr Potenzial im Sinne der Teilhabe an der kollaborativen Wirtschaft noch nicht aus. „Angesichts der bestehenden Möglichkeiten müssen Verwaltungen auf nationaler, regionaler und lokaler Ebene die Sozialwirtschaft und soziale Unternehmen dabei unterstützen, in diesem Bereich eine führende Rolle zu übernehmen" (GECES 2016, S. 13).

Sozialwirtschaftliche Organisationen könnten sich die Idee der Sharing Economy zunutze machen, um den chronischen Ressourcenmangel bei sich selbst zu beheben, und beginnen, mit anderen Organisationen und Unternehmen Güter und Know-how zu nutzen.

2.9 Ein Konzept, das viele Ideen verbindet

Ob die in den vorigen Kapiteln vorgestellten alternativen Wirtschafts- und Gesellschaftsmodelle zu 100 % umgesetzt werden und ob eines davon das zentrale Konzept für die Entwicklung der Volkswirtschaften der DACH-Region wird, ist fraglich. Wie bereits in Abschn. 2.8 beschrieben, bestehen Möglichkeiten, die verschiedenen Konzepte zu kombinieren oder einzelne Aspekte oder Ideen aus verschiedenen Konzepten aufzugreifen. Die beschriebenen Praxisbeispiele verdeutlichen, dass es parallele Entwicklungen gibt, die sich sogar im positiven Sinne verstärken. Krisen, wie die Corona-Pandemie, werden wohl manche Entwicklungen beschleunigen. Die zentrale Verantwortung liegt schlussendlich bei der Politik, rechtzeitig Weichen zu stellen.

Auch wenn wir nicht morgen schon alle im Sinne der Kreislaufwirtschaft oder der Solidarischen Ökonomie wirtschaften und arbeiten, können die Konzepte eine wichtige theoretische Grundlage und Inspirationsquelle für die Sozialwirtschaft darstellen, wenn es darum geht, nachhaltiger zu agieren oder nachhaltige Geschäftsmodelle oder Konzepte zu entwickeln. Das Projekt *Wirtschaftsförderung 4.0* ist ein Beispiel dafür, wie man Elemente verschiedener alternativer Wirtschafts- und Gesellschaftskonzepte verbinden kann. Das Projekt stärkt die Regionalwirtschaft, fördert die Kooperation und Teilhabe, bezieht die Sozialwirtschaft mit ein und nutzt die Sharing Economy.

Fallbeispiel Wirtschaftsförderung 4.0
(Wuppertal Institut für Klima, Umwelt, Energie gGmbH o. J.)

Wirtschaftsförderung 4.0 versteht sich als ein Baustein für die zukunftsfähige Weiterentwicklung der städtischen Wirtschaftsstruktur. Sie zeigt Wege für eine stadt- und umweltverträgliche Wirtschaftsweise auf. Die Integration neuer und nachhaltiger Produktionsformen in die innerstädtische Wirtschaftsstruktur wird gefördert. Das verbessert Rahmenbedingungen, die für resilienteres Wirtschaften förderlich sind. Die Globalisierung soll zwar nicht zurückgedrängt werden, aber man betrachtet die lokale Produktion und den nachhaltigen Konsum als weniger krisenanfällig und insgesamt stabilisierender. Das Wuppertal Institut erarbeitet seit 2016 Handlungsempfehlungen für die Förderung von Regionalwirtschaft und gemeinwohlorientierten Initiativen in Kommunen. Mit der Stadt Osnabrück als *Living Lab* wurde das Konzept erstmals erprobt und praxisnah weiterentwickelt. Sozialunternehmen, wie Reparaturinitiativen, soziale Kaufhäuser, Vereine, Dorfläden, Nachbarschaftsinitiativen oder andere Initiativen von Ehrenamtlichen sind neben dem Local Business, der Sharing Economy, der Produktion vor Ort und neuen Formen der Finanzwirtschaft Teil des Projekts.

Interview Dr. Michael Kopatz, Wuppertal Institut für Klima, Umwelt, Energie, Abteilung Energie-, Verkehrs- und Klimapolitik
Wofür steht Wirtschaftsförderung 4.0 (Wf4.0)?
Dieses Konzept ist eine Weiterentwicklung der bisherigen Wirtschaftsförderung. Es geht darum, regionale Wertschöpfung und kooperative Wirtschaftsformen systematisch zu fördern. Das stärkt die regionale Wirtschaftsstruktur. Die Ziele in Stichworten: Klimaschutz, sparsamer Umgang mit Ressourcen, Arbeitsplätze sichern und schaffen, wirtschaftliche und soziale Stabilität stärken, Rekrutierungspotenziale ausbauen, ökonomische Subsidiarität vitalisieren, Gemeinschaft und Zusammenhalt fördern und nationalen Abgrenzungspopulismus bekämpfen.

Wie genau werden Unternehmen und Organisationen unterstützt? Welchen Nutzen erhoffen sich die Städte?
Es gibt keine finanzielle Förderung, aber beispielsweise Beratung bei der Akquisition von Fördermitteln. *Wf4.0* hilft bei der Zusammenarbeit mit Politik und Verwaltung, bei der Anmietung von Ladenflächen, dem Erwerb von Bauland, der Gründung von Genossenschaften, dem regionalen Marketing sowie bei der Vernetzung von Produzent*innen. Wir geben Impulse, um eher kleine Initiativen bekannter zu machen. Es geht dabei um „Professionalisierung ohne Kommerzialisierung", denn die Rendite soll möglichst in der Region bleiben.

In Ihrem Konzept finden sich Aspekte der Sharing Economy, der Solidarwirtschaft, der Sozialwirtschaft, der Kreislaufwirtschaft oder der sozialen Landwirtschaft. Sie kombinieren somit die Ideen verschiedener alternativer Wirtschafts- und Gesellschaftsmodelle und schaffen gekonnt den Praxistransfer. Wie schaut das konkret aus?
Ziel ist, dass Wirtschaftsförderung nicht allein klassische Unternehmen betrachtet, sondern die gesamte Wirtschaft und damit alle Produktivkräfte einer Region in den Blick nimmt. In diesem integrierten Verständnis agiert Wf4.0 also nicht nur dann, wenn Geld fließt. In jeder Gemeinde finden sich soziale

Innovationen, Initiativen und zukunftsweisende Geschäftsmodelle, die den sozialen Zusammenhalt, die wirtschaftliche Stabilität und einen achtsamen Umgang mit Energie und Rohstoffen begünstigen. Bei Wf4.0 ist neu, dass die Kommunen solche Initiativen nicht nur beobachten und gutheißen, sondern systematisch unterstützen. Viele Initiativen bleiben klein und niedlich, sind weniger bekannt, weil das ehrenamtliche Engagement rasch auf Kapazitätsgrenzen stößt und häufig auch keine grundsätzlichen systemischen Änderungen anstrebt. Das Konzept der solidarischen Landwirtschaft beispielsweise hat vom Grundsatz das Potenzial, die Nahversorgung in beträchtlichem Umfang zu erhöhen. Diese Potenziale sind noch nicht ansatzweise gehoben. Hier braucht es mehr Professionalisierung.

Wie leicht ist es, Regionalpolitiker*innen und andere Stakeholder davon zu überzeugen, einen neuen Weg der Wirtschaftsförderung zu gehen?
Für die ersten ein, zwei Jahre sind Fördergelder nach meiner Meinung maßgeblich. Das Konzept ist neu, klingt interessant, aber dafür Geld in die Hand zu nehmen, kostet Regionalpolitiker einige Überwindung. Die Praxis zeigt jetzt: Wenn das Konzept erst einmal zwei Jahre umgesetzt wurde, erkennen die Beteiligten schnell die Bedeutung für die lokale Wirtschaft. Damit wächst die Bereitschaft, die Wf4.0 dauerhaft fortzuführen.

Welche Rolle spielen Sozialunternehmen im Projekt Wirtschaftsförderung 4.0?
Das sind oft die größten Arbeitgeber in einer Region. Beim Diakonischen Werk, betreuten Werkstätten und den Krankenhäusern sind viele tausend Menschen beschäftigt. Zweifellos sind soziale Unternehmen von immenser Bedeutung für die regionale Wirtschaft. Nach meinen Beobachtungen werden sie von der konventionellen Wirtschaftsförderung allerdings mehr oder weniger ignoriert.

Nehmen Sie bei den Unternehmen und Organisationen der drei Städte auch eine Hinwendung zum nachhaltigen Management wahr? Verändert das Projekt auch die Haltung der Entscheidungsträger*innen in den Unternehmen und Organisationen?
Bis dahin ist es noch ein weiter Weg. Allgemein ist Umweltpolitik und Klimaschutz ja in Mode. In der konventionellen Wirtschaftsförderung hat es bisher kaum etwas geändert. Es gibt eher weniger Städte, die etwas mehr machen wollen.

2.9 Ein Konzept, das viele Ideen verbindet

Können Sie schon eine erste Zwischenbilanz zum Erfolg des Projekts ziehen?
Das Konzept wird inzwischen in Osnabrück, Wuppertal, Witten und Witzenhausen umgesetzt. Es gibt bundesweit sehr viele Anfragen zur Übertragung des Konzepts in andere Städte. Einige wollen auch ohne gesonderte Fördergelder aktiv werden. Doch meist ist die Finanzierungsfrage maßgeblich, um daheim die Kommunalpolitiker*innen überzeugen zu können. In den benannten Städten und besonders in Osnabrück, hier läuft die Wf4.0-Beratung schon länger, gibt es viele Unternehmen und Initiativen, die sehr dankbar für diese Unterstützung sind.

Auch wenn uns diese Konzepte eine Idee von einem neuen Wirtschafts- und Gesellschaftssystem geben, bleiben doch in vielen Fällen die Antworten zur Transformation offen. Die Frage, wie man das bestehende kapitalistische System mit seinen negativen Folgen für Mensch, Tier und Umwelt in ein neues, ökologisch und sozial nachhaltiges System verändern kann, ist eben nicht leicht zu beantworten. Zu sehr nehmen wir das aktuelle System als unveränderter wahr. Von Mainstream-Ökonom*innen, der Politik und der Wirtschaft werden solche Ideen wie jene der Postwachstumsökonomie „als akademische, intellektuelle Diskussionen der grünen Mittelschicht abgetan, die weder glaubwürdig noch politisch mehrheitsfähig wären" (Lebensministerium 2015, S. 10 f.) beschrieben. Es wird argumentiert, dass diese Ideen entweder überhaupt nicht umsetzbar oder zumindest zu wenig durchdacht sind. Es fehle an belastbaren Modellen, wie man die dadurch sich immer stärker beschleunigende wirtschaftliche Abwärtsspirale aufhalten könne bzw. die Wirtschaft auf niedrigem Niveau stabilisiert werden könnte. Diese Kritik ist – zumindest bezogen auf die Postwachstumsökonomie – durchaus berechtigt, wenn man dieses Konzept von heute auf morgen umsetzen würde.

Wenn man diese alternativen Konzepte aber als Visionen erkennt, die die Richtung für eine Veränderung zeigen, dann leisten sie eine sehr wertvolle Grundlage und viele Ansätze für einen weiteren Diskurs. Andere, nicht ganz so drastische Konzepte, lassen sich bereits durch das Drehen an wenigen Schrauben ermöglichen. Die Corona-Krise hat uns gezeigt, dass Veränderungen viel rascher vonstattengehen können, als man sich bisweilen vorzustellen vermochte. Dennoch, der Umbau des Wirtschaftssystems wird wohl ein mittelfristiger Prozess sein, der manchmal durch Umwelteinflüsse beschleunigt werden wird, aber zumeist bewusst politisch gesteuert werden muss. Dabei gilt es gut auf soziale Ausgewogenheit zu achten, die aber nicht der zügigen Umsetzung im Wege steht.

Arbeitsaufgaben zur praktischen Auseinandersetzung und persönlichen Vertiefung

A 2.1 Wo sehen Sie in Ihrer Organisation im Sinne Jacksons (2013) Möglichkeiten, an der Veränderung der gesellschaftlichen Logik mitzuwirken? Welches Potenzial sehen Sie bezogen auf Mitarbeiter*innen, Freiwillige und Klient*innen?

A 2.2 Überlegen Sie, wie ein Sozialunternehmen Teil der Green Economy sein kann. Wo gibt es grüne Produkte, die auch einen klaren sozialen Aspekt haben? Welche Möglichkeiten bieten diese Produkte für Social Business, sich über den Markt zu finanzieren?

A 2.3 Überlegen Sie, welche Veränderungen sich in Ihrem Arbeitsbereich ergeben würden, wenn das Konzept der Postwachstumsökonomie Realität wäre? Sehen Sie mehr oder weniger Nachfrage nach Ihren Leistungen? Gäbe es andere/neue Bedarfe?

A 2.4 Recherchieren Sie die Gemeinwohlbilanz einer Sozialeinrichtung und verschaffen Sie sich einen Überblick über deren Gemeinwohlbericht. Würden Sie einen solchen Bericht auch für Ihre eigene Einrichtung empfehlen? Wenn ja, warum? Wenn nein, warum nicht?

A 2.5 Recherchieren Sie zumindest fünf Beispiele aus der Solidarökonomie. Welche Überschneidungen sehen Sie in diesen Konzepten mit der Sozialwirtschaft?

A 2.6 Welche Möglichkeiten sehen Sie, in Ihrer Organisation Ressourcen und Know-how mit anderen zu teilen? Wo haben Sie Bedarf nach Gütern und Wissen, der aber derzeit nicht finanziert werden kann? Welche Probleme könnte es bei der gemeinsamen Nutzung geben?

Literaturtipps

Informationen zur Gemeinwohlökonomie: Gemeinwohl-Ökonomie-Bewegung https://web.ecogood.org/de/.

Informationen über die Kreislaufwirtschaft https://www.circularfutures.at/themen/kreislaufwirtschaft/.

Literatur

Blome-Drees, J. (2017). Rationales Management von Sozialgenossenschaften. In I. Schmale, & J. Blome-Drees (Hrsg.). Genossenschaften innovativ. Genossenschaften als neue Organisationsform in der Sozialwirtschaft. Springer VS.

Bundesministerium Klimaschutz, Umwelt, Energie, Mobilität, Innovation und Technologie (o. J.). Green Jobs in Österreich. https://www.bmk.gv.at/themen/klima_umwelt/nachhaltigkeit/green_jobs/oe_green_jobs.html. Zugegriffen 17.11.2021.

Literatur

Deutsches Bundesforschungsministerium (o. J.). Green Economy: Gesellschaftlicher Wandel. https://www.bmbf.de/bmbf/de/forschung/energiewende-und-nachhaltiges-wirtschaften/green-economy/green-economy-gesellschaftlicher-wandel.html. Zugegriffen: 17.11.2021.

Elsen, S. (2019). Solidarische Ökonomie: Entwicklungsströmungen, Handlungsfelder und sozialräumliche Organisationsformen. In: sozialraum.de (11) Ausgabe 1/2019. https://www.sozialraum.de/solidarische-oekonomie-entwicklungsstroemungen,-handlungsfelder-und-sozialraeumliche-organisationsformen.php. Datum des Zugriffs: 17.11.2021.

Europäische Kommission (2020). Mitteilung der Kommission an das Europäische Parlament, den Rat, den Europäischen Wirtschafts- und Sozialausschuss und den Ausschuss der Regionen. Ein neuer Aktionsplan für die Kreislaufwirtschaft. Für ein saubereres und wettbewerbsfähigeres Europa. https://eur-lex.europa.eu/legalcontent/DE/TXT/HTML/?uri=CELEX:52020bDC0098&from=FI. Zugegriffen: 17.11.2021.

Fairmittlerei (2017). Die Fairmittlerei – Verwenden statt Wegwerfen. Zusammenfassung einer Studie des Österreichischen Ökologie Instituts und pulswerk. https://www.diefairmittlerei.at/wp-content/uploads/2019/07/Kurzfassung-Studie-%C3%96koinstitut.pdf. Zugegriffen 17.11.2021.

Fairphone (o. J.). Über uns. https://www.fairphone.com/de/uber/uber-uns/?ref=footer. Zugegriffen 17.11.2021.

Fürst, E. (2016). Kathastrophe Gemeinwohlökonomie. Der Standard. https://www.derstandard.at/story/2000034981116/katastrophe-gemeinwohloekonomie. Zugegriffen: 17.11.2021.

GECES (2016). GECES Report 2016. Commission Expert Group on the Social Economy and Social enterprises.

Gemeinwohlökonomie (o. J.a). Theoretische Basis. https://web.ecogood.org/de/idee-vision/theoretische-basis/. Zugegriffen: 17.11.2021.

Gemeinwohlökonomie (o. J.b). Die Bewegung. https://web.ecogood.org/de/die-bewegung/. Zugegriffen: 17.11.2021.

Gemeinwohlökonomie (o. J.c). Die Gemeinwohlmatrix. https://web.ecogood.org/de/unsere-arbeit/gemeinwohl-bilanz/gemeinwohl-matrix/. Zugegriffen: 17.11.2021.

Giegold, S. (2012). Solidarische Ökonomie. https://sven-giegold.de/wp-content/uploads/2010/02/abc_alternativen_solidarische_oekonomie.pdf. Zugegriffen: 17.11.2021.

Gieselbrecht, A.M., & Ristig-Bresser, S. (2017). Gemeinwohl-Ökonomie: Modell einer ethischen Wirtschaftsordnung. In Konzeptwerk Neue Ökonomie & DFG-Kolleg Postwachstumsgesellschaften (Hrsg.), Degrowth in Bewegung(en). 32 alternative Wege zur sozial-ökologischen Transformation. S. 176–187. Oekom.

Jackson, T. (2013). Wohlstand ohne Wachstum. Aktualisierte und überarbeitete Neuausgabe. Oekom Verlag.

Lebensministerium - Ministerium für ein lebenswertes Österreich (2015): Alternative Wirtschafts- und Gesellschaftskonzepte. 2. Auflage. Zukunftsdossier 3a. https://wachstumimwandel.at/wp-content/uploads/WiW_Dossier3a_Alternative_Wirtschafts_und_Gesellschaftsmodelle.pdf. Zugegriffen: 17.11.2021.

Littig, B. (2021). Nachhaltige Zukünfte von Arbeit: Zwischen Grüner Ökonomie, Postwachstumsgesellschaften und Sharing Economy. Keynote zur Spring School der FH Campus Wien, Masterstudium Sozialwirtschaft und Soziale Arbeit.

Loske, R. (2014). Neue Formen kooperativen Wirtschaftens als Beitrag zur nachhaltigen Entwicklung. Leviathan, 42. Jg., 3/2014, S. 463–485: https://www.nomos-elibrary.de/10.5771/0340-0425-2014-3-463.pdf?download_full_pdf=1. Zugegriffen: 17.11.2021.

Loske, R. (2019). Die Doppelgesichtigkeit der Sharing Economy. Vorschläge zu ihrer gemeinwohlorientierten Regulierung, in WSI Mitteilungen; S. 64–70. https://www.wsi.de/data/wsimit_2019_01_loske.pdf. Zugegriffen: 17.11.2021.

Luis, E. C., & Celma, D. (2020). Circular Economy. A Review and Bibliometric Analysis. Tecnocampus-Pompeu Fabra University.

Ökosoziales Forum (o.J.). Ökosoziale Marktwirtschaft. https://oekosozial.at/unsere-themen/oekosoziale-marktwirtschaft/. Zugegriffen: 13.06.2022.

Ökosoziales Forum (2019). Wegweiser für die Generation Klimawandel. Grundsatzpapier - 30 Jahre Ökosoziale Marktwirtschaft. https://oekosozial.at/wp-content/uploads/2020/03/Grundsatzpapier_final.pdf. Zugegriffen: 17.11.2021.

Paech, N. (2015). Postwachstumsökonomie - weniger ist mehr. Deutsches Zukunftsinstitut. https://www.zukunftsinstitut.de/artikel/postwachstumsoekonomie-weniger-ist-mehr/. Zugegriffen: 17.11.2021.

Paech, N. (2014). Befreiung vom Überfluss. Auf dem Weg in die Postwachstumsökonomie. 8. Auflage. Oekom.

Paech, N. (2009). Eine Ökonomie jenseits des Wachstums. Einblicke Nr. 49/Frühjahr 2009. Carl von Ossietzky Universität Oldenburg. http://www.presse.uni-oldenburg.de/download/einblicke/49/08-paech-24-27.pdf. Zugegriffen: 17.11.2021.

Powers, M., & Rinkel, M. (2019). Social work promoting community and environmental sustainability, within and beyond the UN Sustainable Development Goals: A degrowth critique. In M. Rinkel, & M. Powers (Ed.) (2019). Social Work -Promoting Community & Environmental Sustainability. Vol. 3. P. 24–34. International Federation of Social Workers.

Pühringer, J., & Hammer, P. (2013). Sozialwirtschaft als Alternativwirtschaft? Soziale Unternehmen, Commons und Solidarische Ökonomie. In Die Armutskonferenz (Hrsg.), Was allen gehört. S. 231–238. http://www.armutskonferenz.at/files/hammer_puehringer_sozialwirtschaft_alternativwirtschaft-2013.pdf. Zugegriffen: 17.11.2021.

Riegler, Josef (2017). Ökosoziale Marktwirtschaft: Wie alles begann. Ökosoziales Forum Österreich. https://oekosozial.at/oekosoziale-marktwirtschaft-wie-alles-begann-von-josef-riegler/. Zugegriffen 17.11.2021.

Rinkel, M., & Powers, M. (2019). Social Work -Promoting Community & Environmental Sustainability. Vol. 3. International Federation of Social Workers.

Stefan, J. (2020). Sozialgenossenschaften. Forschungsinstitut für Kooperation und Genossenschaften. Wirtschaftsuniversität Wien. https://www.wu.ac.at/ricc/geno-schafft/aktuelle-blogbeitraege/detail/sozialgenossenschaften. Zugegriffen: 17.11.2021.

Wiener Assistenzgenossenschaft WAG (o. J.). Genossenschaft. https://www.wag.or.at/wag-wir-ueber-uns/genossenschaft/. Zugegriffen: 17.11.2021.

Taherzadeh, O., & Probst, B. (2019). Fünf Gründe, weshalb ökologisches Wachstum den Planeten nicht retten kann. Handelszeitung. https://www.handelszeitung.ch/politik/funf-grunde-weshalb-okologisches-wachstum-den-planeten-nicht-retten-kann. Zugegriffen: 17.11.2021.

Theurl, T. (2015). Ökonomie des Teilens: Governance konsequent zu Ende gedacht in Wirtschaftsdienst 95 (2015), ZBW Leibniz-Informationszentrum Wirtschaft.

Umweltbundesamt (2021). Erneuerbare Energie in Zahlen. https://www.umweltbundesamt.de/themen/klima-energie/erneuerbare-energien/erneuerbare-energien-in-zahlen#uberblick. Zugegriffen: 27.11.2021.

UNEP (2011). Towards a Green Economy: Pathways to Sustainable Development and Poverty Eradication - A Synthesis for Policy Makers. https://sustainabledevelopment.un.org/content/documents/126GER_synthesis_en.pdf. Zugegriffen: 17.11.2021.

Wuppertal Institut für Klima, Umwelt, Energie gGmbH (o. J.). Wirtschaftsförderung 4.0. https://www.wirtschaftsfoerderungviernull.de/. Zugegriffen: 17.11.2021.

Die Dimensionen der Nachhaltigkeit 3

Zusammenfassung

In diesem Kapitel werden die drei Dimensionen der Nachhaltigkeit detailliert aus dem Blickwinkel der Sozialwirtschaft betrachtet. Drei verschiedene Modelle und die Donut-Ökonomie werden als Bezugsrahmen für das Zusammenspiel von ökologischen, sozialen und ökonomischen Aspekten betrachtet. Es werden konkrete Bereiche der ökologischen Nachhaltigkeit beschrieben, die für eine Sozialorganisation relevant sind. Im Bereich der sozialen Nachhaltigkeit wird Bezug auf interne und externe Stakeholder genommen. Bezogen auf Mitarbeiter*innen werden neben sozialen auch Aspekte der Gesundheitsförderung beschrieben Die ökonomische Nachhaltigkeit muss man gerade für die Non-Profit-Organisationen der Sozialwirtschaft unter den besonderen Bedingungen des Sozialmarkts betrachten. Als Basis dienen die Standards der Global Reporting Initiative, die Gemeinwohlmatrix sowie das European Management Audit Scheme (EMAS).

Lernziele

- Sie können die drei Dimensionen der Nachhaltigkeit beschreiben und konkrete Ansatzpunkte für die Sozialwirtschaft aufzeigen.
- Sie verstehen, dass auch Sozialorganisationen, die soziale Dienstleistungen erbringen, Auswirkungen auf Umwelt und Klima haben, und können relevante Bereiche benennen.

- Sie verstehen, dass sich soziale Nachhaltigkeit nicht nur auf Klient*innen bezieht, sondern auch auf Mitarbeiter*innen, Anrainer*innen und Stakeholder und können verschiedenen Faktoren beschreiben.
- Sie wissen, dass bei sozialer Nachhaltigkeit auch die gesundheitliche Perspektive miteinbezogen wird.
- Sie können die Aspekte der ökonomischen Nachhaltigkeit auf die Sozialwirtschaft umlegen.

Nachhaltigkeit wird im allgemeinen Sprachgebrauch oft mit Umweltschutz gleichgesetzt. Das ist eine verkürzte Sichtweise. Das ganzheitliche Konzept bezieht ökologische, soziale und ökonomische Aspekte mit ein. Das ist vor allem im Hinblick auf die bisherige Dominanz wirtschaftlicher Überlegungen ein Paradigmenwechsel. Es geht nicht darum, vorranging wirtschaftliche Ziele im Blick zu haben und sie gegen ökologische und soziale abzuwägen oder diese gar den wirtschaftlichen Zielen unterzuordnen. Nicht länger sollen Finanzziele als die alleinige Richtschnur angesehen werden. Ökonomische Ziele stehen auf einer Ebene mit ökologischen und sozialen Zielen, werden integriert betrachtet und in eine vernünftige Balance gebracht. Für die Verbindung der drei unternehmerischen Zieldimensionen haben sich unterschiedliche Konzepte bzw. Begriffe etabliert (Pufé 2014, S. 128):

- Die Begriffe *People, Profit, Planet* nehmen Bezug auf die drei Dimensionen der Nachhaltigkeit, wobei People für die soziale, Profit für die wirtschaftliche und Planet für die ökologische Perspektive steht.
- Die *Triple Bottom Line* verweist darauf, dass es unterm Strich nicht nur auf klassische wirtschaftliche Erfolgskriterien ankommt, sondern es ein weiteres Set an Werten und Erfolgskriterien gibt, um den wirtschaftlichen und gesellschaftlichen Erfolg zu beschreiben: eben People, Profit und Planet.

Pufé (2014, S. 118) unterstreicht die Bedeutung von Modellen, um die verschiedenen Themen und Aspekte in einen Gesamtzusammenhang zu bringen, die Überschneidungen aufzuzeigen und die Komplexität zu reduzieren. Die drei bekanntesten sind das *Drei-Säulen-Modell,* das *Schnittmengenmodell* sowie das *Nachhaltigkeitsdreieck.*

3.1 Das Drei-Säulen-Modell

Die nachhaltige Entwicklung eines Unternehmens (oder einer Organisation) steht, wie Abb. 3.1 zeigt, auf einem breiten Fundament aus den *drei Säulen Wirtschaft, Umwelt und Soziales*. Wurde früher der wirtschaftliche Erfolg als die tragende Säule angesehen, rückte zuerst die Umwelt als zweite Säule in den Fokus und schließlich auch das Soziale, da wirtschaftliche Aktivitäten auch gesellschaftliche Auswirkungen haben. Kritisch muss gesehen werden, dass man eine der drei Säulen entfernen könnte (also auf Soziales oder Umwelt verzichten könnte), ohne dass das Gebäude „einsturzgefährdet" wäre. Gut ausbalanciert könnte das Dach auch auf einer Säule ruhen. Das suggeriert, dass es nicht alle drei Säulen braucht, um eine solide, stabile Entwicklung einer Organisation oder einer Volkswirtschaft zu gewährleisten. Auch wenn das Aspekte der Statik sind und das Gebäude eine Metapher darstellt, muss man das Modell kritisch hinterfragen. Als Nachteil gilt einerseits, dass es keine Ansatzpunkte zur Operationalisierung und zur Ableitung konkreter Maßnahmen beinhaltet, andererseits, dass es nicht geeignet ist, die Komplexität der Nachhaltigkeit darzustellen, weil die drei Bereiche als gleichrangig und klar abgegrenzt dargestellt werden, was sich in der Praxis als nicht haltbar erweist (Pufé 2014, S. 120).

Beispiel 3.1
Eine Organisation in der Altenbetreuung bietet Essen auf Rädern an. Die Organisation bietet vier verschiedenen Menüs an und liefert derzeit in Einwegverpackungen, die leichter und billiger sind. Gemäß der Nachhaltigkeitsstrategie dieser Organisation soll dieser Bereich weiterhin 10 % Gewinn machen, um das

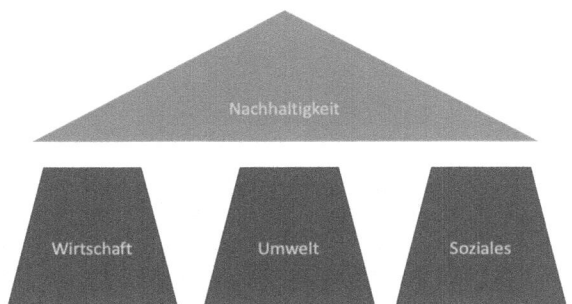

Abb. 3.1 Drei-Säulen-Modell der Nachhaltigkeit. (Eigene Darstellung in Anlehnung an Pufé 2014, S. 118)

Budget eines unterfinanzierten Angebots in der mobilen Pflege auszugleichen (ökonomische Nachhaltigkeit). Im Sinne der sozialen Nachhaltigkeit hat man vor allem die Arbeitsbedingungen der Zusteller*innen im Fokus und setzt auf Präventionsangebote gegen Rückenprobleme, flexible Arbeitszeiten und auf mehr Diversität. Die ökologische Nachhaltigkeit wird durch die Bevorzugung regionaler Zulieferer (60 %) und einer Bio-Quote von 25 % angestrebt. Es gibt keine gemeinsame Betrachtung der drei Perspektiven. Insofern steht z. B. das Festhalten an den Einwegverpackungen zwar im Einklang mit der ökonomischen und sozialen Perspektive (weniger Gewicht), aber im Widerspruch zu den ökologischen Zielen.

3.2 Das Schnittmengenmodell

Die Nachteile des Säulenmodells werden durch das Schnittmengenmodell in Abb. 3.2 ausgeglichen. Eine dauerhafte bzw. nachhaltige Entwicklung ist nur durch die Verbindung aller drei Bereiche möglich. Die Schnittmengen verdeutlichen, dass es zwischen den Bereichen Überschneidungen, Zusammenhänge und Abhängigkeiten gibt, weswegen sie auch nicht getrennt voneinander dargestellt werden sollen. Nachhaltigkeit bedeutet somit, ein aus ökologischer Perspektive

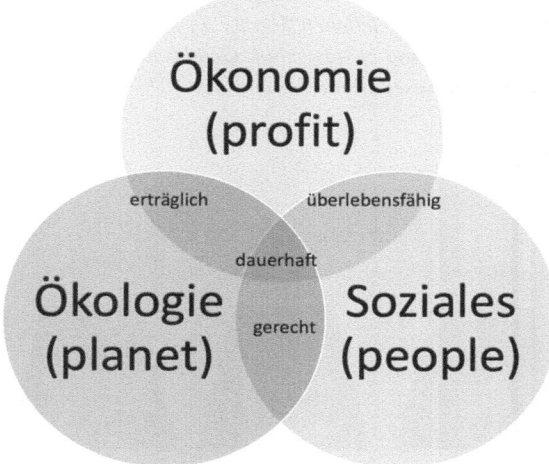

Abb. 3.2 Schnittmengenmodell. (Eigene Darstellung in Anlehnung an Pufé 2014, S. 121)

3.2 Das Schnittmengenmodell

erträgliches Wirtschaften, das auch die Gerechtigkeit miteinbezieht und die Überlebensfähigkeit der Menschen sichert. Darüber hinaus verdeutlichen die Schnittmengen die Prioritätensetzung verschiedener alternativer Wirtschafts- und Gesellschaftssysteme (siehe Kap. 2), die an diesen Schnittstellen verortet werden können.

In diesem Modell kann man sowohl an den Schnittstellen von zwei Perspektiven als auch in der Überschneidung aller drei Wirtschafts- und Gesellschaftskonzepte konkrete Organisationen und Unternehmen verorten.

- *Ökonomie/Ökologie (erträglich):* Diese Schnittstelle ist für alle Technologien, Entwicklungen und Produkte im Bereich der Green Economy von besonderer Bedeutung. Dazu zählen viele Sozialunternehmen, die im Bereich Upcycling und Recycling tätig sind und ihre Produkte am Markt platzieren.
- *Ökonomie/Soziales (überlebensfähig):* Sowohl die Sharing Economy als auch die Solidarökonomie können hier verortet werden, die durch Tauschen, gemeinsames Nutzen oder gemeinsames Eigentum soziale Beziehungen als wichtiges Gestaltungselement wirtschaftlicher Aktivität auffassen. An dieser Schnittstelle gibt es besonders viele Beispiele der Sozialwirtschaft, wie z. B. ein Reparatur-Café, ein Kostnixladen, ein Gemeinschaftsgarten oder ein Sharing-Modell mit Elektroautos für einen Fahrtendienst in einer ländlichen Gemeinde. Viele dieser Angebote haben aber darüber hinaus auch eine ökologische Mission, da sie den Ressourcenverbrauch senken wollen oder den *Konsumismus* bekämpfen.
- *Ökologie/Soziales (gerecht):* Diese Schnittmenge ist für Green Social Work, die ökologisch orientierte Gemeinwesenarbeit und verschiedene Aktivitäten der Umweltbildung von großer Bedeutung. Die Forderungen der Sozialorganisationen an die Politik rund um die Betroffenheit verschiedener sozialer Schichten von den Auswirkungen des Klimawandels wären ein Beispiel hierfür. Es zeigt sich ebenfalls die Verbindung zur ökonomischen Perspektive, da die soziale Gerechtigkeit im Sinne der Umweltpolitik auch bedeutet, finanzielle Härten auszugleichen.
- *Ökologie/Ökonomie/Soziales (dauerhaft):* Die Verbindung aus allen drei Perspektiven ist das Ziel und zeigt sich beispielsweise in der Gemeinwohl-Ökonomie oder der Postwachstumsökonomie, aber auch bei den zuvor erwähnten Beispielen, die zwar eine Schnittstelle betonen, aber schlussendlich alle drei Perspektiven abdecken. Die Sozialwirtschaft hat die besten Voraussetzungen, die drei Bereiche zu einem dauerhaften Angebot zu verbinden. Beispielsweise können Social Business, aber auch Beschäftigungsbetriebe betrachtet werden, die weniger im Wettbewerb stehen, keine

Gewinnmaximierung leben, soziale Aspekte als ihre DNA verstehen und im Sinne der Ressourcenschonung und Umweltbildung auch ökologische Aspekte berücksichtigen.

Sowohl das Schnittmengenmodell als auch das Säulenmodell unterstellen durch die Gleichrangigkeit der drei Perspektiven, „dass die Verschlechterung in einem Bereich durch den Fortschritt in einem anderen Bereich miteinander aufgerechnet werden können. Hierbei spricht man auch von schwacher Nachhaltigkeit" (Stadt Neustadt o. J.).

3.3 Das Vorrangmodell

Das Vorrangmodell entspricht der *starken Nachhaltigkeit,* denn die Einhaltung der planetaren, ökologischen Grenzen ist vorrangig und nicht durch andere Strategien austauschbar. Die Natur bildet die langfristige Lebensgrundlage. Die ökologischen Grenzen (Planet) bilden somit den Rahmen, innerhalb dessen wirtschaftliche (Geld) und soziale Ziele (Mensch) verfolgt werden können (Stadt Neustadt o. J.). „Denn ohne eine intakte Ökologie fehlt die Grundvoraussetzung für soziale Stabilität. Und ohne die soziale Stabilität wäre keine ökonomische Stabilität gegeben. Ökologische Nachhaltigkeit kann demnach nur in geringem Maße bzw. gar nicht durch ökonomische und soziale Nachhaltigkeit ersetzt werden." Wie kann man das interpretieren:

- Die Grenzen des Planeten bezogen auf die Nutzung natürlicher Ressourcen, die Ausbeutung der Lebensräume und die Verdrängung bzw. Ausrottung von Arten sind ein Fakt. Egal, wie viel Geld man investieren möchte, man kann damit keinen zweiten Planeten kaufen, keine zusätzliche saubere Luft bestellen, kein kühleres Klima erzeugen oder neue Arten hervorbringen.
- Die Wirtschaft braucht soziale Stabilität und Menschen, die sie am Leben erhält und letztlich ihre Leistungen und Produkte nachfragen. Somit ist neben dem Planeten auch die soziale Perspektive (Mensch) der maximale Rahmen für wirtschaftliche Aktivitäten.

Nachhaltigkeit meint aus dieser Betrachtung nicht die Schnittmenge dieser drei Perspektiven. Sie meint auch nicht, dass wir eine Balance zwischen den Bereichen schaffen sollen, sondern dass wir die ökologischen und sozialen Grenzen akzeptieren müssen und nur im Rahmen dieser überhaupt wirtschaften

3.3 Das Vorrangmodell

Abb. 3.3 Das Vorrangmodell der Nachhaltigkeit. (Eigene Darstellung)

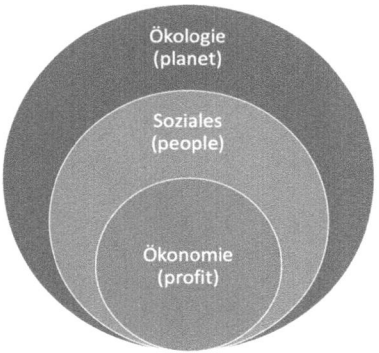

können. Somit müssen die wirtschaftlichen Ziele den ökologischen und sozialen untergeordnet werden.

Abb. 3.3 zeigt diese Sichtweise.

Die planetaren Grenzen als maximalen Handlungsrahmen der Wirtschaft greift auch die Donut-Ökonomie nach Kate Raworth (o. J.) auf. Das Wirtschaftsmodell setzt darauf, allen Menschen auf Dauer ein würdiges Leben zu sichern. Die Ökonomie dient innerhalb der Grenzen des Planeten der Befriedigung der Bedürfnisse aller, indem sie auch dafür sorgt, dass soziale Mindeststandards erreicht werden. Diese *moralischen Untergrenzen* bilden, wie Abb. 3.4 zeigt, den inneren Ring und stellen das Mindestmaß an sozialer Gerechtigkeit und Gesundheitsversorgung dar (z. B. Zugang zu Wasser, Nahrung, Gesundheit, Einkommen, Bildung, Energie, Gerechtigkeit). Ökonomische Institutionen – von Geld bis Märkte – sind menschengemacht und können jederzeit anders gestaltet werden. Die neun planetaren Grenzen, die das *Stockholm Resilience Centre* formuliert hat und deren Überschreitung diese Organisation überwacht, bilden den äußeren Ring, also den maximalen Rahmen des Wirtschaftens (Raworth o. J.). Dazu gehören:

1. Verlust der Artenvielfalt
2. Klimawandel
3. Biogeochemische Kreisläufe
4. Abbau der Ozonschicht
5. Abholzung und Änderung der Landnutzung
6. Ozeanversauerung
7. Süßwassernutzung

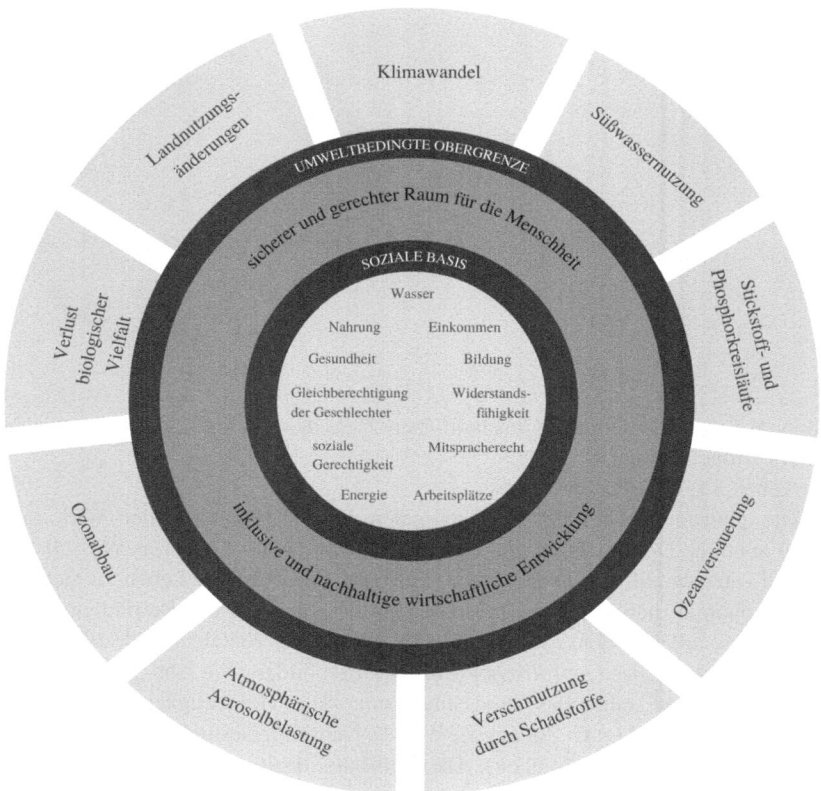

Abb. 3.4 Donut-Ökonomie nach Kate Raworth. (Eigene Darstellung in Anlehnung an Bundeszentrale für politische Bildung 2017)

8. Belastung der Atmosphäre mit Aerosolen
9. Freisetzung von neuartigen Stoffen

Das Ziel müsste sein, innerhalb dieser beiden Grenzen zu wirtschaften, denn nur so wird es möglich sein, auf Dauer die Lebensgrundlagen zu erhalten und ein gewisses Maß an globaler Gerechtigkeit zu erreichen. Im Sinne der Donut-Ökonomie hat Kate Raworth sieben Wege für die Ökonomie im 21. Jahrhundert formuliert (Winkler 2020):

1. Zieländerung: vom BIP zum Donut. Das ständige Wirtschaftswachstum wird die sozialen und ökologischen Probleme nicht lösen, davon abgesehen, dass es im Hinblick auf die Ressourcen nicht möglich ist.
2. Das Gesamtbild im Blick haben: Wirtschaft ist vielfältiger und muss neben dem Markt auch die Haushalte, den Staat und die Gemeingüter umfassen. All diese Bereiche sollen unterstützt werden, um das Wohl der Menschen zu stärken, aber keinem wird der Vorrang gegeben.
3. Wir brauchen ein anderes Menschenbild. Wir müssen uns vom rational agierenden Homo Oeconomicus, der egoistisch und nutzenmaximierend agiert, verabschieden und stattdessen verstärkt auf das Gemeinwohl achten.
4. Wir müssen systemisches Denken lernen. Die Erklärung über einfache lineare Modelle wird für die anstehenden Maßnahmen gegen den Klimawandel und hin zur nachhaltigen Gesellschaft nicht reichen.
5. Verteilungsgerechtigkeit ist eine Frage des Wollens. Wir müssen für Gleichberechtigung und Teilhabe sorgen, sowohl auf nationaler als auch auf internationaler Ebene.
6. Regeneration als ein wichtiges Ziel. Wir müssen unser Wirtschaftssystem zu einer Kreislaufwirtschaft umbauen.
7. Von der Wachstumssucht zu einer agnostischen Wachstumshaltung. Es braucht weniger und gerechteren Konsum.

Beispiel 3.2
Ein Social Business im Bereich der Arbeitsmarktintegration, das Upcycling-Möbel erzeugt, definiert nicht den Gewinn als das wichtigste Ziel, sondern sieht vor allem die ökologische Wirkung, also den Beitrag zur Müllvermeidung, zum Gewässerschutz, zur Ressourcenschonung, Wiederverwertung von Altholz und die Erhaltung von Lebensräumen als oberste Ziele an. Diese werden laufend überwacht und auf der eigenen Website kommuniziert. Gleichzeitig wird die soziale Verantwortung gegenüber den Mitarbeiter*innen durch klare Sozial- und Gesundheitsstandards festgeschrieben. Ein Mitarbeiter*innenbeirat entscheidet bei wichtigen Unternehmensfragen mit. Es gibt ein internes Weiterbildungs-, Gesundheits- und Diversity-Programm. Auch bei den Zulieferfirmen achtet man sehr genau auf Arbeitsbedingungen. Das Social Business muss deswegen zu etwas höheren Preisen produzieren, die es aber nicht an die Kund*innen weitergibt, sondern durch einen geringeren Gewinn von rund 3 % vom jährlichen Umsatz kompensiert. Das Gewinnmodell sieht vor, dass 50 % der Gewinne im Unternehmen verbleiben, 25 % an die Mitarbeiter*innen ausgeschüttet werden und 25 % nur dann den Eigentümer*innen zukommen, wenn die ökologischen und sozialen Ziele erreicht werden.

3.4 Das Nachhaltigkeitsdreieck

Das Nachhaltigkeitsdreieck wurde aus den beiden zuvor beschriebenen Konzepten weiterentwickelt. Abb. 3.5 verdeutlicht, dass die drei Bereiche nicht losgelöst voneinander betrachtet werden können und dass eine integrierte Sichtweise und ein gemeinsames Ganzes das Ziel sind. Es braucht also auch eine gemeinsame Betrachtung der verschiedenen Ziele. Das ist schlussendlich das, was modernes Nachhaltigkeitsmanagement im Fokus hat. Im Idealfall fließen sie ineinander und werden gemeinsam gesteuert (siehe Kap. 4).

Beispiel 3.3
Eine stationäre Einrichtung im Bereich der Jugendwohlfahrt hat drei zentrale Bereiche in den Fokus der eigenen Nachhaltigkeitsstrategie gestellt, die einen ganzheitlichen Ansatz haben. Sie werden über die zentralen Kennzahlen CO_2-Fußabdruck, Abfallmenge, Krankenstandstage der Mitarbeiter*innen, Gesundheitskompetenz der Jugendlichen und Beitrag zur Regionalökonomie gesteuert:

1. *Durch den Umstieg auf Bio-Lebensmittel und regionale Lebensmittel in der Kantine werden Pestizide vermieden, wird auf das Tierwohl geachtet und der CO_2-Ausstoß verringert. Die Kaufkraft bleibt verstärkt in der Region. Die höheren Kosten werden durch eine effizientere Nutzung der Lebensmittel (optimale Verwertung) kompensiert. Das Kennzeichnen der Herkunftsbetriebe erhöht die Transparenz in den Lieferketten.*

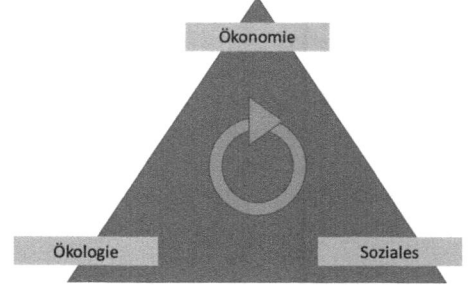

Abb. 3.5 Das Nachhaltigkeitsdreieck. (Eigene Darstellung in Anlehnung an Pufé 2014, S. 122)

3.4 Das Nachhaltigkeitsdreieck

2. *Die Jugendlichen können Kochkurse belegen und werden dazu motiviert, gemeinsam das Abendessen zu kochen. Durch den Verzicht auf Fertigmenüs und Pizza-Dienste am Abend sinkt die Müllmenge und steigt das Bewusstsein der Auswirkung der Ernährung auf die eigene Gesundheit. Auch der soziale Zusammenhalt und die Stärkung der Sozialkompetenz können dabei beobachtet werden. Um mehr Vielfalt auf den Teller zu bringen, werden lokale Zulieferer beauftragt, Gemüse- und Obstkisten zu liefern. Das stärkt einen sozial-ökonomischen Betrieb in der Region, der auch Ausbildungsplätze für die Jugendlichen anbietet. Durch ein gutes Einkaufsmanagement sparen die Jugendlichen Geld.*
3. *Die Mitarbeiter*innen werden dabei unterstützt, entweder öffentliche Verkehrsmittel oder das Fahrrad für die Anreise zum Arbeitsplatz zu nutzen. Es wurde eine Kooperation mit einem lokalen Fahrradverleih geschlossen, wo Mitarbeiter*innen ein Fahrrad mieten bzw. günstige Wartung für das eigene Fahrrad in Anspruch nehmen können. Durch die tägliche Bewegung können Beschwerden am Bewegungsapparat reduziert werden, was sich u. a. positiv auf die Ausfälle auswirkt. Durch das Freiwerden der Parkplatzfläche, die bisher von Mitarbeiter*innen genutzt wurde, kann die Einrichtung einen Gemeinschaftsgarten anlegen. Durch die Entfernung des Betons entsteht eine Grünfläche, die eine Hitzeinsel beseitigt und im Sommer Energie und CO_2 durch geringere Nutzung der Klimaanlage spart.*

Um die drei Dimensionen der Nachhaltigkeit besser einordnen zu können bzw. einen Überblick über die verschiedenen Aspekte innerhalb der drei Bereiche zu gewinnen, empfiehlt sich die Beschäftigung mit einem der verschiedenen Nachhaltigkeitsstandards. Diese Standards bzw. Leitfäden ermöglichen es,

- jene Bereiche der ökologischen, sozialen und ökonomischen Nachhaltigkeit zu identifizieren, die für die eigene Organisation wesentlich sind,
- sich Ziele für die jeweiligen Aspekte zu überlegen und Kennzahlen, anhand derer diese überprüfbar sind,
- ein eigenes Nachhaltigkeitsmanagement und Green Controlling aufzubauen,
- über Nachhaltigkeit zu berichten und
- im Zuge dieser Auseinandersetzung auch eine Zertifizierung zu erlangen.

Tab. 3.1 gibt einen Überblick über verschiedene Standards und Leitfäden. Der genaue Aufbau, die Herangehensweise und die Möglichkeiten der Zertifizierung werden in Kap. 5 beschrieben. In den folgenden Kapiteln dienen sie zur

Tab. 3.1 Übersicht über die in diesem Kapitel betrachteten Nachhaltigkeitsstandards

Bezeichnung	Dimensionen	Zertifizierung/Audit
Global Reporting Initiative	Ökologisch, sozial und ökonomisch	Ja
Gemeinwohlbilanz	Ökologisch, sozial und ökonomisch	Ja
Eco-Management and Audit Scheme (EMAS)	Ökologisch	Ja
SDG-Kompass	Ökologisch, sozial und ökonomisch	Nein
Social Accountability 8000	Sozial	Ja

Auseinandersetzung mit den Dimensionen der Nachhaltigkeit, da sie Licht ins Dunkel bringen, was genau unter ökologisch, sozial und ökonomisch verstanden wird.

In den folgenden Kapiteln werden die Bereiche der Nachhaltigkeit aus Sicht der Sozialwirtschaft näher beleuchtet.

3.5 Ökologische Nachhaltigkeit

In der Sozialwirtschaft gilt es, ebenso wie in anderen Bereichen der Wirtschaft, die ökologischen Auswirkungen des eigenen Tuns und Handelns in den Blick zu nehmen. Auch wenn in der Sozialwirtschaft die Dienstleistungsbetriebe dominieren, die selbst nichts produzieren, werden bei der Bereitstellung, Durchführung bzw. bei der Vermarktung ihrer Leistungen Energie und Ressourcen verbraucht. Bei manchen Sozialunternehmen, bei Beschäftigungsbetrieben oder bei Behindertenwerkstätten sind der Verbrauch von Ressourcen und die Energie bei der Produktion sowie beim Absatz und beim Transport von Gütern sogar wesentliche Bereiche. Dessen ungeachtet gibt es auch bezogen auf das Personal ökologische Aspekte. Dabei geht es z. B. um die Frage der Fahrt zum und vom Arbeitsplatz, die Organisation von Dienstreisen oder die Verpflegung der Mitarbeiter*innen vor Ort.

Um ökologische Nachhaltigkeit zu erreichen, werden drei Prinzipien verfolgt: Effizienz, Konsistenz und Suffizienz (Minge 2018), die auch in der Sozialwirtschaft Relevanz haben:

- *Effizienz* bezieht sich auf eine ergiebigere Nutzung von Rohstoffen, Materialien und Energie. Es wird somit die Produktivität der Ressourcen gesteigert. In der Sozialwirtschaft kann z. B. durch eine bessere Wärmedämmung der Energieverbrauch gesenkt oder durch eine bessere Verwertung von Lebensmitteln in einer Küche der Wareneinsatz reduziert werden. Die sogenannte Öko-Effizienz kommt aber an ihre Grenzen. Lange Zeit dachte man, dass sogenannte *grüne Produkte* allein das Ressourcenproblem lösen werden. Allerdings hat sich gezeigt, dass in den meisten Fällen der Gesamtressourcenverbrauch nicht sinkt, da zwar für das jeweilige Produkt der Einsatz geringer ist, die Nachfrage aber insgesamt steigt, was den Einsparungseffekt wieder aufhebt. So wurde beobachtet, dass durch das Wissen, dass die verwendeten Geräte oder die Beleuchtung weniger Energie verbrauchen, diese vermehrt genutzt werden. Effizienz ist also nur ein Baustein, aber nicht die alleinige Lösung.
- *Konsistenz* steht für naturverträgliche Technologien, welche die Stoffe und die Leistungen der Ökosysteme nutzen, ohne sie zu zerstören. Das entspricht dem Konzept der Kreislaufwirtschaft. Schädliche Stoffe sollen kontrolliert eingesetzt bzw. verwendet oder aussortiert werden. Eine neue grüne Industrie produziert Produkte ohne Abfälle. Das Re- und Upcycling wird aufgewertet. Konsistenz-Strategien setzen nicht unbedingt auf Konsumverzicht. Sie haben einen naturverträglichen Konsum zum Ziel, der wiederverwertbare Materialien, umweltverträgliche Materialien und erneuerbare Energie kombiniert. Beim Recycling gibt es aber noch ungelöste Probleme. Hier stößt das Konzept an seine Grenzen. In der Sozialwirtschaft sind z. B. Sozialunternehmen oder Werkstätten im Bereich des Re- und Upcyclings tätig. Es gibt in fast allen Organisationen Potenzial zur Konsistenz. Sie könnten z. B. wiederbefüllbare Toner für Drucker und Kopierer verwenden, Mehrwegflaschen und unverpackte Lebensmittel kaufen, Müll trennen und nicht mehr benötigte Möbel und Geräte anderen Organisationen zur Verfügung stellen oder in einer anderen Form nachnutzen.
- *Suffizienz* richtet sich auf die Verringerung des Ressourcenverbrauchs durch weniger Nachfrage nach Gütern. Es geht also um eine Änderung des Konsumverhaltens bzw. um einen nachhaltigen Lebensstil. Das kann sich einerseits auf die Klient*innen der Sozialwirtschaft beziehen, aber natürlich auch auf das Nachfrageverhalten der Organisation selbst. Durch Teilen und Tauschen kann z. B. die EDV-Ausstattung reduziert werden. Auch bei anderen Geräten und Maschinen kann der Aufbau eines internen „Maschinenrings" eine Maßnahme darstellen.

Eine umfassende Auflistung zum Thema ökologische Nachhaltigkeit bieten die GRI-Standards in der Gruppe 3 (Global Reporting Initiative o. J.). Tab. 3.2 zeigt die verschiedenen Standards dieser Gruppe.

Was versteht man unter CO_2-neutral? Laut Paschotta (2021) bedeutet *CO_2-neutral,* dass die Verwendung eines Brennstoffs oder eine menschliche Aktivität keinen Einfluss auf die Kohlendioxid-Konzentration der Atmosphäre hat. Sie ist insofern nicht klimaschädlich. „CO_2-Neutralität ist nur eine (wichtige) Voraussetzung unter anderen für Klimaneutralität." Das bedeutet gerade bei Brennstoffen nicht immer, dass bei der Verbrennung kein CO_2 freigesetzt wird. „Die CO_2-Emissionen bei der Verbrennung können jedoch so kompensiert sein, dass *netto* kein CO_2 der Atmosphäre zugeführt wird, weil anderswo CO_2 absorbiert oder weniger emittiert wird." Bei Biotreibstoffen kann es z. B. schon beim Wachstum der Pflanzen dazu kommen, dass der Atmosphäre CO_2 entzogen wird. Auch wenn beim Verbrennen dieser Treibstoffe wiederum CO_2 freigesetzt wird, überwiegt der positive Effekt. Ähnliches gilt für Holz. Die Berechnung des genauen Effekts hängt von vielen Faktoren ab. Die Gefahr besteht, dass nicht alle negativen Effekte in den Blick genommen werden (können). Davon abgesehen werden im Zusammenhang mit Biokraftstoffen auch negative Auswirkungen (z. B. Verdrängung des Anbaus von Lebensmitteln, Verlust der Diversität in der landwirtschaftlichen Erzeugung …) beschrieben. Das Verbrennen von Holz wird sehr kontrovers diskutiert, weil dabei auch gesundheitsgefährdende Luftschadstoffe und klimaschädliche Gase und Ruß freigesetzt werden (Umweltbundesamt 2021).

Klimaneutral bedeutet, dass es neben dem CO_2-Ausstoß nicht zu anderen klimaschädlichen Effekten kommt. Die gesamten Emissionen werden reduziert oder zum Teil mit Klimaschutzmaßnahmen kompensiert. „Es geht hierbei nicht nur um die Reduzierung von Kohlendioxid – wie es bei der CO_2-Neutralität der Fall ist – sondern auch um die Verringerung anderer schädlicher Treibhausgase, wie beispielsweise Methan" (Wien Energie 2021). Eine Maßnahme, die CO_2-neutral ist, kann, aber muss nicht immer klimaneutral sein. Klimaneutralität ist also der umfassendste Klimaschutz.

Mit der europaweiten Initiative für ein Lieferkettengesetz im Jahr 2021 sollen Unternehmen in die Verantwortung genommen werden, bei im Ausland beschafften Vorleistungsgütern oder Fertigerzeugnissen in allen Phasen ihrer Lieferkette Umweltfolgen, Klimafolgen sowie Arbeitsbedingungen und Menschenrechte zu überprüfen. Sie sollen dafür haftbar gemacht werden können.

3.5 Ökologische Nachhaltigkeit

Tab. 3.2 Übersicht über die GRI-Standards der ökologischen Nachhaltigkeit. (Eigene Darstellung in Anlehnung an Global Reporting Initiative o. J.)

Thema	Standard	Beschreibung
Material	GRI 301	301-1 Eingesetzte Materialien nach Gewicht und Volumen
		301-2 Eingesetzte recycelte Altstoffe
		301-3 Wiederverwertete Produkte und ihre Verpackungsmaterialien
Energie	GRI 302	302-1 Energieverbrauch innerhalb der Organisation
		302-2 Energieverbrauch außerhalb der Organisation
		302-3 Energieintensität
		302-4 Verringerung des Energieverbrauchs
		302-5 Senkung des Energiebedarfs für Produkte und Dienstleistungen
Wasser und Abwasser	GRI 303	303-1 Wasser als gemeinsam genutzte Ressource
		303-2 Umgang mit den Auswirkungen der Wasserrückführung
		303-3 Wasserentnahme
		303-4 Wasserrückführung
		303-5 Wasserverbrauch
Biodiversität	GRI 304	304-1 Eigene, gemietete und verwaltete Betriebsstandorte, die sich neben geschützten Gebieten und Gebieten mit hohem Biodiversitätswert außerhalb von geschützten Gebieten befinden
		304-2 Erhebliche Auswirkungen von Aktivitäten, Produkten und Dienstleistungen auf die Biodiversität
		304-3 Geschützte oder renaturierte Lebensräume
		304-4 Arten auf der Roten Liste der Weltnaturschutzunion und auf nationalen Listen geschützter Arten, die ihren Lebensraum in Gebieten haben, die von der Geschäftstätigkeit betroffen sind

(Fortsetzung)

Tab. 3.2 (Fortsetzung)

Thema	Standard	Beschreibung
Emissionen	GRI 305	305-1 Direkte Treibhausgas-Emissionen (Scope 1)
		305-2 Indirekte energiebedingte Treibhausgas-Emissionen (Scope 2)
		305-3 Sonstige indirekte Treibhausgas-Emissionen (Scope 3)
		305-4 Intensität der Treibhausgas-Emissionen
		305-5 Senkung der Treibhausgas-Emissionen
		305-6 Emissionen von Ozon abbauenden Substanzen
		305-7 Stickstoffoxide, Schwefeloxide und andere signifikanten Luftemissionen
Abwasser und Abfall	GRI 306	306-1 Abwasserleitung nach Qualität und Einleitungsort
		306-2 Abfall nach Art und Entsorgungsmethode
		306-3 Erheblicher Austritt schädlicher Substanzen
		306-4 Transport nach gefährlichem Abfall
		306-5 von Abwassereinleitung und/oder Oberflächenabfluss betroffene Gewässer
Umwelt-Compliance	GRI 307	Nichteinhaltung von Umweltschutzgesetzen und -verordnungen
Umweltbewertung der Lieferant*innen	GRI 308	308-1 Neue Lieferant*innen, die anhand von Umweltkriterien überprüft werden
		308-2 Negative Umweltauswirkungen in der Lieferkette und ergriffene Maßnahmen

Unternehmen sollen auch verpflichtet werden, über die Einhaltung dieser Standards zu berichten. Auftrieb bekam die Diskussion durch die Schweizer „Konzernverantwortungsinitiative", die von einer Mehrheit der Schweizer Bevölkerung bei der Volksabstimmung am 29. November 2020 angenommen wurde. Eine etwas abgeschwächte Form wurde in Deutschland beschlossen. Damit gilt das Gesetz ab 2023 für Unternehmen mit mehr als 3000 Mitarbeiter*innen, ab 2024 dann auch für jene mit mehr als 1000. Die Sorgfaltspflicht ist dabei ausschließlich auf direkte Zulieferunternehmen beschränkt (Zacharakis 2021). Im Zuge der Beschaffung kommt den *Zertifizierungen* eine

3.5 Ökologische Nachhaltigkeit

große Bedeutung zu. Das Deutsche Umweltbundesamt (o. J.a) listet diese übersichtlich nach verschiedenen Bereichen auf: Bauwesen, Bürogeräte, Büroverbrauchsmaterial, Contracting, Fahrzeugwesen, Garten- und Landschaftsbau, Gebäudeinnenausstattung, Lebensmittel und Catering, Möbel, Müll- und Abfallbehältnisse, Nachhaltige Veranstaltungen, Rechenzentren, Reinigung/Hygiene, Stromversorgung, technische Gebäudeausrüstung, Textilien, Unterhaltungselektronik, Entsorgung, Wärmeversorgung und weiße Ware. Auch wenn es an diesen Labels oft Kritik gibt, können sie zumindest ein erster Anhaltspunkt für die Auswahl verschiedener Produkte und der Lieferant*innen sein. So ist etwa Greenpeace 2018 aus dem Forest Stewardship Council (FSC) ausgetreten (Weiland 2018), da es zwar nach wie vor das einzige Siegel für nachhaltige Forstwirtschaft ist, aber beim Schutz für Urwälder versagt hat. Die Umweltschutzorganisation sieht auch das MSC-Siegel für nachhaltigen Fischfang sehr kritisch. In der Praxis empfiehlt es sich, die Empfehlungen verschiedener Umweltschutzorganisationen (z. B. Greenpeace, WWF, Germanwatch) zu Rate zu ziehen oder den Hinweisen zu verschiedenen Standards zur Nachhaltigkeitsberichterstattung (siehe Kap. 5) zu folgen. Da es eine sehr große Palette an nationalen, europäischen und internationalen Zertifikaten und Labels gibt, soll hier auf einige kurz eingegangen werden.

Für stationäre Einrichtungen werden vor allem Lebensmittel, Kosmetik- und Hygieneprodukte sowie Wasch- und Reinigungsmittel eine große Relevanz haben. Im Bereich der *Lebensmittel* sind für Greenpeace Austria (2018) z. B. folgende Siegel *sehr vertrauenswürdig:*

- Demeter
- Prüf nach

Als *vertrauenswürdig* werden bezeichnet:

- agroVet Ei (HG)
- Donau Soja
- EU-Bio
- Fairtrade
- Ohne Gentechnik hergestellt
- Tierschutz kontrolliert
- Tierwohl kontrolliert

Hinzu kommen nationale Zertifikate und Eigenmarken von Supermärkten. Auch für *Kosmetik- und Hygieneprodukte, Wasch- und Reinigungsmittel* hat Greenpeace Austria (2021) eine Übersicht zusammengestellt. Bei den internationalen Labels gelten als *sehr vertrauenswürdig:*

- BDIH + Cosmos Organic
- Ecocert + Cosmos Organic
- NCS – Bio-Kosmetik oder NCS – vegane Bio-Kosmetik
- USDA – Organic Cosmetics

Als *vertrauenswürdig* werden gesehen:

- BDIH + Cosmos Natural
- Ecocert Natural Detergent
- Ecocert + Cosmos Natural
- Ecocert Natural Detergent mit Bio- Rohstoffen hergestellt
- Nature
- NCS – Naturkosmetik
- NCS – vegane Naturkosmetik
- Blauer Engel für Hygieneprodukte aus Altpapier
- FSC Recycled
- GOTS
- IVN Best
- OEKO-TEX Made in Green
- Blauer Engel für Wasch- und Reinigungsmittel
- Nordischer Schwan für Wasch- und Reinigungsmittel
- Europäisches Umweltzeichen für Wasch- und Reinigungsmittel

Dazu kommen nationale Zertifikate und Labels. Wichtig ist, dass manche Labels z. B. in einem Bereich kritisch gesehen werden, in einem anderen aber durchaus vertrauenswürdig sein können. So ist z. B. der *Blaue Engel* im Bereich Windeln, Damenhygiene- und Inkontinenzprodukte nicht vertrauenswürdig, in anderen Bereichen schon. Auch bei *OEKO-Tex* oder *Nordischer Schwan* gibt es unterschiedliche Bewertungen.

Die Stadt Wien (o. J.a) hat mit *ÖkoKauf Wien* die Beschaffung 1998 nachhaltig gestaltet. Das betrifft Textilien, Bio-Lebensmittel, Waschmittel, Desinfektionsmittel, Büromaterial, Möbel und sogar Baumaterialien. Die Stadtverwaltung achtet dabei auf Schonung der Ressourcen, ökologische Produktion, Energieeffizienz, Reparaturfähigkeit, Vermeidung von Emissionen sowie gefähr-

3.5 Ökologische Nachhaltigkeit

licher und toxischer Materialien. Neben Tipps, worauf es beim Einkauf zu achten gilt, gibt es für verschiedene Papiersorten auch eine Datenbank, in der man anhand verschiedener Labels (z. B. Europäisches Umweltzeichen) suchen kann (ÖkoKauf Wien o. J.).

Bei *Büromaterial* gilt es gemäß ÖkoKauf Wien (Stadt Wien o. J.b) zu beachten, ob

- bei Schreib- und Malgeräten unbehandeltes Holz verarbeitet wurde, das umwelt- und gesundheitsverträglich ist,
- die Metallteile aus Eisen, Stahl, Magnesium oder Aluminium bestehen und dieses zumindest zu 30 % recycelt wurde,
- Kunststoffe ohne halogenierte Kohlenwasserstoffe, Weichmacher und bestimmte Schwermetalle erzeugt wurden und ob
- nachfüllbare Produkte bevorzugt werden.

Auch das *österreichische Umweltzeichen* stellt für verschiedene Bereiche Leitfäden zur Verfügung (Möbel, Druckerzeugnisse, Büromaterial, Garten, Haushalt u. v. m.). In Deutschland bietet das *Umweltbundesamt* (o. J.b) eine Fülle an Informationen zur umweltfreundlichen Beschaffung. Mit Hilfe verschiedener Tools, die auf der Website abrufbar sind, kann man eine Lebenszykluskostenrechnung (Umweltbundesamt 2017) für Produkte durchführen, die alle relevanten Kosten auf ihre Wirtschaftlichkeit vergleicht. Natürlich gilt es auch hier, das Augenmerk auf wesentliche Bereiche der Beschaffung zu richten. Bei *Elektrogeräten* gilt ab März 2021 das neue Energielabel, das nun auf einer siebenteiligen Skala von A bis G die Energieeffizienz anzeigt.

Im *Marketing* kann einerseits durch die Reduzierung an Informations- und Werbematerial oder Give-Aways, aber auch durch den Umstieg auf digitale Medien der Papiereinsatz verringert werden. Gerade Spenden sammelnde Organisationen setzen gerne auf Mailings, bei denen auch Kalender, Stifte, Postkarten u. Ä. an potenzielle Spender*innen versandt werden. Neben dem Verzicht auf diese unverlangten Geschenke kann man auch auf umweltverträgliche Präsente umsteigen. Beim Druck kann sowohl beim Papier als auch in puncto Farbe auf ökologische Produkte fokussiert werden. In den letzten Jahren haben sich viele neue Anbieter am Markt etabliert, die mit Druckereien in Ländern zusammenarbeiten, die geringere Produktionskosten und andere Umweltstandards haben. In der Zeit vor Corona wurde ein großer Anstieg von Veranstaltungen registriert. Um diese nachhaltig zu gestalten, hat sich das Konzept der *Green Events* etabliert. Agenturen zertifizieren Events als Green Events, wenn sie verschiedene Voraussetzungen erfüllen. Hierfür empfiehlt sich entweder der

Leitfaden des österreichischen Umweltzeichens (o. J.) oder des Bundesarbeitskreises Ökologie aus Deutschland.

Beim *Fuhrpark* gilt es verstärkt auf alternative Antriebsarten (v. a. Elektromotoren), Fahrräder (Personenfahrrad, Rikschas, Lastenfahrrad) oder auf Sharing-Angebote umzusteigen (die aber hauptsächlich im großstädtischen Raum zu finden sind). Für Organisationen der Sozialwirtschaft sind vor allem bei Elektrofahrzeugen die hohen Investitionskosten eine Hürde, auch wenn sich die Fahrzeuge im laufenden Betrieb günstiger darstellen. Alternativ dazu ist es möglich, den Einsatz der Flotte mit Verbrennungsmotoren zu reduzieren, sei es durch ein neues Logistikkonzept, sei es durch Transportalternativen.

Im *Personalbereich* gibt es zahlreiche Möglichkeiten. So kann bei der Produktion von Arbeitskleidung auf natürliche und/oder zertifizierte Rohstoffe gesetzt und auch auf Sozialstandards geachtet werden. Einige Sozialorganisationen bieten selbst lokal produzierte Kleidung an. Dasselbe gilt für die Reinigung der Arbeitskleidung. Hier können ökologische Waschmittel zur Verfügung gestellt bzw. Mitarbeiter durch Anreize angehalten werden, diese zu verwenden.

Durch Anreizsysteme, Wettbewerbe und Prämien haben viele Unternehmen und Organisationen in den letzten Jahren ihre Mitarbeiter*innen zum Umdenken gebracht. Die *Bewusstseinsbildung* kann durch Informationen, Weiterbildungsangebote, betriebliche Nachhaltigkeitsprojekte oder die Verankerung in der Strategie der Organisation gestärkt werden. Das hat Auswirkungen sowohl auf das Verhalten der Mitarbeiter*innen wie auch die Entwicklung der Organisation selbst.

Zusammenfassend geht es bei der ökologischen Nachhaltigkeit also um folgende Bereiche (Internationaler Controllerverein 2011, S. 4; Pufé 2014, S. 127, S. 130):

- Aufbau von Ressourcenbewusstsein,
- Reduzierung der eingesetzten Ressourcen und Materialien für Produktion und Dienstleistung (Öko-Effizienz),
- sparsamer Umgang mit den zentralen Ressourcen (Energie, Wasser, Boden), Energieeinsparungen (Energieeffizienz),
- Recycling und Wiederverwendung von Materialien und Ressourcen, Kreislaufmanagement,
- Einsatz von erneuerbarer Energie,
- Reduzierung bzw. Vermeidung von Schadstoffbelastung (CO_2-Emission, Wasserverschmutzung, Abfall, toxische Stoffe …), Abwassermanagement,
- umweltverträgliches Prozess- und Innovationsmanagement,

- Entwicklung von Produkten, Dienstleistungen, Technologien und Verfahren mit der geringsten Umweltbelastung,
- Reduzierung des ökologischen Fußabdrucks,
- Erhalt der Biodiversität,
- Aufzeigen der Umweltkosten und
- generell: Prävention statt Reaktion.

Fallbeispiel: RREUSE
RREUSE (o. J.) ist ein 2001 gegründetes internationales Netzwerk von Sozialunternehmen, die sich aktiv mit der Wiederverwertung, dem Reparieren und dem Recycling beschäftigen. Zu den Mitgliedern aus 19 europäischen Staaten und den USA gehören zumeist Dachverbände von Re-Use-Betrieben sowie der Reparaturnetzwerke und Reparaturinitiativen. RREUSE unterstützt die Entwicklung sozialer Unternehmen in der Kreislaufwirtschaft durch innovative Politik, Partnerschaften und Best Practices. Das Netzwerk steht für

- *Kreislaufwirtschaft: wiederverwenden, reparieren, recyceln, aufarbeiten, umfunktionieren,*
- *Inklusion: soziale Eingliederung,*
- *Innovation: neue Verbindungen schaffen und neue Ideen anstoßen,*
- *Resilienz: sich an Krisen anpassen und Widrigkeiten standhalten,*
- *Zusammenarbeit: starke Partnerschaften entwickeln und pflegen.*

RREUSE-Mitglieder erzeugen soziale, wirtschaftliche und ökologische Wirkungen für ihre Gemeinden. Sie bieten integrative Beschäftigungsmöglichkeiten sowie ein starkes Zugehörigkeitsgefühl für die Schwächsten in unseren Gesellschaften. In Deutschland sind der Dachverband WIRD (Wiederverwendung – Interessengemeinschaft der sozialwirtschaftlichen Reparatur- und Recyclingzentren" e. V.) und der Dachverband FairWertung e. V. Mitglieder, in Österreich das RepaNet Re-Use- und Reparaturnetzwerk Österreich.

3.6 Soziale Nachhaltigkeit

Soziale Nachhaltigkeit bedeutet den verantwortungsvollen Umgang mit Mitarbeiter*innen, Kund*innen, Anrainer*innen bzw. allen anderen Stakeholdern im Hinblick auf Soziales, Gesundheit, gesellschaftliche Teilhabe und demokratische Prozesse. Pufé (2014, S. 119) zufolge müsse man davon ausgehen, dass nicht nur Mitarbeiter*innen von den Tätigkeiten von Unternehmen und Organisationen betroffen sind, sondern zahlreiche interne und externe Anspruchsgruppen (Stakeholder). Wagner (2008, S. 233) unterteilt in seinem Inventar sozialer Nachhaltigkeitsmanagementaktivitäten von Unternehmen die Anspruchsgruppen in unternehmensexterne und unternehmensinterne. Für die Sozialwirtschaft können das z. B. folgende Stakeholder sein:

- interne Stakeholder: Mitarbeiter*innen, Freiwillige, Vorstände, Mitglieder,
- externe Stakeholder: Anrainer*innen, Zulieferunternehmen, Subunternehmer*innen, Auftragnehmer*innen, Sozial-, Bildungs-, Sport- und Kulturinstitutionen, Religionsgemeinschaften u. v. a. bzw. generell die Kommune, die Region oder das Land.

Tab. 3.3 zeigt eine Adaption für die Sozialwirtschaft.

Darüber hinaus gibt es verschiedene Faktoren, die dafür verantwortlich sind, was für die jeweilige Organisation wesentliche Aspekte der sozialen Nachhaltigkeit sind und wie intensiv die Interaktion mit den diversen Stakeholdern ausfällt, wie etwa

- die Rechtsform (Vereine haben auch die Mitglieder als relevante Stakeholder),
- die Organisationsform (z. B. selbstorganisierte Teams, Leitungsspanne der Führungskräfte, Anzahl der Hierarchiestufen),
- die Art der Leistung (stationär, ambulant, aufsuchend) oder
- das Handlungsfeld und der fachliche Zugang (Zielgruppen, Hilfesystem, Art der Leistung und Wirkungen).

Soziale Nachhaltigkeit ist ein Konzept, das vor allem in Mitteleuropa auf vielen gesetzlichen Regeln oder Bestimmungen aus Tarif- oder Kollektivverträgen aufbaut, aber auch viele Bereiche inkludiert, die von Organisationen freiwillig in den Blick genommen werden.

Für die Sozialwirtschaft erscheinen manche dieser Bereiche der sozialen Nachhaltigkeit leicht anschlussfähig, weil sie teils schon gelebt werden, teils nicht relevant sind. Gerade die Aspekte zur Gesundheit, aber auch zur Mitbestimmung, Unternehmenskultur und Arbeitsorganisation der Mitarbeiter*innen sind auch für Sozialorganisationen äußerst relevant, denn die physischen und psychischen Belastungen sind in dieser Branche hoch.

Das Konzept der sozialen Nachhaltigkeit umfasst somit auch Themen, die im betrieblichen Kontext schon diskutiert werden, wie die betriebliche Gesundheitsförderung, New Work, die Work-Life-Balance, das Diversity-Management, Gender Mainstreaming oder die Familienfreundlichkeit. Auch im

3.6 Soziale Nachhaltigkeit

Tab. 3.3 Übersicht über interne und externe Stakeholder. (In Anlehnung an Wagner 2008, S. 233)

Auf externe Stakeholder gerichtete Aktivitäten der sozialen Nachhaltigkeit	Auf interne Stakeholder gerichtete Aktivitäten der sozialen Nachhaltigkeit
• Corporate Citizenship • Unterstützung der Region, in der die Organisation tätig ist • Unterstützung lokaler Gemeinschaften oder der Anrainer*innen (über die eigentliche Tätigkeit hinaus) • Gerechte Geschäftsbeziehungen mit Geschäftspartner*innen und Sub-Auftragnehmer*innen • Soziale Beschaffungsrichtlinie – fair hergestellte und gehandelte Produkte • Kennzeichnung der eigenen Produkte als fair auf Basis einer unabhängigen Bewertung • Sozialberichterstattung (über die eigentliche Tätigkeit hinaus), Sozialbilanzen, soziale Kennzahlen • Förderung der Menschenrechte • Förderung der sozialen Gerechtigkeit durch Projekte im In- und Ausland (über die eigentliche Tätigkeit hinaus) • Ausbildungsplätze und Unterstützung von Bildungsinitiativen (über die eigentliche Tätigkeit hinaus) • Stakeholderdialoge • Kulturförderung und Sportförderung (über die eigentliche Tätigkeit hinaus)	• Schutz/Förderung von Diversität • Frauenförderungsprogramme in den Leitungsebenen, Förderung der Geschlechtergerechtigkeit • Fort- und Weiterbildung, Gewährung von Weiterbildungszeiten (auch für Themen über die eigentliche Tätigkeit hinaus) • Angebote zum Gesundheitsschutz und zur Gesundheitsprävention am Arbeitsplatz • Erweiterung der internen Kennzahlen um jene der sozialen Nachhaltigkeit • Betriebliches Vorschlagswesen • Flexible und individuelle Arbeitszeitmodelle • Flexible Arbeitsplatzgestaltung (z. B. Home-Office) • Freiwillige Sozialleistungen • Qualifizierungsprogramme für Berufsrückkehrer*innen • Programme für den Einstieg nach langer Erkrankung

Bereich der betrieblichen Gesundheitsförderung gibt es eine Vielzahl an Unterstützungsmöglichkeiten, aber auch gesetzlichen Auflagen für Unternehmen und Organisationen. Hier werden unternehmensintern viele relevante Aspekte deutlich. Eine Reduktion auf wesentliche Bereiche ist also dringend angeraten. In diesem Sinne führt die soziale Dimension Themen zusammen, die bislang einzeln betrachtet wurden, verdichtet diese und setzt sie in den Kontext mit ökologischen und ökonomischen Themen.

Soziale Nachhaltigkeit ist puncto Themenvielfalt, aber auch wegen der verschiedenen Stakeholdergruppen sehr facettenreich. Im Rahmen der sozialen Nachhaltigkeit gewinnen vor allem im Profitbereich und bei international tätigen

Unternehmen Zertifizierungen und Standards an Bedeutung, die jedoch nur zum Teil das gesamte Spektrum der sozialen Nachhaltigkeit abbilden. Im Hinblick auf Familienfreundlichkeit etwa existieren im gesamten deutschsprachigen Raum solche Labels, die zum Teil staatlich anerkannt sind.

- In Deutschland vergibt z. B. die *Bertelsmannstiftung* das Qualitätssiegel familienfreundlicher Arbeitgeber.
- In der Schweiz gibt es eine Zertifizierung zum familienfreundlichen Unternehmen durch die *Emsländische Stiftung Beruf und Familie*.
- In Österreich gibt es mit *berufundfamilie* eine Zertifizierung, die sogar mit einem staatlichen Gütezeichen vom Familienministerium belohnt wird.

TÜV AUSTRIA CERT zertifiziert gemäß den Richtlinie ÖNORM S 2501 Unternehmen und Organisationen im Bereich des Diversity-Managementsystems entlang der Dimensionen Alter, Behinderung, Geschlecht, sexuelle Orientierungen, ethnische Herkunft und Hautfarbe sowie Religion und Weltanschauung. „Voraussetzungen für die Zertifizierung sind ein dokumentierter nachhaltiger Gestaltungsprozess, verbindliche Zielvereinbarungen und die kontinuierliche Begutachtung der Prozesse. Unternehmen und Organisationen erhalten ein international anerkanntes Zertifikat und damit auch die Berechtigung, das entsprechende TÜV AUSTRIA CERT-LOGO z. B. auf Drucksorten und im Internet zu Marketingzwecken zu verwenden" (TÜV Austria o. J.). Wagner (2008) verweist auf die Richtlinie *Social Accountability 8000* (TÜV Rheinland o. J.a), eine freiwillige Zertifizierung zur Einhaltung der Rechte von Arbeitnehmer*innen und der ILO-Kernarbeitsnormen (Internationale Arbeitsorganisation o. J.), die die Vereinigungsfreiheit und das Recht auf Kollektivverhandlungen, die Beseitigung der Zwangsarbeit, die Abschaffung der Kinderarbeit und ein Verbot der Diskriminierung in Beschäftigung und Beruf zum Ziel haben. Darüber hinaus kann anhand des *amfori BSCI Verhaltenskodex* in einem Audit überprüft werden, ob die Lieferanten verantwortungsvoll mit Mensch und Umwelt umgehen (TÜV Rheinland o. J.b). Die kostenpflichtige Zertifizierung *Great Place to work* (o. J.) erhebt anhand von 65 Fragen, wie das Vertrauen der Mitarbeiter*innen in die Glaubwürdigkeit, die Fairness, den Respekt, den Stolz und den Teamgeist im Unternehmen ausgeprägt ist. Tab. 3.4 zeigt die verschiedenen Bereiche des GRI in der Gruppe 4 und gibt Anhaltspunkte, auf welche Gruppe von Stakeholdern sich dieser Standard bezieht (Global Reporting Initiative o. J.).

Dubielzig (2008, S. 218 f.) sieht für die Bewertung der Corporate Social Performance drei Dimensionen als relevant:

3.6 Soziale Nachhaltigkeit

- die Klärung, welche Prinzipien der sozialen Verantwortung für die Organisation von Bedeutung sind,
- die Auswahl von Vorgehensweisen, Maßnahmen und Programmen, um gesellschaftlichen Beziehungen der Organisation und sozialen Themen zu managen sowie
- die Analyse von sozialen Wirkungen dieser Maßnahmen.

In der Sozialwirtschaft hat in den letzten Jahren der Diskurs um die Wirkung der eigenen Leistungen bei Klient*innen bzw. der Gesellschaft an Bedeutung gewonnen. Sozialorganisationen und Sozialunternehmen verfolgen per se eine soziale Mission und entfalten Wirkungen. Soziale Nachhaltigkeit geht aber über Wirkungsorientierung hinaus. Während sich das Konzept der Wirkungsorientierung mit der Veränderung bei den eigenen Zielgruppen (Aufbau von Kompetenzen, verändertes Handeln, veränderte Lebenslage) und der Gesellschaft als Ganzes, hervorgerufen durch die eigenen Leistungen, beschäftigt, nimmt soziale Nachhaltigkeit die Auswirkungen durch die Aktivitäten der Organisation auf alle internen und externen Stakeholder in den Blick. Bei der Gruppe der Klient*innen kann es hier – folgt man Tab. 3.4 – zu Überschneidungen kommen (z. B. bei der Förderung der sozialen Gerechtigkeit oder der Förderung von Ausbildungsplätzen und Unterstützung von Berufsinitiativen). Dasselbe gilt, wenn sich Organisationen auf Basis der SDGs mit der sozialen Nachhaltigkeit beschäftigen. Hier verschränkt sich die Wirkung der eigenen Arbeit mit der sozialen Verantwortung von Organisationen. So sind die SDG 1 (keine Armut), SDG 2 (kein Hunger), SDG 3 (Gesundheit und Wohlergehen), SDG 4 (hochwertige Bildung), SDG 5 (Geschlechtergerechtigkeit), SDG 10 (weniger Ungleichheiten) und SDG 16 (Frieden, Gerechtigkeit und starke Institutionen) leicht mit den Wirkungszielen und Handlungsfeldern der Sozialwirtschaft in Verbindung zu bringen.

In der Praxis der Sozialwirtschaft steht das Konzept der Wirkungsorientierung für die Ergebnis- und Qualitätsorientierung, für organisationales Lernen oder für die Legitimation der eigenen Arbeit gegenüber den Stakeholdern und nicht für die Beschäftigung mit Nachhaltigkeit. Bei der weiteren Auseinandersetzung mit der sozialen Nachhaltigkeit wird man eine konzeptionelle Trennung vornehmen müssen oder bei der Beschreibung der sozialen Nachhaltigkeit auf die Besonderheit der Sozialwirtschaft im Umgang mit Klient*innen (soziale Dienstleitungen und soziale Mission) hinweisen. Die Logik der Wirkungsorientierung mit ihrer klaren Ursache-Wirkungs-Kette ist jedenfalls für die Auseinandersetzung mit Nachhaltigkeit eine gute Basis, um sich mit dem eigenen Anteil an den Folgen zu beschäftigen.

Tab. 3.4 Übersicht über die GRI-Standards der sozialen Nachhaltigkeit. (Eigene Darstellung in Anlehnung an Global Reporting Initiative o. J.)

Thema	Standard	Beschreibung	Stakeholder
Beschäftigung	GRI 401	401-1 Neu eingestellte Angestellte und Angestelltenfluktuation	Mitarbeiter*innen
		401-2 Betriebliche Leistungen, die nur vollzeitbeschäftigten Angestellten, nicht aber Zeitarbeitnehmern oder teilzeitbeschäftigten Angestellten angeboten werden	Mitarbeiter*innen
		401-3 Elternzeit	Mitarbeiter*innen
Arbeitnehmer-Arbeitgeber-Verhältnis	GRI 402	Mindestmitteilungsfrist für betriebliche Veränderungen	Mitarbeiter*innen
Arbeitssicherheit und Gesundheitsschutz	GRI 403	403-1 Managementsystem für Arbeitssicherheit und Gesundheitsschutz	Mitarbeiter*innen
		403-2 Gefahrenidentifizierung, Risikobewertung und Untersuchung von Vorfällen	Mitarbeiter*innen, Kund*innen, Klient*innen
		403-3 Arbeitsmedizinische Dienste	Mitarbeiter*innen
		403-4 Mitarbeiter*innenbeteiligung, Konsultation und Kommunikation zu Arbeitssicherheit und Gesundheitsschutz	Mitarbeiter*innen
		403-5 Mitarbeiter*innenschulungen zu Arbeitssicherheit und Gesundheitsschutz	Mitarbeiter*innen
		403-6 Förderung der Gesundheit der Mitarbeiter*innen	Mitarbeiter*innen

(Fortsetzung)

3.6 Soziale Nachhaltigkeit

Tab. 3.4 (Fortsetzung)

Thema	Standard	Beschreibung	Stakeholder
		403-7 Vermeidung und Minimierung von direkt mit Geschäftsbeziehungen verbundenen Auswirkungen auf die Arbeitssicherheit und den Gesundheitsschutz	Lieferanten
		403-8 Mitarbeiter*innen, die von einem Managementsystem für Arbeitssicherheit und Gesundheitsschutz abgedeckt sind	Mitarbeiter*innen
		403-9 Arbeitsbedingte Verletzungen	Mitarbeiter*innen
		403-10 Arbeitsbedingte Erkrankungen	Mitarbeiter*innen
Aus- und Weiterbildung	GRI 404	404-1 Durchschnittliche Stundenanzahl der Aus- und Weiterbildung pro Jahr und Angestellten	Mitarbeiter*innen
		404-2 Programme zur Verbesserung der Kompetenzen der Angestellten und zur Übergangshilfe	Mitarbeiter*innen
		404-3 Prozentsatz der Angestellten, die eine regelmäßige Beurteilung der Leistung und ihrer beruflichen Entwicklung erhalten	Mitarbeiter*innen
Diversität und Chancengleichheit	GRI 405	405-1 Diversität in Kontrollorganen und unter Angestellten	Mitarbeiter*innen
		405-2 Verhältnis des Grundgehalts und der Vergütung von Frauen zum Grundgehalt und zur Verfügung von Männern	Mitarbeiter*innen

(Fortsetzung)

Tab. 3.4 (Fortsetzung)

Thema	Standard	Beschreibung	Stakeholder
Nichtdiskriminierung	GRI 406	Diskriminierungsvorfälle und ergriffene Abhilfemaßnahmen	Mitarbeiter*innen, Kund*innen, Klient*innen, Lieferanten, andere Stakeholder
Vereinigungsfreiheit und Tarifverhandlungen	GRI 407	Betriebsstätten und Lieferanten, bei denen das Recht auf Vereinigungsfreiheit und Tarifverhandlungen bedroht sein könnte	Mitarbeiter*innen, Lieferant*innen
Kinderarbeit	GRI 408	Betriebsstätten und Lieferanten mit einem erheblichen Risiko für Vorfälle der Kinderarbeit	Mitarbeiter*innen, Lieferanten
Zwangs- oder Pflichtarbeit	GRI 409	Betriebsstätten und Lieferanten mit einem erheblichen Risiko für Vorfälle der Zwangs- oder Pflichtarbeit	Mitarbeiter*innen, Lieferanten
Sicherheitspraktiken	GRI 410	Sicherheitspersonal, das in Menschenrechtspolitik und -verfahren geschult wurde	Mitarbeiter*innen, Dienstleister*innen
Rechte der indigenen Völker	GRI 411	Vorfälle, in denen die Rechte der indigenen Völker verletzt wurden	Andere Stakeholder
Prüfung und Einhaltung der Menschenrechte	GRI 412	412-1 Betriebsstätten, an den eine Prüfung auf die Einhaltung der Menschenrechte oder eine menschenrechtliche Folgenabschätzung durchgeführt wurde	Mitarbeiter*innen, Kund*innen, Klient*innen, Lieferanten, andere Stakeholder
		412-2 Schulungen für Angestellte zu Menschenrechtspolitik und -verfahren	Mitarbeiter*innen

(Fortsetzung)

Tab. 3.4 (Fortsetzung)

Thema	Standard	Beschreibung	Stakeholder
		412-3 Erhebliche Investitionsvereinbarungen und -verträge, die Menschenrechtsklauseln enthalten oder auf Menschenrechtsaspekte geprüft wurden	Lieferanten, Dienstleister*innen, andere Stakeholder
Lokale Gemeinschaften	GRI 413	413-1 Betriebsstätten mit Einbindung der lokalen Gemeinschaften, Folgeabschätzungen und Förderprogramme	Andere Stakeholder
		413-2 Geschäftstätigkeit mit erheblichen tatsächlichen oder potenziellen negativen Auswirkungen auf lokale Gemeinschaften	Andere Stakeholder
Soziale Bewertung der Lieferanten	GRI 414	414-1 Neue Lieferanten, die anhand von sozialen Kriterien bewertet werden	Lieferanten
		414-2 Negative soziale Auswirkungen in der Lieferkette und ergriffene Maßnahmen	Lieferanten
Politische Einflussnahme	GRI 415	Parteispenden	Andere Stakeholder
Kundengesundheit und -sicherheit	GRI 416	416-1 Beurteilung der Auswirkungen verschiedener Produkt- und Dienstleistungskategorien auf die Gesundheit und Sicherheit	Kund*innen, Klient*innen
		416-2 Verstöße im Zusammenhang mit den Auswirkungen von Produkten und Dienstleistungen auf die Gesundheit und Sicherheit	Kund*innen, Klient*innen

(Fortsetzung)

Tab. 3.4 (Fortsetzung)

Thema	Standard	Beschreibung	Stakeholder
Marketing und Kennzeichnung	GRI 417	417-1 Anforderungen für die Produkt- und Dienstleistungsinformationen und -kennzeichnung	Kund*innen, Klient*innen, andere Stakeholder
		417-2 Verstöße im Zusammenhang mit Produkt- und Dienstleistungsinformationen und der -kennzeichnung	Kund*innen, Klient*innen, andere Stakeholder
		417-3 Verstöße im Zusammenhang mit Marketing und Kommunikation	Kund*innen, Klient*innen, andere Stakeholder
Schutz der Kund*innendaten	GRI 418	Begründete Beschwerden in Bezug auf die Verletzung des Schutzes und des Verlusts von Kund*innendaten	Kund*innen, Klient*innen
Sozioökonomische Compliance	GRI 419	Nichteinhaltung von Gesetzen und Vorschriften im sozialen und wirtschaftlichen Bereich	Kund*innen, Klient*innen, Lieferanten, andere Stakeholder

Die Maßnahmen der sozialen Nachhaltigkeit fokussieren laut Pufé (2014, S. 127 ff.) und Eller (2019) zusammenfassend auf die folgenden Bereiche:

- Bereitstellung von Kohärenz sowie Gefühl von Gemeinschaftssinn und Zugehörigkeit
- Stärkung sozialer Verantwortung
- Förderung von zwischenmenschlichen Beziehungen und partizipativem Denken (Vorschlagswesen)
- Umfassende Stakeholderintegration
- Förderung der Vielfalt, Diversitätsprinzip
- Familienfreundlichkeit
- Generationengerechtigkeit
- Achtung der Menschenwürde und -rechte
- Verbot von Kinderarbeit

3.6 Soziale Nachhaltigkeit

- Wohlbefinden und Gesundheit am Arbeitsplatz
- Work-Life-Balance; Arbeitszeitmodelle
- Qualifizierung, Bildung, Fortbildung, Supervision
- Partnerschaften mit Unternehmen, Organisationen, Hochschulen
- Gewaltfreiheit und Schutz vor Belästigung am Arbeitsplatz

New Work in der Sozialwirtschaft: Interview mit Hendrik Epe, Organisationsberater und Sozialarbeiter

Was versteht man unter New Work?

Ich beziehe mich bei der New Work auf die Definition von Frithjof Bergmann, die gerade für soziale Organisationen sehr passend ist. Bergmann hat wenig darüber gesprochen, dass New Work irgendetwas mit Veränderungen von Organisationen zu tun hat. Aus seiner Perspektive geht es um die Veränderung der Sicht auf Lohnarbeit bzw. um die Veränderungen der Gesellschaft. New Work steht für mich für die Werthaltung. Dieser gesellschaftsverändernde Aspekt gehört in den Vordergrund gestellt. Davon ausgehend kann man überlegen, was das für Organisationen bedeutet.

Steht New Work im Einklang mit alternativen Wirtschafts- und Gesellschaftskonzepten?

Das wird sehr deutlich, wenn man überlegt, was hinter diesen Konzepten steht. Es geht dabei ja nicht um Effizienzsteigerung oder die Leistungsausweitung, sondern um die Überzeugung, dass wir in Zukunft eigentlich etwas ganz anderes brauchen und es so wie bisher nicht weitergeht. Die Gedanken von Bergmann sind zwar schon etwas älter und müssten natürlich wieder aktualisiert werden, aber der Grundgedanke ist aktuell: Wir müssen darüber nachdenken, wie Arbeit anders sein kann. So kann man sich zum Beispiel fragen, ob durch den Wegfall von Tätigkeiten oder Jobs die Menschen automatisch arbeitslos werden müssen oder ob es nicht mehr Sinn macht, die verbleibende Arbeit zu verteilen und den freiwerdenden Raum für andere Dinge zu nutzen. Das Attraktive bei Bergmann oder bei diesem New-Work-Gedanken ist der Anspruch, die Menschen dann auf dem Weg zu dem, was sie wirklich tun wollen, zu begleiten. Das entspricht dem Grundgedanken der Sozialen Arbeit und macht das Konzept für Sozialorganisationen gut anknüpfbar.

Wird New Work in sozialen Organisationen gelebt?

Ich stelle gerade fest, dass es vermehrt Organisationen gibt, die sich Gedanken dazu machen und auf dem Weg sind. Bisher waren es gefühlt eher kleinere Organisationen. Aber auch größere Einrichtungen wollen etwas verändern.

Aktuell begleite ich eine Strategieentwicklung in einer Organisation mit 3500 Mitarbeiter*innen, also ein System, das nicht von heute auf morgen transformiert werden kann. Die spannende Frage dazu ist: Gelingt es den Organisationen, die Aufrechterhaltung vom laufenden Geschäft zu gewährleisten und diese Entwicklung hin zu etwas Neuem zu gehen? Mit dem Blick auf die deutsche Sozialwirtschaft sieht man aber, dass sich die Branche noch wahnsinnig schwer damit tut. Das hat vielleicht damit zu tun, dass der Veränderungsdruck, also die Notwendigkeit, etwas anders zu machen, nicht so unmittelbar kommt. Die Zeitläufe sind länger, bis sich Gesetze verändern oder bis Leistungsträger reagieren. Da gibt es eine etwas höhere Trägheit in den Entwicklungen. Vor allem in mittleren und kleineren sozialen Organisationen (bzw. Teilen von Verbänden) fehlt noch dazu oft ein Organisationsbewusstsein. Seitens der Führungskräfte erfolgt keine wirkliche Auseinandersetzung mit der organisationalen Perspektive bzw. dem Funktionieren sozialer Systeme sowie mit den zentralen Fragen, wie Führung sein muss und wie die Organisation gestaltet werden kann. Gerade Sozialarbeiter*innen sind erst einmal darauf fokussiert, den Klient*innen zu helfen. Der Fokus liegt beim Individuum oder der Gruppe, je nach Perspektive. Die Organisation mit den Regeln und Vorgaben ist ja eigentlich nur das, was nervt. Aber die Auseinandersetzung mit dem System, in dem man sich befindet, welche Regeln es hat, welche Vorgaben existieren, welche Strukturen geschaffen wurden und wie dieses System funktioniert, das, finde ich, ist ganz wenig ausgeprägt.

Braucht es vor allem eine andere Führungs- und Organisationskultur?
Um eine Veränderung zu ermöglichen, bleibt einem eigentlich nichts anderes übrig, als darauf zu warten, dass die Führungskräfte diese Schritte gehen. Allein mit Graswurzel-Initiativen kommt man nicht so richtig weiter. Das führt zu Frustration. Ganz klar, um wirklich Wandel zu ermöglichen, sind die Führungskräfte gefragt. Aber auch die Mitarbeiter*innen sind mitunter nicht überzeugt oder haben einen anderen Zugang. Manche hätten vielleicht gerne weiterhin jemanden, der ihnen sagt, was sie zu tun haben und wie alles im Unternehmen funktioniert. Manche sind so sozialisiert, dass sie eine höhere Selbstverantwortung oder Verantwortungsübernahme in diesem Kontext scheuen.

Ist New Work ist auch eine Form der sozialen Nachhaltigkeit?
Es gibt eine enge Verknüpfung bzw. Überschneidung. Bei vielen Aspekten der sozialen Nachhaltigkeit geht es im Arbeits- und Organisationskonzept darum, die Menschen in der Organisation zu stärken, damit sie selber den Job, den sie machen, möglichst nutzerzentriert und wertorientiert machen können. Betrachten wir beispielsweise Schutz und Förderung von Diversität. Das sagt eigentlich der

3.6 Soziale Nachhaltigkeit

gesunde Menschenverstand, dass es mehr Sinn macht, mehrere Aspekte miteinzubeziehen, also diverser zu agieren, um z. B. Probleme zu lösen. Wir ticken in den Organisationen aber immer noch anders. Studien zeigen, dass die Leute eingestellt werden, die ein ähnliches Mindset wie die Person haben, die sie einstellt. Je nach Chef*in verändern sich auch die eingestellten Personen, obwohl es eigentlich keinen Sinn macht. Bei der Fort- und Weiterbildung könnten wir davon ausgehen, dass Mitarbeiter*innen in der Lage sind, selber zu entscheiden, was für sie passt. Das entspricht dem New-Work-Gedanken. Trotzdem bestimmt oft jemand anderes, welche Weiterbildung zu machen ist. Natürlich geht es nicht darum, dass jede*r das machen darf, was er*sie will, und dass es ganz klare Rahmenbedingungen braucht, um zu schauen, ob man als Organisation gemeinsam auf einem guten Weg ist. Ich berate gerade eine Organisation, wo ein Team in einer Pilotphase Selbstorganisation einführt. Da ist die Führungskraft gegangen und die Organisation hat gesagt, wir wollen die nicht neu besetzen, sondern probieren es anders. Lernen findet kontinuierlich statt: Wie treffen wir Entscheidungen, wie regeln wir Mandate, Rollen, Aufgaben? Wer bestimmt eigentlich, was zu tun ist? Am Anfang hat das ganz viel ausgelöst, transparent im Team anzusprechen, wer welche Aufgaben am besten erledigen kann. Wie gehe ich damit um, wenn ich mich damit selbst nennen muss? Das fordert ein Team und die Einzelnen.

Welche Rolle wird Soziale Arbeit beim Wandel zu mehr Nachhaltigkeit und Klimaschutz spielen?
Wenn man sich dazu die internationale Definition Sozialer Arbeit ansieht, dann sieht man, dass Soziale Arbeit diesen Wandel begleiten kann, sowohl auf gesellschaftlicher Ebene, sozusagen auf der Systemebene (Nachbarschaft, Gemeinwesenarbeit usw.), als eben auch auf der individuellen Ebene.

Welche Relevanz hat soziale Nachhaltigkeit, um Mitarbeiter*innen zu binden oder anzusprechen?
Für unseren Bereich ist das Thema soziale Nachhaltigkeit, glaube ich, eines der relevanten Überlebensthemen. Wir haben einen riesigen Fachkräftemangel, der sich in einigen Bereichen noch verschlimmern wird. Bei New Work geht es nicht darum, dass die Arbeit mehr Spaß macht, sondern darum zu überlegen, wie man den Nutzen für die Zielgruppe steigern kann. Mitarbeiterbindung oder Mitarbeitergewinnung wären so was wie der „Kollateralnutzen". Nur weil es den Mitarbeiter*innen gut geht, heißt das aber noch lange nicht, dass sie ihre Arbeit auch gut machen. Der Fokus bei sozialer Nachhaltigkeit muss lauten: Für wen machen wir das eigentlich? Wofür bekommen wir Geld? Wofür und für wen

können wir Soziale Arbeit leisten? Wenn man den Kernnutzen Sozialer Arbeit in den Vordergrund stellt, dann besteht im Hintergrund eine zu fast 95 % hochgradig komplexe individuelle Aufgabenstellung. Standardisierung ist kaum möglich. Deshalb muss man auf die Selbstorganisationsfähigkeiten jeder*s Einzelnen setzen und das Team stärken. Das bedeutet aber nicht, dass dann alles gut läuft. An der Basis geht es ja teilweise gar nicht anders als New-Work-ähnlich zu arbeiten. Das, was der Sozialen Arbeit da fehlt, sind Werkzeuge, Methoden, Strukturen, um das in gute Bahnen zu lenken.

Fehlt es auch am Geld dafür? Oder am Verständnis bei den Kostenträgern?
Da muss man schon irgendwie hinsehen, aber nur mehr Geld alleine reicht nicht. Seitens der Kostenträger sehe ich eine Herausforderung. Verwaltung, Kommunen, Krankenkassen und so weiter sind darauf gepolt, genau das „Gegenteil" von New Work zu tun. Genau zu kontrollieren, was mit dem Geld passiert und welche Wirkung es hat? Das muss alles haarklein nachgewiesen werden und damit hat man tatsächlich ein Problem. Die Organisationen müssen dieses System bedienen und mit den Geldern dann möglichst flexibel agieren. Aber allein schon für ein New-Work-Projekt braucht es finanzielle Mittel. Das ist für kleine Organisationen sehr schwer. Je größer die Organisation wird, desto mehr Puffer ist auch da, um Organisationsentwicklungsprozesse zu starten. Ein Problem sehe ich ganz real: Durch den Fachkräftemangel sind die Mitarbeiter*innen quasi zu 110 % ausgelastet. Um aber neue Wege gehen zu können, also Dinge auszuprobieren, benötige ich erst mal einen Freiraum, in dem ich mich überhaupt bewegen und neue Sachen auch lernen kann. Jede Organisationsveränderung bedarf auch zeitlicher Ressourcen. Wenn die gar nicht mehr da sind, haben wir uns quasi in eine Sackgasse manövriert, die wirklich gefährlich ist. Das kann Konkurrenz auf den Plan rufen, die die gleiche Arbeit günstiger leisten kann, weil die etablierten Organisationen sich gar nicht mehr so schnell wandeln können.

Wir stark ist die Strahlkraft von New Work nach außen gegenüber Stakeholdergruppen?
Betrachten wir noch einmal das Beispiel der Selbstorganisation eines Teams. Kostenträger sind es gewohnt, eine*n Ansprechpartner*in zu haben. Wenn man das sozusagen demokratisiert, also auf alle verteilt, kommt sofort die Frage auf, mit wem die dann sprechen. Wir haben in diesem Fall eine „Außenministerin". So nennen wir das Mandat, das die Kommunikation übernimmt. Aber die kann ja auch wechseln. Wenn jemand anderer diese Aufgabe übernimmt, ist das für externe Stakeholder eine Herausforderung. Die positive Strahlkraft dabei sehe ich auf jeden Fall, wenn andere merken, dass sich was bewegt, dass etwas Neues

ausprobiert wird und sich idealerweise auch messbar die Resultate verbessern. Es wäre natürlich perfekt, wenn man sagen könnte, dass man besser ist in dem, was man tut.

Welche drei Tipps gibt es für Organisation, die sich erstmalig mit New Work beschäftigen?

Der erste Tipp ist, sich mit den Ursprüngen oder den Grundhaltungen und Methoden Sozialer Arbeit zu beschäftigen, weil wir Empowerment, systemisches Denken und Handeln sowie viele andere Aspekte, die wir eigentlich gewohnt sind zu tun, auch auf die Gestaltung der Organisationen übertragen können. Der zweite Tipp ist zu überlegen, wie würde unsere Organisation aussehen, wenn sie tatsächlich die Nutzerin, den Nutzer ins Zentrum stellt. Was würden wir anders machen? Und der dritte Tipp ist, sich mit der Literatur und praktischen Konzepten neuer Arbeit zu befassen und die Übertragung auf die eigene Organisation zu versuchen. Und ich würde auf jeden Fall mit einem kleinen Bereich beginnen und nicht sofort mit der gesamten Organisation. Überlegen, an welcher Stelle gibt es beispielsweise ein Team, das sowieso in Veränderung begriffen ist, wo vielleicht eine Führungskraft oder ein neues Geschäftsmodell eingeführt werden soll? Mit so etwas zu beginnen und dann in der Geschäftsführung einen geschützten Bereich zu bilden, in dem man etwas überlegen und ausprobieren kann, das wäre sehr sinnvoll.

3.7 Ökonomische Nachhaltigkeits

Nachhaltig Wirtschaften, die dritte Perspektive der Nachhaltigkeit, ist wohl jene, die am wenigsten Beachtung findet. Einerseits könnte man sagen zu Recht, da die Ökonomie ohnehin tonangebend in vielen Bereichen unseres Lebens ist und gerade im Kontext der Unternehmenssteuerung oder im Management von Organisationen einen großen (oft vielleicht zu großen) Stellenwert hat. Andererseits zu Unrecht, da es eben um eine andere Form des Wirtschaftens geht oder um eine andere Interpretation der ökonomischen Prinzipien. Ökonomische Nachhaltigkeit hat wenig mit Turbokapitalismus, Shareholder Value oder ausschließlicher Gewinnmaximierung zu tun. Wie kann man diese Dimension definieren? Die wirtschaftliche Perspektive der Nachhaltigkeit setzt einerseits beim Verhalten des Unternehmens bzw. der Organisation an, hat aber auch eine makroökonomische Seite, wenn es darum geht, das Wirtschaftssystem selbst nachhaltig zu gestalten.

- Eine sehr weite Auslegung der ökonomischen Nachhaltigkeit fokussiert auf nachhaltige wirtschaftliche Rahmenbedingungen, die ein anderes Agieren verlangen oder zumindest ermöglichen. In diesem Zusammenhang rücken alternative Wirtschafts- und Gesellschaftskonzepte in den Fokus, die einerseits ein anderes Wertegerüst haben, nicht auf schädliches Wachstum gerichtet sind und eine neue Form der Partizipation und Mitbestimmung ermöglichen. Einige dieser Konzepte wurden bereits im Kap. 2 besprochen.
- Schulz (2020) beschreibt ökonomische Nachhaltigkeit als gutes Wirtschaften, denn auch nachhaltige Unternehmen müssen Gewinne erzielen, um z. B. in die Erneuerung der Anlagen zu investieren oder Mitarbeiter*innen aus- oder fortbilden zu können. Es geht um langfristige Strategien und ein Zielsystem abseits von Profitmaximierung. Ökonomische Nachhaltigkeit beschreibt den Handlungsspielraum des Managements, um ein Unternehmen finanziell verantwortungsvoll zu führen und dieses auch dauerhaft zu erhalten.

Ähnlich wie bei der ökologischen und der sozialen Nachhaltigkeit gilt es verschiedene Aspekte in den Blick zu nehmen, die auf eine langfristige Stabilität, eine solide finanzielle Basis und eine verträgliche Entwicklung der Organisation abzielen.

Ökonomische Nachhaltigkeit beschreibt einerseits die Dualität aus Stabilität und nachhaltiger Innovation, andererseits das gesetzeskonforme und ethische Marktverhalten. Im Bereich der nachhaltigen Innovation geht es um nachhaltige (dauerhafte) Geschäftsmodelle, die Förderungen von nachhaltiger Forschung und Entwicklung, die ressourcen- und klimaschonende Produkte fokussiert bzw. Produktionsverfahren, die keine negativen Folgen für Mensch, Tier und Umwelt haben. Innerbetrieblich gilt es eine nachhaltige Innovationskultur aufzubauen. Ökonomische Nachhaltigkeit bringt auch eine andere Form des Marketings mit sich, das einen nachhaltigen Konsum, längere Konsumzyklen, weniger Ressourcenverbrauch und eine Abkehr von künstlicher Produktalterung sowie geplanten Sollbruchstellen umfasst.

Darüber hinaus orientieren sich die Unternehmen an verschiedenen gesetzlichen Auflagen, achten Wettbewerbsbestimmungen, leisten ihre Abgaben, leben aktiven Verbraucher*innenschutz mit einer umfassenden Produktsicherheit und unterbinden jede Art der Korruption oder Kartellbildung. Im Sinne des Zusammenspiels mit der ökologischen und sozialen Dimension gilt es, die ökonomischen Auswirkungen der verschiedenen Maßnahmen bzw. auch der Unterlassung von Maßnahmen in den Blick zu nehmen. Denn folgt man einem betriebswirtschaftlichen Konzept, gibt es immer auch sogenannte Opportunitätskosten, wenn man Handlungen unterlässt oder sich für eine andere Alternative entscheidet. Vereinfacht kann man ökonomische Nachhaltigkeit wie folgt beschreiben (in Anlehnung an ÖGUT o. J.):

- mit dem, was man hat, zurechtzukommen und nicht über die Verhältnisse zu leben, aber für folgende Generationen Werte zu schaffen (z. B. Wertschöpfung für verschiedene Stakeholder, regionale Beschaffung, kontinuierliche Verbesserung des Ressourceneinsatzes),
- vorausschauend agieren (z. B. Produktinnovation gemäß ökologischem und sozialem Standard),
- für morgen vorsorgen (z. B. nachhaltige Vermögens- und Ertragslage, Weiterbildung der Mitarbeiter*innen),
- sich an Gesetze halten, diese sogar übertreffen (z. B. Corporate Governance) und nach ethischen Regeln handeln (z. B. nachhaltiges Produktmarketing, aktives Engagement für Veränderung, Corporate Citizenship) und
- auch anderen „ein Stück vom Kuchen" (z. B. im Sinne von Kooperation) lassen.

Die GRI-Standards sammeln in der Gruppe 2 die Aspekte zur wirtschaftlichen Nachhaltigkeit. Sie zielen stark auf das Marktverhalten und weniger auf die Möglichkeit, langfristig zu bestehen, ab. Die Standards umfassen wirtschaftliche Leistung, Marktpräsenz, indirekte ökonomische Auswirkungen (Effekte), Beschaffungspraktiken, Korruptionsbekämpfung und wettbewerbswidriges Verhalten. Tab. 3.5 zeigt die verschiedenen Bereiche (Global Reporting Initiatives o. J.).

Gerade bei der Perspektive der ökonomischen Nachhaltigkeit muss man die besonderen Rahmenbedingungen in Betracht ziehen. Bezogen auf die Marktposition, die nachhaltige Produktentwicklung, ein nachhaltiges Marketing und nachhaltige Geschäftsmodelle haben die Organisationen der Sozialwirtschaft, die zumeist soziale Dienstleistungen erbringen, nur wenige Anknüpfungspunkte. Auch bei der Erfüllung von gesetzlichen Auflagen oder dem Nachkommen der Verpflichtungen gibt es zumeist wenig aufzuholen. Ethisches Handeln, die Berücksichtigung von Stakeholderinteressen und Kooperationen sind für soziale Organisationen auch keine Herausforderungen und stellen eher die gelebte Praxis dar. Anders sieht es beim Thema Finanzen aus. Die meisten Organisationen und Unternehmen der Sozialwirtschaft verfolgen ein *Non-Profit-Ziel* und streben einen ausgeglichenen Finanzhaushalt an. Non-Profit bedeutet nicht, dass man überhaupt keinen Überschuss erzielen darf, sondern dass man diesen nicht ausschüttet. Die sogenannte schwarze Null ist eine Mär, denn auch in der Sozialwirtschaft werden zuweilen Überschüsse erzielt. Im Unterschied zu den meisten

Tab. 3.5 Übersicht über die GRI-Standards der ökonomischen Nachhaltigkeit. (Eigene Darstellung in Anlehnung an Global-Reporting-Initiative o. J.)

Thema	Standard	Beschreibung
Wirtschaftliche Leistung	GRI 201	201-1 Unmittelbar erzeugter und ausgeschütteter wirtschaftlicher Wert
		201-2 Finanzielle Folgen des Klimawandels für die Organisation und andere mit dem Klimawandel verbundene Risiken und Chancen
		201-3 Verbindlichkeiten für leistungsorientierte Pensionspläne und sonstige Vorsorgepläne
		201-4 Finanzielle Unterstützung durch die öffentliche Hand
Marktpräsenz	GRI 202	202-1 Verhältnis des nach Geschlecht aufgeschlüsselten Standardeintrittsgehalts zum lokalen gesetzlichen Mindestlohn
		202-2 Anteil der aus der lokalen Gemeinschaft angeworbenen oberen Führungskräfte
Indirekte ökonomische Auswirkungen	GRI 203	203-1 Infrastrukturinvestitionen und geförderte Dienstleistungen
		203-2 Erhebliche indirekte ökonomische Auswirkungen
Beschaffungspraktiken	GRI 204	Anteil an Ausgaben für lokale Lieferanten
Korruptionsbekämpfung	GRI 205	205-1 Betriebsstätten, die auf Korruptionsrisiken geprüft wurden
		205-2 Kommunikation und Schulungen zu Richtlinien und Verfahren zur Korruptionsbekämpfung
		205-3 Bestätigte Korruptionsvorfälle und ergriffene Maßnahmen
Wettbewerbswidriges Verhalten	GRI 206	Rechtsverfahren aufgrund von wettbewerbswidrigem Verhalten, Kartell- und Monopolbildung

(Fortsetzung)

Tab. 3.5 (Fortsetzung)

Thema	Standard	Beschreibung
Steuern	GRI 207	207-1 Steuerkonzept
		207-2 Tax Governance, Kontrolle und Risikomanagement
		207-3 Einbeziehung von Stakeholdern und Management von steuerlichen Bedenken

profitorientierten Unternehmen behält die Sozialwirtschaft diese Gewinne aber im Unternehmen, um sie in Folgeperioden zweckgewidmet zu verwenden bzw. in der Zwischenzeit damit (zweckgebundene) Rücklagen zu bilden. Diese sichern auch das langfristige Bestehen der Einrichtung, da nur damit z. B. zukünftige Verluste ausgeglichen werden können.

Allerdings gibt es nicht wenige Fördergeber*innen bzw. Kostenträger, die es den sozialwirtschaftlichen Organisationen verbieten, aus Fördermitteln Rücklagen zu bilden. Dieses Dilemma hemmt Organisationen, für die Zukunft vorzusorgen. Die Rücklagen können auch im Sinne eines fairen und nachhaltigen Investments angelegt werden, wobei sozialwirtschaftliche Organisationen in der Regel sehr konservativ veranlagen bzw. einen Teil der Rücklagen auch kurzfristig einsetzen können müssen. Es gibt verschiedene Labels für nachhaltiges Investment. Im deutschsprachigen Raum gibt es z. B. seit 2015 das Siegel vom Forum für nachhaltige Geldanlage (FNG), das in vier Abstufungen verliehen wird. Neben der Qualität der in den Fonds verwendeten Nachhaltigkeitsprozesse, der Transparenz und der Portfolios im Detail wird auch der Impact im Sinne einer Wirkungsanalyse betrachtet (Pfluger 2016). Auch die Erhaltung der Liquidität ist eine wichtige Grundlage für nachhaltiges Wirtschaften.

Wenn *Gelder von Stiftungen oder Sponsoren* kommen, gilt es andere Kriterien anzulegen. Hier geht es um eine genaue Analyse der Finanzierungspartner und inwiefern diese auch wirklich nachhaltig agieren und kein Green Washing betreiben. Große, Spenden sammelnde Organisationen im Umweltbereich haben schon lange Zeit genaue Kriterien, von welchen Institutionen, Stiftungen oder Unternehmen sie Geld annehmen bzw. mit wem sie Kooperationen eingehen. Der WWF Deutschland (2021) unterzieht mit seinem Nachhaltigkeitsnavigator mögliche Partner*innen einem ausführlichen Assessment, Greenpeace Schweiz (o. J.) hat eine detaillierte Spenden-Policy & Fundraising-Ethik. Einen großen Nachholbedarf gibt es in der Sozialwirtschaft bezogen auf die *Transparenz der Zahlen* *und Fakten* in den Jahresberichten. Die meisten Organisationen weisen nur einen Teil der finanziellen Informationen aus. So finden sich oft Informationen über Spendeneingänge und die dazugehörige Verwendung oder eine Aufstellung der Gesamteinnahmen und deren Verwendung. Detaillierte Bilanzen sowie Gewinn- und Verlustrechnungen sind eher selten. Der Einsatz verschiedener Standards für die Nachhaltigkeitsberichterstattung kann auch in diesem Sinne einen wichtigen Impuls bringen. Zusammenfassend kann man folgende Bereiche der ökonomischen Nachhaltigkeit zuordnen (Pufé, 2014, S. 127; ÖGUT o. J., S. 7 ff.):

- gesunde finanzielle Basis mit einer ausreichenden Eigenkapitalquote
- langfristige Rentabilität
- stetig steigender Gewinn oder Low-Profit-Ansatz
- Einkommensverteilung im Unternehmen (Personalkosten)
- Gewinnverteilung
- niedriger Verschuldungsgrad
- Zinsaufwand für Fremdkapital
- Art und Umfang der bezahlten Steuern
- an Werten und langfristigen Strategien orientiertes Management
- Bewertung von nicht-finanziellen Erfolgsfaktoren
- sozial verantwortliche Investitionen
- nachhaltige Wertschöpfungsketten
- umwelt- und sozialverträgliches Change Management, verlässliche Strukturen und Prozesse
- stabile Marktposition
- Korruptionsbekämpfung
- nachhaltige Geschäftsmodelle
- Verbraucher*innenschutz
- transparente Information für Kund*innen über Produkte/Dienstleistungen
- Vermeidung von widersprüchlichen Aussagen zur Nachhaltigkeit
- nachhaltiges Marketing
- Produktverantwortlichkeit
- Integration nachhaltiger Kriterien entlang des gesamten Produktlebenszyklus (von der Entwicklung über die Produktion und die Vermarktung bis zur Entsorgung)
- Förderungen von grüner/sozial nachhaltiger F&E bzw. Innovation
- Förderung von nachhaltigem Konsum
- Einhaltung von Corporate Governance
- Positionierung zu Zukunftsfragen nachhaltiger Entwicklung
- Positionierung als Vorreiter*in für nachhaltige Entwicklung
- Integration von Stakeholderinteressen in die Unternehmensentscheidungen

Arbeitsaufgaben zur praktischen Auseinandersetzung und persönlichen Vertiefung

A 3.1 Beschreiben Sie für Ihre Organisation bzw. für Ihr Handlungsfeld typische Aspekte der ökologischen Nachhaltigkeit.

A 3.2 Beschreiben Sie für Ihre Organisation bzw. für Ihr Handlungsfeld typische Aspekte der sozialen Nachhaltigkeit. Wo sehen Sie vor allem bezogen auf die Arbeitsorganisation, Familienfreundlichkeit, Gesundheit, Mitbestimmung und Führungskultur relevante Aspekte?

A 3.3. Beschreiben Sie für Ihre Organisation bzw. für Ihr Handlungsfeld typische Aspekte der ökonomischen Nachhaltigkeit.

A 3.4 Identifizieren Sie in Bezug zur ökologischen Dimension der Nachhaltigkeit in Ihrer Organisation Ansatzpunkte für mehr Effizienz, Suffizienz und Konsistenz.

A 3.5 Überlegen Sie, bei welcher Dimension der Nachhaltigkeit Sie derzeit für Ihre Organisation oder ein bestimmtes Handlungsfeld besonders großen Handlungsbedarf sehen. Begründen Sie in einem kurzen Positionspapier diese Entscheidung.

Literaturtipps

Anwendungsbeispiel aus der Sozialwirtschaft – Klimablog der Deutschen Caritas https://klima.caritas.de/.

Grundlagen des Diversity Managements. Dreas, S. (2019). Diversity Management in Organisationen der Sozialwirtschaft. Eine Einführung. Springer.

Literatur

Bundeszentrale für politische Bildung (2017). Donut - ein sicherer und gerechter Handlungsraum? https://www.bpb.de/gesellschaft/umwelt/anthropozaen/248875/donut-ein-sicherer-und-gerechter-handlungsraum. Zugegriffen: 27.11.2021.

Dubielzig, F. (2008). Identifikation der Erfolgsrelevanz sozialer Themen. In Martin Müller; Stefan Schaltender: Corporate Social Responsability. Trend oder Modeerscheinung. S. 213–225. Oekom.

Eller, H. (2019). Nachhaltigkeit in Nonprofit-Organisationen (NPO). Umfrage zum Umsetzungstand der ökologischen und sozialen Nachhaltigkeit. ZHAW School of Management and Law. https://digitalcollection.zhaw.ch/bitstream/11475/19943/3/2019_Eller_Nachhaltigkeit%20NPO.pdf. Zugegriffen: 15.05.2021.

Global Reporting Initiative GRI (o. J.). Deutsche Übersetzungen. https://www.global-reporting.org/how-to-use-the-gri-standards/gri-standards-german-translations/. Zugegriffen: 27.11.2021.

Great Place To Work (o. J.). Was ist ein Great Workplace? https://www.greatplacetowork. at/ueber-uns/was-ist-ein-great-place-to-work/. Zugegriffen: 27.11.2021.

Greenpeace Austria (2018). Zeichen-Tricks. Der Gütezeichen-Guide von Greenpeace in Österreich. https://greenpeace.at/assets/uploads/pdf/181030_gp_zeichen-tricks_a6_web. pdf?_ga=2.30847035.509486672.1614349081-1963447728.1614349081. Zugegriffen: 27.11.2021.

Greenpeace Austria (2021). Zeichen-Tricks II. Der Gütezeichen-Guide für Kosmetik, Hygieneprodukte, Wasch- und Reinigungsmittel. https://greenpeace.at/assets/uploads/pdf/Greenpeace-Report-Zeichen-Tricks-II.pdf. Zugegriffen: 27.11.2021.

Greenpeace Schweiz (o. J.). Spendenpolicy & Fundraising-Ethik. https://www.greenpeace. ch/de/handeln/spenden/spendenpolicy/. Zugegriffen: 27.11.2021.

Internationale Arbeitsorganisation (o. J.). ILO Kernarbeitsnormen. https://www.ilo.org/ berlin/arbeits-und-standards/kernarbeitsnormen/lang--de/index.htm. Zugegriffen: 27.11.2021.

Internationaler Controllerverein (2011): Green ControllingRelevanz und Ansätze einer „Begrünung" des Controlling-SystemsDream-Car der Ideenwerkstatt im ICV 2010. https://www.icv-controlling.com/fileadmin/Assets/Content/AK/Ideenwerkstatt/ Files/ICV_IW_WhitePaper_Green_Controlling_20110327_final.pdf. Zugegriffen: 15.05.2021.

Minge, B. (2018). Suffizienz, Konsistenzen und Effizienz - drei Wege zu mehr Nachhaltigkeit. Relaio. https://www.relaio.de/wissen/suffizienz-konsistenz-und-effizienz-drei-wege-zu-mehr-nachhaltigkeit/. Zugegriffen: 27.11.2021.

ÖkoKauf Wien (o. J.). Datenbank für ökologische Druckpapiere. https://www.va-oekokauf. at/index.php. Zugegriffen: 27.11.2021.

Österreichische Gesellschaft für Umwelt und Technik (ÖGUT) (o. J.). Wesentliche ökologische, soziale und ökonomische Aspekte zur Beurteilung von Nachhaltigkeitsberichten. Positionspapier. https://www.oegut.at/downloads/pdf/nh-berichterstattung-positionspapier.pdf. Zugegriffen: 27.11.2021.

Österreichisches Umweltzeichen (o. J.). Richtlinien. https://www.umweltzeichen.at/ de/f%C3%BCr-interessierte/richtlinien/. Zugegriffen: 27.11.2021.

Paschotta, R. (2021). CO_2-neutral. RP-Energie-Lexikon. https://www.energie-lexikon.info/ co2_neutral.html. Zugegriffen: 27.11.2021.

Pfluger, B. (2016). Zertifikate: Standards für die Nachhaltigkeit. Der Standard. https:// www.derstandard.at/story/2000033879172/zertifikate-standards-fuer-die-nachhaltigkeit. Zugegriffen: 27.11.2021.

PREUSE (o. J.). About us. https://rreuse.org/about-us/. Zugegriffen: 27.11.2021.

Pufé, I. (2014). Nachhaltigkeit. 2. Auflage. UTB.

Raworth, K. (o. J.). What on Earth is the Doughnut?... https://www.kateraworth.com/ doughnut/. Zugegriffen: 20.01.2022.

Schulz, S. (2020). Drei Säulen der Nachhaltigkeit: Ökologie, Wirtschaft und Soziales. Utopia. https://utopia.de/ratgeber/drei-saeulen-der-nachhaltigkeit-modell/. Zugegriffen: 27.11.2021.

Stadt Neustadt (o. J.). Nachhaltigkeitsmodelle. https://klimaschutz.neustadt.eu/Ziele-Umsetzung/Klimawandel-Nachhaltigkeit/Nachhaltigkeitsmodelle/. Zugegriffen: 27.11.2021.

Literatur

Stadt Wien (o. J.a). ÖkoKauf Wien - Programm für die ökologische Beschaffung der Stadt Wien. https://www.wien.gv.at/umweltschutz/oekokauf/. Zugegriffen: 27.11.2021.

Stadt Wien (o. J.b). Ökologischer Einkauf von Papier, Druck- und Büromaterial sowie Büromöbeln. https://www.wien.gv.at/umweltschutz/oekokauf/bueromaterial.html. Zugegriffen: 27.11.2021.

TÜV Austria (o. J.). ÖNORM S 2501 - Diversity Management. https://www.tuv.at/loesungen/business-assurance/managementsystemzertifizierung/oenorm-s-2501. Zugegriffen: 27.11.2021.

TÜV Rheinland (o. J.a). SA8000. https://www.tuv.com/germany/de/zertifizierung-nach-sa-8000.html. Zugegriffen: 27.11.2021.

TÜV Rheinland (o. J.b). Amfori BSCI Lieferantenaudit. https://www.tuv.com/germany/de/lieferantenbewertung-mit-bsci-audit.html. Zugegriffen: 27.11.2021.

Umweltbundesamt (2017). Berechnung der Lebenszykluskosten. https://www.umweltbundesamt.de/themen/wirtschaft-konsum/umweltfreundliche-beschaffung/berechnung-der-lebenszykluskosten. Zugegriffen: 27.11.2021.

Umweltbundesamt (2021). Heizen mit Holz. https://www.umweltbundesamt.de/themen/heizen-holz. Zugegriffen: 27.11.2021b.

Umweltbundesamt (o. J.a). Datenbank Umweltkriterien. https://www.umweltbundesamt.de/themen/wirtschaft-konsum/umweltfreundliche-beschaffung/datenbank-umweltkriterien. Zugegriffen: 27.11.2021.

Umweltbundesamt (o. J.b): Umweltfreundliche Beschaffung: beschaffung-info.de. https://www.umweltbundesamt.de/themen/wirtschaft-konsum/umweltfreundliche-beschaffung. Zugegriffen: 27.11.2021.

Wagner, M. (2008): Der Sustainable Economic Value von sozialer Nachhaltigkeit und Umweltmanagement. In M. Müller, & S. Schaltender (Hrsg). Corporate Social Responsability. Trend oder Modeerscheinung. S. 229–242. Oekom.

Weiland, M. (2018). Mangelexemplar Qualitätssiegel. Greenpeace. https://www.greenpeace.de/themen/waelder/maengelexemplar-qualitaetssiegel. Zugegriffen: 27.11.2021.

Wien Energie (2021). Terminologie von Klimazielen. https://positionen.wienenergie.at/beitraege/grafik-terminologie-von-klimazielen/. Zugegriffen: 27.11.2021.

Winkler, C. (2020). Diese 7 Denkweisen sollten die Wirtschaft im 21. Jahrhundert bestimmen. Tech & Nature. https://www.techandnature.com/diese-7-denkweisen-sollten-die-wirtschaft-im-21-jahrhundert-bestimmen/. Zugegriffen: 27.11.2021.

WWF Deutschland (2021). Der WWF Nachhaltigkeitsnavigator. https://www.wwf.de/zusammenarbeit-mit-unternehmen/strategische-zusammenarbeit/nachhaltigkeitsnavigator. Zugegriffen: 27.11.2021.

Zacharakis, Z. (2021). Zügel für den globlen Kapitalismus. Die Zeit. https://www.zeit.de/wirtschaft/2021-02/lieferkettengesetz-bundesregierung-deutschland-globalisierung-menschenrechte-umweltschutz-bussgeld?utm_referrer=https%3A%2F%2Fwww.google.com%2F. Zugegriffen: 27.11.2021.

Nachhaltige Managementkonzepte für die Sozialwirtschaft

4

Zusammenfassung

In diesem Kapitel werden konkrete Möglichkeiten zum Nachhaltigkeitsmanagement in der Sozialwirtschaft aufgezeigt. Die ISO 26000 und die Wesentlichkeitsanalyse stellen zentrale Ausgangspunkte für die Auseinandersetzung mit der Nachhaltigkeit einer Organisation dar. Das vorgestellte Modell des nachhaltigen Managements hilft, die verschiedenen Ebenen und Managementbereiche zu identifizieren, die es entlang der drei Nachhaltigkeitsdimensionen in den Blick zu nehmen gilt. Dabei wird ein breiter Bogen von der strategischen Analyse bis hin zur operativen Planung gespannt. Verschiedene etablierte Managementtools wie die Pestel-Analyse, die Ressourcenanalyse oder die Stakeholderanalyse können auch für das Nachhaltigkeitsmanagement sinnvoll eingesetzt werden.

Lernziele

- Sie können erklären, was man unter Nachhaltigkeitsmanagement versteht.
- Sie kennen verschiedene Möglichkeiten, wie man Nachhaltigkeit im Management einer Sozialorganisation oder eines Sozialunternehmens verankert, und können dies anhand eines Managementmodells erklären.
- Sie verstehen, warum die Formulierung von Nachhaltigkeitszielen die Grundlage des Nachhaltigkeitsmanagements ist und können mögliche Zielkonflikte aufzeigen.

- Sie haben die Bedeutung einer Wesentlichkeitsanalyse für das Nachhaltigkeitsmanagement erkannt, um die Vielfalt der Ansatzpunkte für Nachhaltigkeit auf die wichtigsten Aspekte zu reduzieren.
- Sie wissen, wie man eine Stakeholderanalyse durchführt und sehen den Nutzen der Einbeziehung verschiedener Stakeholder in die Formulierung einer Nachhaltigkeitsstrategie.

4.1 Was ist Management?

Vogelbusch (2019, S. 507) beschreibt, dass der Begriff Management seinen Ursprung im Lateinischen hat und die Wörter manus (Hand) und agere (führen) kombiniert. „Management ist also ‚an der Hand führen'." Im heutigen Berufsalltag wird damit „jedwelche Tätigkeit im Zusammenhang mit der Leitung eines Unternehmes" verstanden.

In den letzten Jahren wird Management nicht nur für die Führung eines Unternehmens, sondern auch für bestimmte Teilbereiche und Aufgaben verwendet. So begegnet einem der Begriff des Managements z. B. beim Projektmanagement, beim Social Media Management, beim Freiwilligenmanagement oder beim Personalmanagement, um zu verdeutlichen, dass es für diese Aufgaben oder Aufgabenbereiche einer geplanten und systematischen Herangehensweise bedarf. In diesem Sinne kann man auch den Begriff des Nachhaltigkeitsmanagements verstehen. Der Duden (o. J.) versteht unter Management die Leitung, Führung eines Unternehmens oder einer Organisation, die Planung, das Fällen von Grundsatzentscheidungen und das Erteilen von Anweisungen.

„Planung heißt, die Zukunft durch Vorhersagen berechenbar und gestaltbar zu machen. Der Plan legt künftiges Verhalten fest und reagiert auf sich ändernde Umweltsituationen" (Kortendieck und Stepanek 2019, S. 46). Es braucht ein strukturiertes und systematisches Vorgehen, das sich klar von Improvisation unterscheidet. Planung kann als Grundlage verstanden werden, um verschiedene Entscheidungen zu treffen. Von großer Bedeutung ist dabei die Formulierung von Zielen, die in operative (kurzfristige) und strategische (langfristige) Ziele unterteilt werden. Der Prozess der Planung ist also einerseits mit der Frage beschäftigt, was die Organisation erreichen möchte, und andererseits mit den verschiedenen Möglichkeiten, wie sie dorthin gelangen kann.

Die Organisation wird entlang der verschiedenen Ziele gesteuert. Das Management trifft Entscheidungen und gibt Anweisungen, um diese Ziele zu erreichen. Es ist für die Zielerreichung auch verantwortlich. Die Umsetzung in verschiedene operative und strategische Maßnahmen folgt somit auf den Prozess

4.1 Was ist Management?

der Planung. Dieser bezieht sich aber nicht nur auf finanzielle Aspekte wie das Budget, sondern auch auf andere Ressourcen wie z. B. den Personal- oder Materialeinsatz, oder die verschiedenen Bereiche der Nachhaltigkeit. Planung ist nicht nur kurzfristig zu sehen, sondern kann auch strategische Aspekte umfassen. Strategische Planung befasst sich z. B. mit der Vision und der Mission der Organisation, mit der Frage, welche Kernkompetenzen man entwickeln möchte oder welche Entwicklungen in der Organisationsumwelt positive oder negative Auswirkungen haben werden.

Im Management einer sozialwirtschaftlichen Organisation ist es von großer Bedeutung, die verschiedenen Stakeholderinteressen zu koordinieren und Zielkonflikte, zumeist zwischen sozialer Mission und wirtschaftlichen Möglichkeiten, auszugleichen oder zu minimieren. Als Stakeholder bezeichnet man Gruppen, die von den Zielen der Organisation betroffen sind oder diese beeinflussen können. Sie werden auch als Anspruchsgruppen bezeichnet, weil sie einen gewissen Anspruch an die Organisation stellen, der auf der Bereitstellung von materiellen oder immateriellen Ressourcen beruht. Laut Müller und Hübscher (2008, S. 145 f.) ist für Stakeholder charakteristisch, dass sie

- auf die Organisation einwirken oder sie sogar in eine Abhängigkeitsposition bringen wollen;
- umso mehr Druck ausüben können, je homogener die Gruppe bezogen auf ihre Ansprüche ist und je höher das Druckmittel ist;
- im Vergleich zu sonstigen Interessengruppen ein höheres Sanktionspotenzial haben.

In diesem Sinne sind die Koordination und Priorisierung von (Stakeholder-)Zielen zentrale Tätigkeiten im Management. Das ist gerade im Hinblick auf die vielen unterschiedlichen Ziele der Nachhaltigkeit (siehe dazu Kap. 3) von Bedeutung und fließt z. B. in die Wesentlichkeitsanalyse ein. Zum Management gehört jedenfalls, dafür zu sorgen, dass die Organisation über die Möglichkeiten und Ressourcen verfügt, die gewünschten Ziele zu erreichen und das eigene Tun und Handeln auch kritisch zu reflektieren. Es geht um eine Einschätzung, was im Rahmen der eigenen Organisation möglich, machbar und sinnvoll ist, vor allem wenn man sich die Vielfalt der Themen der ökologischen oder sozialen Dimension der Nachhaltigkeit vergegenwärtigt.

Eine zentrale Aufgabe ist es, die Zielerreichung im Blick zu haben. Dies ist die Aufgabe des Controllings. Management und Controlling können als Aufgaben betrachtet werden, die Hand in Hand gehen: „Auch wenn Controlling als gemeinsame Aufgabe von Manager*in und Controller*in verstanden wird, haben diese im Controllingprozess unterschiedliche Tätigkeiten und Zuständigkeitsbereiche. Manager*innen sind für die Ergebnisse verantwortlich, Controller*innen für die Ergebnistransparenz" (Kortendieck und Stepanek 2019, S. 7). Das Controlling überprüft, ob sich die Organisation auf dem richtigen Weg befindet, die Ziele zu erreichen, und ob es am Weg dorthin über die passende Ausstattung verfügt. Es versteht sich als Unterstützung des Managements, bereitet Informationen auf, untersucht Zusammenhänge und hilft generell, Entscheidungen zu treffen. Dies ist auch für das Nachhaltigkeitsmanagement eine relevante Funktion. Unter dem Schlagwort *Green Controlling* werden Methoden beschrieben, wie man die unterschiedlichen Nachhaltigkeitsziele im Blick behalten und integriert steuern kann. Kap. 5 beleuchtet dies näher.

4.2 Nachhaltiges Management

Nachhaltigkeitsmanagement vereint laut Weber (2008, S. 43) die drei Dimensionen der Nachhaltigkeit (ökologisch, sozial und ökonomisch) zu einem neuen Managementansatz. Es stellt somit eine Erweiterung des zumeist rein ökonomisch orientierten Managements dar. Unternehmen, die diese drei Zieldimensionen integriert steuern möchten, sehen sich mit großen Herausforderungen konfrontiert, denn einerseits wird das Zielsystem (noch) komplexer, andererseits können die unterschiedlichen Ziele auch Zielkonflikte verursachen. Daub et al. (2013) beschreiben nachhaltiges Management als „eine Form der Unternehmensführung, die vom Gedanken geleitet ist, die ökonomischen Ziele eines Unternehmens in Einklang zu bringen mit ökologischen und sozialen Anliegen". Dafür werden alle Unternehmensstrukturen und Prozesse systematisch daraufhin untersucht, „welche Auswirkungen diese auf den Geschäftserfolg und gleichzeitig auf die ökologische und soziale Umwelt der Organisation haben" (ebd.) mit dem Ziel, möglichst positive Wirkungen in allen drei Bereichen zu erlangen.

Während Profit-Unternehmen mittlerweile einem gewissen gesellschaftlichen Druck folgen und sich daher mit Nachhaltigkeit und Nachhaltigkeitsmanagement beschäftigen, ist der Druck gerade auf Non-Profit-Organisationen noch nicht so groß. Dies liegt vor allem daran, dass die meisten dieser Organisationen ohnehin über eine gute Reputation verfügen. Ihre Handlungsfelder und ihre sozialen oder ökologischen Ziele werden weit positiver wahrgenommen als jene der profitorientierten Unternehmen. Dennoch sehen Daub et al. (2013) in der Funktion der NPOs als Repräsentanten gesellschaftlich wichtiger Werte einen Auftrag, sich mit

4.2 Nachhaltiges Management

Nachhaltigkeit zu beschäftigen. Eller (2019) hat 93 Schweizer NPOs zum Thema Nachhaltigkeit befragt:

- 76,3 % nehmen ökologische und 89,2 % sozialen Themen als wichtig wahr.
- Bei der Umsetzung ordnen sie *Gesprächen mit Mitarbeiter*innen (91 %)*, *Verankerung in der Strategie (81 %)* und der *Verankerung im Leitbild (84 %)* die höchste Priorität zu, während das *Reporting (55 %)*, die *Messung der Nachhaltigkeit (55 %)* und die *Zertifizierung (33 %)* am Ende des Rankings zu finden sind.
- Einen sehr hohen Umsetzungsstand gibt es bezogen auf ökologische Maßnahmen beim *Einkauf regionaler Lebensmittel, weniger Essensabfällen* und beim *Abfallmanagement*. Beim Umsetzungsgrad von *gebäudetechnischen Maßnahmen* haben zwischen 30–50 % der stationären Einrichtungen schon etwas umgesetzt. Rund ein Drittel konnte dabei bereits Einsparungen realisieren, ein weiteres Drittel erwartet diese in Zukunft.
- Bei den Maßnahmen der sozialen Nachhaltigkeit zeigt sich, dass diese als weit wichtiger angesehen werden. Es gab 100 % Zustimmung für die *Ermöglichung von Weiterbildung, null Toleranz für jede Form der Belästigung und Gewalt* sowie 99 % für *regelmäßige Mitarbeiter*innengespräche*. Auch *Chancengerechtigkeit für beide Geschlechter* (95 %) und nach Möglichkeit nur *ausgebildete Fachkräfte einzustellen* (97 %) waren sehr hoch bewertet. Allerdings sind diese sozialen Ziele noch nicht sehr ambitioniert formuliert. *Supervision* wird nur noch von 71 % als wichtig empfunden, *Maßnahmen der Gesundheitsförderung* von 63 % und *flexible Arbeitsmodelle* von 54 %. Die Organisationen messen diesen Maßnahmen durchweg hohe Bedeutung im Hinblick auf das Image und die Attraktivität für die Mitarbeiter*innen bei.
- 60 % der Organisationen würden auf der eigenen Website über Nachhaltigkeitsaktivitäten berichten, 52 % im Jahres-/Geschäftsbericht. Generell zeigt sich auch in dieser Studie, dass dem Reporting derzeit noch wenig Aufmerksamkeit geschenkt wird.

Ziele werden im Profit-Bereich nach wie vor hauptsächlich finanziell gedacht. Die Sozialwirtschaft ergänzt diese Finanzziele um die Leistungswirkungs- und Outputziele. Aktuell gibt es in vielen Unternehmen und Organisationen schon vereinzelte Ansätze zur Einbindung der Nachhaltigkeitsaspekte in die Planung bzw. in die Unternehmensstrategien. Um in Zukunft auch ökologisch und sozial nachhaltige Ziele stärker im Management berücksichtigen zu können, braucht es daher eine integrierte Planung entlang der sogenannten *Triple Bottom Line,* die mit klar messbaren Indikatoren und Kennzahlen auch überprüf- und steuerbar ist.

Das heißt, dass man sich einem weitreichenden Managementansatz zuwendet, der wirtschaftliche, soziale und ökologische Aspekte selbstverständlich integriert, plant, überprüft, abstimmt und innerbetrieblich aushandelt. Es geht nicht um ein „Begrünen" ausgewählter Bereiche, sondern darum, ökologische und soziale Aspekte im eigenen Kerngeschäft und in allen Prozessen abzubilden. Das ist eine große Veränderung für das Management eines Unternehmens oder einer Organisation, egal ob profitorientiert oder nicht.

Für Daub et al. (2013) ergeben sich für eine nachhaltige Unternehmensführung drei Erfordernisse:

- Die Organisation muss sich und ihre Ziele im vielfältigen, nachhaltigen Zielsystem verorten und diese Verortung bzw. Schwerpunktsetzung gegenüber ihren Stakeholdern argumentativ vertreten. Von Vorteil ist, dass viele Aspekte der Nachhaltigkeit bereits im Fokus stehen bzw. sich mit den Werten der sozialwirtschaftlichen Organisation in Einklang bringen lassen. Dennoch könnte dies bedeuten, dass sich die Organisation von gewissen Teilbereichen begründet abwenden muss, um Zielkonflikte zu vermeiden.
- Die Organisation muss akzeptieren, dass sie niemals 100 %ig nachhaltig sein wird. Es geht immer um eine Annäherung. Nachhaltigkeit kann nicht als ein singuläres Projekt abgehandelt werden, sondern wird zu einem strategischen Ansatz.
- Die Organisation muss Transparenz leben. Nur diese Transparenz erlaubt es Stakeholdern, die Erfüllung der Nachhaltigkeitsziele zu kontrollieren. Das erhöht die Glaubwürdigkeit und wirkt sich auch positiv auf die Möglichkeit aus, die Erreichung der aktuellen oder zukünftigen Nachhaltigkeitsziele zu überprüfen und diese gegebenenfalls anzupassen. Dazu braucht es Managementdenken einerseits und eine offenere Haltung des Managements andererseits.

4.2.1 Aufbau eines Nachhaltigkeitsmanagements

Für die Frage, in welchen Feldern der Organisation die unterschiedlichen Dimensionen der Nachhaltigkeit einbezogen werden können, formuliert Schneider (2017, S. 223 f.) zwölf Fragen:

- Wo muss im Sinne des nachhaltigen Managements nachhaltig gearbeitet bzw. gemanagt werden?
- Wo ist Nachhaltigkeit ein Ziel der Organisation, wo ein Aspekt der Geschäftsführung und wo der Leitung?

4.2 Nachhaltiges Management

- Wo wird Nachhaltigkeit im Rahmen der Arbeit der Organisation erlebbar?
- Wie fließen ökologische und ethische Dimensionen in Entscheidungen in relevanter Weise ein?
- Entspricht die Personalentwicklung ethischen bzw. sozialen Nachhaltigkeitsansprüchen?
- Ist Nachhaltigkeit ein Thema in den Beziehungen zu den Stakeholdern?
- Fordert die Organisation entsprechende Rahmenbedingungen ein, um nachhaltig am (Sozial-)Markt agieren zu können?
- Wie lernt die Organisation aus ihren Misserfolgen am Weg zu mehr Nachhaltigkeit?
- Wie werden Menschen in die nachhaltige Entwicklung einbezogen?
- Stehen Wachstumsziele im Widerspruch zur Nachhaltigkeit der Organisation?
- Welche Impulse setzt die Organisation für mehr Nachhaltigkeit in der (Sozial-)Wirtschaft? Werden Kooperationen gelebt? Welche Vorgaben gibt es an Zulieferunternehmen?
- Nützt die Organisation die Möglichkeit, durch Kooperation oder externe Beratung von anderen Unternehmen und Organisationen zu lernen?

Eine Möglichkeit, Nachhaltigkeit im Unternehmen zu verankern, stellt die Arbeit mit der *ISO 26000* dar. Der international anerkannte *Leitfaden zur gesellschaftlichen Verantwortung* „beschreibt die Prinzipien, Themen und Handlungsfelder gesellschaftlicher Verantwortung und gibt Hinweise, wie CSR in bestehende Strategien, Prozesse und Systeme integriert werden kann. Die ISO 26000 ist keine Norm im eigentlichen Sinn und versteht sich als Norm mit Anleitungscharakter" (BMUB 2014, S. 14). Zentrale Themen sind dabei Organisationsführung, Arbeitspraktiken, Menschenrechte, Umwelt, Konsumentenfragen und die Entwicklung des Umfelds (Austrian Standards o. J.). Insgesamt werden 37 Handlungsfelder mit Bezug zu allen drei Dimensionen der Nachhaltigkeit zusammengestellt. Ergänzend stellt die *ONR ISO 192500 Gesellschaftliche Verantwortung von Organisationen (CSR)* „ein praxisgerechtes Normdokument für die Umsetzung der ISO 26000" dar, um Grundsätze und Leitlinien der ISO 26000 umfassend ins Management von Organisationen zu integrieren. „Zudem lässt sich damit die Einhaltung gegenüber Dritten durch eine entsprechende Zertifizierung nachweisen" (Austrian Standards o. J.).

Eller (2019, S. 16) weist auf die Bedeutung der systematischen Herangehensweise hin. Sie spricht von der Notwendigkeit der Entwicklung eines

Nachhaltigkeitskonzeptes und definiert diesbezüglich zumindest vier Bereiche, die darin verankert werden müssen (Eller 2018, S. 250):

1. *Wesentlichkeitsanalyse:* Analyse der für die Organisation wesentlichen Aspekte der Nachhaltigkeit (wie sie auch z. B. in den Standards der Global Reporting Initiative (GRI) verankert ist), für die Maßnahmen entwickelt werden sollen.
2. *Definition von Stakeholdern:* Einbindung der relevanten Stakeholder und ihrer Erwartungen in die Diskussion der Nachhaltigkeit.
3. *Organisatorische Verankerung:* strategische Verankerung der Nachhaltigkeit im Managementsystem der Organisation und Schaffung von Zuständigkeiten.
4. *Nachhaltigkeitsreporting:* die transparente Kommunikation über Ziele, Maßnahmen und Zielerreichung in Form von Geschäftsberichten oder speziellen Nachhaltigkeitsberichten.

Für nachhaltiges Management wurden verschiedene Managementmodelle entwickelt, die die Komplexität und die Zusammenhänge beschreiben und die unterschiedliche Managementebenen und -aufgaben aufzeigen. Im Unterschied z. B. zum *St. Galler Managementmodell der 3. Generation* von Rüegg-Stürm und Grand (2020), das für profitorientierte Unternehmen entwickelt wurde oder dem *Freiburger Management-Modell für Non-Profit-Organisationen* von Schwarz (2005), die beide das Thema Nachhaltigkeit nicht explizit beinhalten, bilden die Nachhaltigkeits-Modelle einen ganzheitlichen Managementansatz ab. Nachhaltigkeit kann also in diesen Modellen als Querschnittsmaterie gesehen werden. Daub et al. (2013) beschreiben ihr Managementmodell als Anlehnung an klassische Managementmodelle, das Aspekte der Nachhaltigkeit integriert. Sie heben dabei die systematische Integration der Stakeholder in alle Managementprozesse sowie die Idee des *Sustainable Leadership* hervor. Sustainable Leadership

- stellt eine Denkhaltung des Managements dar, die darauf abzielt, Mitarbeiter*innen von der Integration von Nachhaltigkeitsthemen in alle Strukturen und Prozesse zu überzeugen und zu begeistern und die eine nachhaltige Organisationsentwicklung zum Ziel hat;
- geht Hand in Hand mit Stakeholdermanagement, um sicherzustellen, dass die Strategie und Planung entlang der normativen Vorgaben der Organisation und ihrer Stakeholder erfolgt;
- gewährleistet, dass sich ökologische und soziale Aspekte sowohl in der Strategie als auch in der Umsetzung des operativen Managements wiederfinden.

4.2 Nachhaltiges Management

Wie bereits erwähnt, basiert Nachhaltigkeitsmanagement auf der Idee, die Erwartungen und Interessen verschiedener Stakeholdergruppen in die Zielplanung und die Steuerung der Organisation aufzunehmen. Das ist für die meisten sozialwirtschaftlichen Organisationen keine vollkommen ungewohnte Anforderung. Sie müssen soziale und finanzielle Aspekte im Blick haben und verschiedene Stakeholdererwartungen berücksichtigen (z. B. eine Balance zwischen den Interessen der Politik oder der Fördergeber*innen einerseits und der Klient*innen andererseits zu halten). Dafür benötigt man ein umfassendes Stakeholdermanagement. Natürlich gibt es auch in den anderen Managementmodellen Anknüpfungspunkte für das Stakeholdermanagement und verschiedene Nachhaltigkeitsthemen, dennoch hat ein Modell, das die Perspektiven systematisch integriert, Vorteile. Gerade am Beginn der Auseinandersetzung innerhalb einer Organisation kann es Orientierung geben und bedeutende Handlungsfelder aufzeigen. Abb. 4.1 zeigt das Modell eines nachhaltigen Managements (Daub et al. 2013), das eine *Analyse der Ausgangssituation* der Organisation, die nachhaltige Gestaltung des *Managements* sowie das *Monitoring und Reporting* der Erreichung der ökonomischen, ökologischen und sozialen Ziele umfasst.

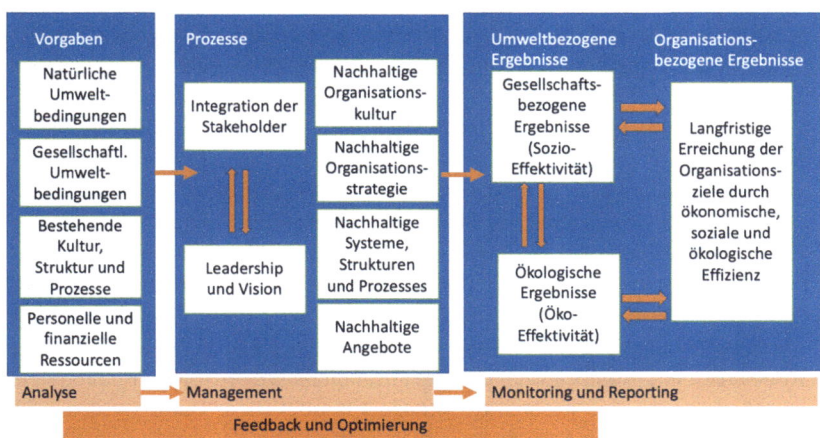

Abb. 4.1 Modell eines nachhaltigen Managements. (Eigene Darstellung in Anlehnung an Daub et al. 2013)

Die *Analyse der Ausgangslage* umfasst sowohl externe als auch interne Aspekte, die auch in der klassischen Strategiearbeit zum Einsatz kommen:

- Gemäß einer Umweltanalyse werden vor allem ökologische und gesellschaftliche Umweltfaktoren betrachtet, die für die Organisation relevant sind.
- Der Blick auf Kultur, Struktur und Prozesse soll die vorhandenen Informationen zusammentragen, die für die Gestaltung eines nachhaltigen Managements relevant sind. Das kann erste Ansatzpunkte liefern, um die Auswirkungen auf die natürliche und soziale Umwelt zu erkennen und auf diese in der Formulierung der nachhaltigen Strategie Bezug zu nehmen.
- Die Analyse der personellen und finanziellen Ressourcen kann auf Basis einer Ressourcenanalyse unter Erweiterung der immateriellen Ressourcen (z. B. Know-how, Image, Marktposition) erfolgen.

Beim *Nachhaltigkeitsmanagement* werden zentrale Managementbereiche um Nachhaltigkeitsthemen ergänzt:

- Für die Integration der Stakeholder braucht es ein systematisches Stakeholdermanagement auf Basis einer Stakeholderanalyse, wie sie auch schon beim NPO-Marketing oder im Rahmen der Überlegungen zur Wirkungsorientierung zum Einsatz kommt, das aber um die sozialen und ökologischen Erwartungen ergänzt wird.
- Zur Formulierung der nachhaltigen Organisationsstrategie werden alle Stakeholder einbezogen, um ein Bild von der Zukunft im Sinne einer nachhaltigen Vision zu entwickeln. Die Leitung der Organisation tritt somit in einen Dialog mit den Vertreter*innen der verschiedenen Gruppen. Im Sinne des Sustainable Leadership werden auch Mitarbeiter*innen in den Prozess der Formulierung einer Vision und Strategie beteiligt und dazu motiviert, die Ergebnisse mitzutragen. Die nachhaltige Organisationsstrategie muss sowohl die Zielebene um soziale und ökologische Ziele ergänzen als auch prüfen, inwiefern Ressourcen und Kompetenzen der Organisation diesem erweiterten Zielsystem entsprechen und eine nachhaltige Strategie ermöglichen. Dafür werden auch Stärken und Schwächen der Organisation analysiert.
- Diese Einbeziehung der Stakeholder und Mitarbeiter*innen kann auch einen wesentlichen Impuls zur Entwicklung einer nachhaltigen Unternehmenskultur leisten. Gerade die Auseinandersetzung mit den Werten der Organisation im Hinblick auf soziale und ökologische Nachhaltigkeit kann ein erster Schritt zur Veränderung sein. Auch Fragen der Führung stellen dabei wichtige Aspekte dar, denn die Führungskräfte müssen sich im

4.2 Nachhaltiges Management

Einklang mit den Nachhaltigkeitszielen verhalten und ihre Zielvorgaben entsprechend adaptieren. Die Perspektive der sozialen Nachhaltigkeit wird auch in der Personalführung verankert werden müssen. Die Auseinandersetzung mit Nachhaltigkeit verändert die Organisationskultur, setzt aber auch eine bestimmte voraus. Die systematische Einbeziehung der Stakeholder baut auf eine Beteiligungskultur auf und die Veränderung von Strukturen, Prozessen und Angebote braucht eine Innovationskultur. Die Veränderung der Organisationskultur ist zumeist ein langwieriger Prozess. Im Sinne des systematischen Managements kann man Organisationskulturen nicht von außen verändern. Gezielte Interventionen und auch Störungen des Systems können jedoch eine Veränderung anstoßen.

- Im Einklang mit der nachhaltigen Organisationskultur und der formulierten nachhaltigen Strategie gilt es, das System der Organisation weiterzuentwickeln, entsprechende nachhaltige Strukturen aufzubauen und nachhaltige Prozesse zu gestalten.
- Schlussendlich kann die Organisation auch analysieren, wie sehr die eigenen Angebote den Anforderungen der Nachhaltigkeit entsprechen. Dafür kann man eine Portfolio-Analyse durchführen, um jene Angebote zu identifizieren, die im besonderen Maße Nachhaltigkeitsaspekte ansprechen, oder jene, die im Zusammenhang mit den einzelnen Zielen der SDGs zu verorten sind. Um neue, nachhaltige Angebote zu entwickeln, können gemeinsam mit verschiedenen Stakeholdern und Nutzer*innen Innovationsprozesse initiiert werden.

Beim **Monitoring und Reporting** wird ein Green Controllingkonzept etabliert, das umwelt- und organisationsbezogene Ergebnisse im Fokus hat und sowohl Effizienz (die Dinge richtig tun) als auch Effektivität (die richtigen Dinge tun) anstrebt:

- Bei der Öko-Effektivität und der Sozio-Effektivität gilt es, die Ziele im Sinne der Erwartungen der Stakeholder zu erreichen und sicherzustellen, dass möglichst wenige negative und möglichst viele positive Auswirkungen auf die Umwelt eintreten.
- Organisationsintern muss ein System aufgebaut werden, das die Überwachung und Steuerung der langfristigen Organisationsziele auf Basis der ökonomischen, ökologischen und sozialen Effizienz ermöglicht. Hierfür empfiehlt sich der Einsatz einer Sustainable Balanced Scorecard oder der Aufbau eines Controllingsystems entlang eines Standards, wie z. B. der Global-Reporting-Initiative oder der Gemeinwohlbilanz.

- Das Reporting der Organisation muss neben der Beschreibung der Leistungen, ihrer Wirkungen und der Finanzen auch die sozialen und ökologischen Auswirkungen und die Maßnahmen für mehr Nachhaltigkeit enthalten. Dafür können verschiedene Standards und Reportingleitfäden (siehe Kap. 5) zum Einsatz kommen.

Gemäß der drei Bereiche des Nachhaltigkeitsmodells kann man verschiedene Tools einsetzen, um sich mit dem Thema innerhalb der Organisation auseinanderzusetzen. Tab. 4.1 zeigt eine Auswahl verschiedener Tools. Die wichtigsten davon werden in den nächsten Kapiteln beschrieben. Manche Organisationen verwenden aber auch die Standards z. B. den SDG-Kompass, die Standards der Global-Reporting-Initiative oder der Gemeinwohlbilanz, da diese einen ganzheitlichen Blick auf Nachhaltigkeit ermöglichen und zumindest einen Teil der organisationalen Aspekte umfassen. Der Einsatz vieler verschiedener Tools stellt den umfassendsten Zugang dar. Um den personellen Aufwand zu begrenzen, ist es ratsam, sich für einen Standard zu entscheiden.

Tab. 4.1 Auswahl von Tools in den unterschiedlichen Phasen des Nachhaltigkeitsmanagements

Analyse	Management	Monitoring & Reporting
Wesentlichkeitsanalyse	Stakeholderanalyse	Nachhaltige Planung und Nachhaltigkeitskennzahlen
PESTEL-Analyse	Nachhaltigkeitsstrategie	Sustainable Balanced Scorecard
Ressourcenanalyse	Analyse der Werte und der Unternehmenskultur	Nachhaltigkeitsreporting gemäß GRI oder Gemeinwohlbilanz
Kulturanalyse	Portfolioanalyse für nachhaltige Angebote	
Analyse der Organisationsstruktur	Nachhaltige Stärken-Schwächen-Analyse	
Prozessanalyse	Entwicklung einer nachhaltigen Vision	

4.2.2 Tools für die Analyse der Ausgangslage

Im folgenden Kapitel werden die Wesentlichkeitsanalyse, die PESTEL-Analyse und die Ressourcenanalyse kurz vorgestellt.

4.2.2.1 Wesentlichkeitsanalyse

Eine Wesentlichkeitsanalyse sollte den Auftakt für jeden Prozess des Nachhaltigkeitsmanagements darstellen und versteht sich als eine Zusammenstellung der wesentlichen Themen dieser Organisation. Der GRI 103 (GRI 2016, S. 6) beschreibt wesentliche Themen als

- jene Themen, „die die erheblichen ökonomischen, ökologischen und sozialen Auswirkungen einer Organisation widerspiegeln; oder
- jene Themen, die sich wesentlich auf die Beurteilungen und Entscheidungen der Stakeholder auswirken".

Die Begründung für die Wesentlichkeit bezieht sich auf:

- „eine Beschreibung der identifizierten erheblichen Auswirkungen und der vertretbaren Erwartungen und Interessen der Stakeholder bezüglich des Themas;
- eine Beschreibung des von der Organisation verwendeten Verfahrens zur Identifizierung der Auswirkungen bezüglich des Themas, zum Beispiel Erfüllung der Sorgfaltspflicht" (GRI 2016, S. 6).

Die Auswirkungen können sowohl durch eigene Aktivitäten als auch durch Geschäftspartner*innen hervorgerufen werden, mit denen die Organisation zusammenarbeitet (GRI 2016, S. 6).

Das CSR-Kompetenzzentrum des Deutschen Caritasverbands (2016, S. 7) empfiehlt, die folgenden Fragen für die Bearbeitung der wesentlichen Bereiche gemeinsam zu beantworten:

- Welche Themen stehen im Mittelpunkt des Kerngeschäfts?
- Welche sozialen und ökologischen Herausforderungen sind im Kerngeschäft erkennbar?
- Welche Prozesse, Zulieferer und Materialien sind Teil des Kerngeschäfts?
- Worin sehen Sie die wesentlichen Chancen und Risiken im Hinblick auf die gesellschaftlichen Auswirkungen des Kerngeschäfts?
- Welche Erwartungen daran haben die wichtigsten Stakeholder?

- Richtet sich das Organisationshandeln danach?
- Welche Ziele verfolgt die Organisation in diesem Zusammenhang langfristig oder gibt es eine CSR/Nachhaltigkeitsstrategie?

Beispiel 4.1
Die beispielhafte Wesentlichkeitsanalyse für eine Einrichtung der Caritas Deutschland umfasst, wie Abb. 4.2 zeigt, neun Bereiche, die sich auf den Arbeitsplatz, den Markt, die Ökologie oder das Gemeinwesen beziehen (CSR-Kompetenzzentrum des Deutschen Caritasverbands 2016, S. 7).

Die Wesentlichkeitsanalyse legt somit die Basis zur Formulierung der Nachhaltigkeitsziele, für die die Organisation in jedem Bereich einerseits Maßnahmen zur Zielerreichung findet und andererseits Möglichkeiten sieht, die Zielerreichung in bestimmten Abständen zu überprüfen. An dieser Stelle sei auch auf die SMART-Formel verwiesen, die auch bei der Formulierung von Nachhaltigkeitszielen anzuwenden ist. Die Praxis zeigt, dass dies gerade bei den Themen der Nachhaltigkeit nicht ganz leicht zu erfüllen ist.

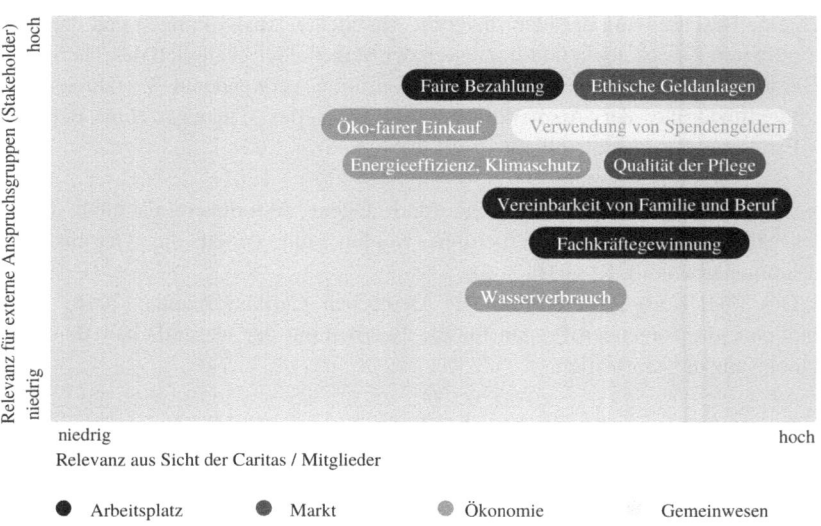

Abb. 4.2 Wesentlichkeitsanalyse. (Eigene Darstellung in Anlehnung an CSR-Kompetenzzentrum des Deutschen Caritasverbands 2016, S. 7)

4.2 Nachhaltiges Management

Beispiel 4.2
Wien Work – integrative Betriebe und AusbildungsgmbH, eine Einrichtung mit 13 Standorten in Wien, die in 11 Geschäftsfeldern 600 Mitarbeiter*innen beschäftigt, wovon rund 70 % Körper-, Sinnes- oder Lernbehinderungen haben oder langzeitarbeitslos sind (Wien Work 2014, S. 8), hat sich im Rahmen des Nachhaltigkeitsberichts gemäß GRI in einem Projektteam mit den wesentlichen Bereichen der Nachhaltigkeit beschäftigt. Mit externer Moderation wurden in drei Workshops die wichtigsten Nachhaltigkeitsthemen bearbeitet und schlussendlich eine Wesentlichkeitsmatrix mit 14 Bereichen erstellt (siehe Abb. 4.3). Diese umfasst sowohl den Einfluss auf Beurteilungen und Entscheidungen von Stakeholdern als auch die Bedeutung der Auswirkung auf die Organisation (Wien Work 2014, S. 12, 16 f.). In weiterer Folge wurden für jeden Bereich Ziele und Strategien zur Zielerreichung formuliert. Zu einem späteren Zeitpunkt kann die Zielerreichung anhand passender Indikatoren bzw. Kennzahlen überprüft werden. Tab. 4.2, 4.3 und 4.4 zeigen Beispiele.

Für den Bereich Nachhaltiger Einkauf und Produkte wurden folgende Ziele formuliert (siehe Tab. 4.2):

Für den Bereich Vielfältiges Personal wurden ebenfalls, wie Tab 4.3 zeigt, Ziele definiert.

Für den Bereich Ökologie der Standorte zeigt Tab. 4.4 die Ergebnisse.

4.2.2.2 Pestel-Analyse

Die Pestel-Analyse ist ein strategisches Managementtool. Diese Umweltanalyse betrachtet die Auswirkungen von externen Umweltfaktoren auf die eigene Organisation. Das Akronym PESTEL setzt sich aus den Anfangsbuchstaben der englischen Bezeichnungen der verschiedenen Umwelten zusammen (Dettl 2021):

P ... **p**olitical ... politische Umwelt
E ... **e**conomic ... ökonomische Umwelt
S ... **s**ocial ... sozio-kulturell
T ... **t**echnological ... technologisch
E ... **e**nvironmental ... ökologisch
L ... **l**egal ... rechtlich

Die Analyse der Umwelteinflüsse verläuft nach dem nachfolgenden Schema (Dettl 2021).

1. Identifikation der wichtigsten Themen: Aus den sechs Umwelten werden jene ausgewählt, die für das Unternehmen relevant sind. Im Sinne des Nachhaltigkeitsmanagements wird man die Umwelten natürlich in Hinblick auf ihren Einfluss auf die Nachhaltigkeit der Organisation betrachten. Für die

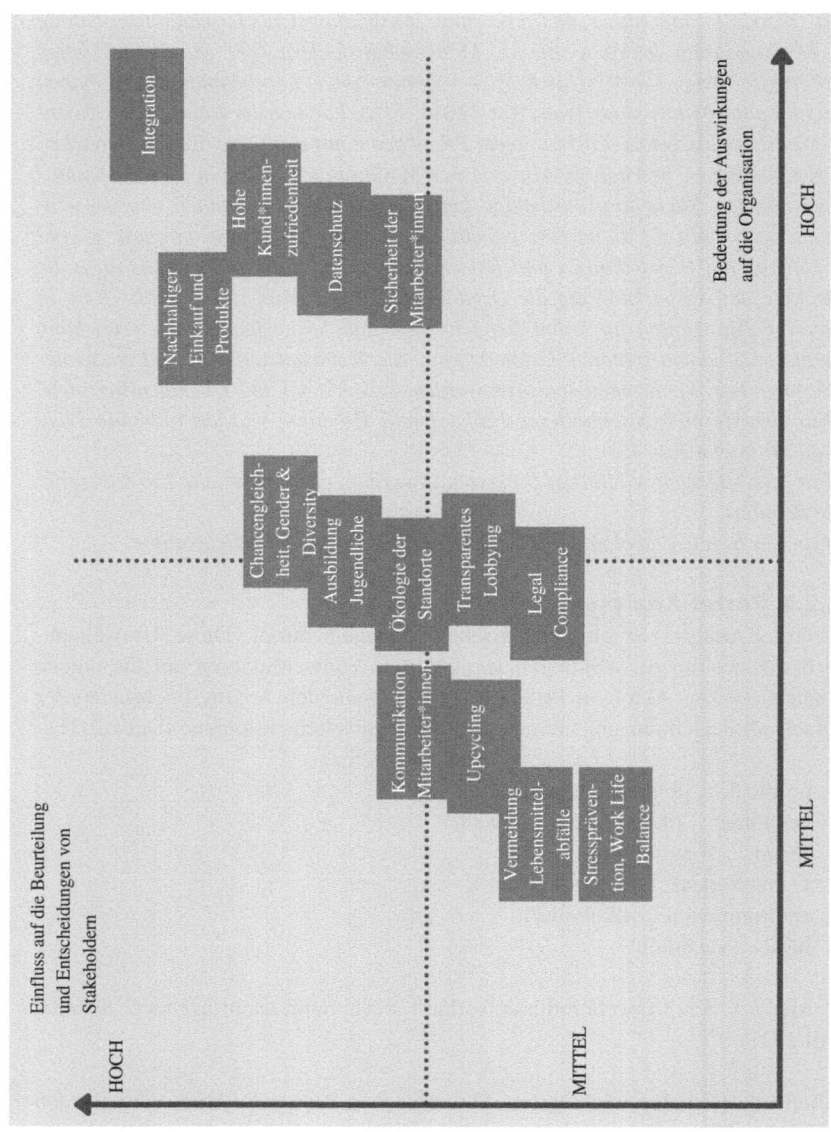

Abb. 4.3 Wesentlichkeitsanalyse. (Eigene Darstellung in Anlehnung an Wien Work 2014, S. 16 f.)

4.2 Nachhaltiges Management

Tab. 4.2 Ziele und Strategien nachhaltiger Einkauf (Wien Work 2014, S. 21)

Zielsetzung 2014–2019	Strategien zur Zielerreichung	Zielerreichung Quantitativ/ Qualitativ
80 % Biolebensmittel in der Betriebsküche Aspern	Lieferanten im 100-km-Radius für 30 % der Produkte, Ausbau der Bio-Lieferant*innen für die Betriebsküche	
Einkaufsleitfaden für nachhaltige Beschaffung für alle Geschäftsfelder gültig	Erstellung Einkaufsleitfaden, Schulung aller mit Einkauf befasster Mitarbeiter*innen	
3–5 E-Bikes und 1 E-Auto, Ladestelle für E-Mobilität in Aspern etabliert	Beschaffung finanzieller Ressourcen, Ankauf E-Mobile	
Marktfähige Upcycling-Produkte und -Services	Etablierung Team Upcycling	

Tab. 4.3 Ziele und Strategien Vielfältiges Personal (Wien Work 2014, S. 25)

Zielsetzung 2014–2019	Strategien zur Zielerreichung	Zielerreichung Quantitativ/Qualitativ
Diskriminierung am Arbeitsplatz wird von allen Mitarbeiter*innen abgelehnt	Jährliche Diversity-Schulungen	
Anhebung des Mindestlohns (Gehälter Frauen Wäscherei) auf Euro 1500,–	Jährliche überdurchschnittliche Anhebung der niedrigsten Lohngruppe	
Ende 2019: mindestens 10 % Anteil pro Geschlecht in jedem Geschäftsfeld	Analyse der bestehenden Geschlechterverteilung, Definition weiterer Maßnahmen	
Erhöhung der Anzahl weiblicher Ausbilder*innen von 3 auf 5	Aufnahme weiterer Ausbilder*innen	

Sozialwirtschaft sind üblicherweise die Entwicklungen in der sozio-kulturellen oder politischen Umwelt von großer Relevanz. Im Sinne der Nachhaltigkeit wird auch der ökologischen und der technischen Umwelt vermehrt Aufmerksamkeit geschenkt. Besonders Letzterer wird in den nächsten Jahren an Bedeutung

Tab. 4.4 Ziele und Strategien Ökologie der Standorte (Wien Work 2014, S. 27)

Zielsetzung 2014–2019	Strategien zur Zielerreichung	Zielerreichung Quantitativ/Qualitativ
2015: 20 % Reduktion von Verpackungsmaterialien im gesamten Unternehmen	Analyse durch zentralen Einkauf, wo Verpackung weiter eingespart werden kann	
Einsparung des Wasserverbrauchs am neuen Standort in Aspern	Errichtung einer Regenwasser-Zisterne in Aspern	
Reduktion Papierverbrauch im gesamten Unternehmen durch verbesserte Logistik in Aspern	Monitoring durch institutionalisierte Arbeitsgruppe „Zettelwirtschaft"	

gewinnen. Sei es bezogen auf die voranschreitende Digitalisierung oder im Bereich technischer Innovationen, die den Klimawandel aufhalten sollen.

2. Definieren der Themen: Ähnlich wie bei der Wesentlichkeitsanalyse gilt es im nächsten Schritt, eine Präzisierung der Themen vorzunehmen. Welche Faktoren sind bei den Umwelten aus Sicht der Organisation bedeutend? Wie interpretiert man diese bzw. anhand welcher Kennzahlen können sie betrachtet werden? Dettl (2021) sieht bei den drei relevanten Umwelten verschiedene Faktoren. Die Hervorhebungen in Tab. 4.5 zeigen jene Bereiche, die prinzipiell für die Sozialwirtschaft von Relevanz sind:

3. Recherchieren der notwendigen Daten: Kennt man die relevanten Faktoren, lassen sich dazu nähere Daten erheben, um den Einfluss auf die Organisation besser abschätzen zu können.

4. Analyse des Einflusses auf das Unternehmen: In der Abschlussphase geht es um die Beurteilung des Einflusses der Umweltfaktoren auf die Organisation. Dieser kann positiv, neutral oder negativ sein. Eine weitere Abstufung in verschiedene Stärken des Einflusses ist möglich. Hierfür eignen sich z. B. Schulnoten oder auch eine verbale Dreierskale (niedrig – mittel – hoch). Auf Basis dieser Einschätzung ist zu überlegen, wie auf diese Einflussfaktoren zu reagieren sei bzw. wie sich diese im positiven Sinne für die eigene Nachhaltigkeitsstrategie nutzen lassen.

Generell empfiehlt es sich, die Analyse im Team mit mehreren Personen durchzuführen. Die Recherche-Phase kann je nach Organisationskontext unterschiedlich intensiv sein. Die Visualisierung der Daten hilft dabei.

Tab. 4.5 Relevanten Themen der Organisationsumwelt in der Sozialwirtschaft. (In Anlehnung an Dettl 2021)

Politische Umwelt	Sozio-kulturelle Umwelt	Ökologische Umwelt
Gesetzgebung **Politische Stabilität** **Steuerrichtlinien** Handelspolitik Zölle **Privatisierung** **Subventionen** Außenpolitik Sicherheitspolitik **Wirtschaftspolitik** **Sozialpolitik** **Förderungen**	**Sprachkenntnisse** **Demographische Bevölkerungsentwicklung** **Religion** Kaufverhalten **Werte, Normen** **Mobilität** **Bildung** **Gesundheit** **Einkommensverteilung** **Urbanisierungsgrad** Freizeit, Lebensstil	**Umweltauflagen** Geändertes Kaufverhalten **Rohstoffquellen** **Energiequellen** **Klimawandel** **Verbrauch, Konsum** **Recycling, Entsorgung** Luftverschmutzung

4.2.2.3 Ressourcenanalyse

Die Ressourcenanalyse soll sicherstellen, dass die Organisation über die nötigen Ressourcen verfügt, um sich mit Nachhaltigkeit zu beschäftigen. Dabei werden vor allem finanzielle und personelle Ressourcen betrachtet:

- Finanzielle Ressourcen wie z. B. aktuelle finanzielle Mittel, bestehende, freie Rücklagen, zugesagte Förderungen und Subventionen, Zugang zu nichtzweckgebundenen finanziellen Mitteln, um Investitionen in die Nachhaltigkeit zu ermöglichen, sowie Zugang zu alternativen Finanzierungsformen dienen dazu, die Kosten der Einführung einer Nachhaltigkeitsstrategie oder die Kosten eines Audits für einen Nachhaltigkeitsbericht zu decken. In der Sozialwirtschaft besteht die Herausforderung vor allem darin, dass Förderverträge z. B. beim Zukauf von Waren und Dienstleistungen ein Billigstbieterprinzip vorsehen oder freiwillige Sozialleistungen der Organisation nicht decken. Mitunter kann vor allem in Bezug auf die Verhandlungsmacht mit Geldgebern auch das Image der Organisation eine wichtige Ressource sein.
- Personelle Ressourcen beziehen sich auf die Fähigkeiten und das Wissen der Belegschaft, umfassen aber auch die Motivation sowie die Kommunikationskompetenz.

Die Ressourcenanalyse basiert auf dem folgenden Schema (in Anlehnung an Grant und Nippa 2006, S. 203 ff.):

1. Identifizierung der wichtigsten Ressourcen und Fähigkeiten bezogen auf die Nachhaltigkeit der Organisation
2. Beurteilung der Ressourcen und Fähigkeiten: Welche strategische Bedeutung haben diese in Bezug auf die Nachhaltigkeit der Organisation?
3. Identifizierung von Kernstärken und -schwächen der Nachhaltigkeit: In welchen Bereichen sieht man sich (sehr) gut aufgestellt? Wo fehlen zentrale Ressourcen?
4. Entwicklung von Strategie-Implikationen: Wie kann man die Stärken nutzen, um die Nachhaltigkeit der Organisation zu fördern? Wie kann man die Schwächen ausgleichen/beseitigen, um der Entwicklung oder Förderung von Nachhaltigkeit nicht im Weg zu stehen?

4.2.3 Tools für das Management

In der Managementphase stehen – wie bereits Abb. 4.1 gezeigt hat – strategische und operative Aspekte sowie die Prozesse der Organisation im Mittelpunkt. In der Praxis wird man eher selten mit einer umfassenden Organisationsentwicklung beginnen, die all diese Bereiche im Fokus hat. Es empfiehlt sich, sich auf drei wesentliche Blickwinkel zu beschränken:

1. Was erwarten unsere Stakeholder in Bezug auf Nachhaltigkeit?
2. Welche Strategie verfolgen wir? Wollen wir unsere Strategie um den Aspekt der Nachhaltigkeit erweitern (z. B. indem man die SDGs als Teil der Strategie verankert) oder wollen wir eine eigene Nachhaltigkeitsstrategie formulieren?
3. Wie können wir Sustainable Leadership stärken und leben?

4.2.3.1 Stakeholderanalyse

Unternehmen und Organisationen sind darauf angewiesen, „Ressourcen, aber auch Legitimität gegenüber der Öffentlichkeit zu erhalten. Über diese materiellen und immateriellen Ressourcen verfügen bestimmte Individuen und Gruppen, mit denen das Unternehmen in Beziehung treten muss, wenn es deren Beiträge benötigt" (Müller und Hübscher 2008, S. 146). Die bereitgestellten Ressourcen listet Tab. 4.6 auf.

Das Ausmaß der Abhängigkeit der Organisation von ihren Stakeholdern liegt am Umfang und an der Art der bereitgestellten Ressourcen. Auch der Erfolg einer

Tab. 4.6 Übersicht über die bereitgestellten Ressourcen der Stakeholder. (Eigene Darstellung in Anlehnung an Müller und Hübscher 2008, S. 146)

Materielle Ressourcen	Immaterielle Ressourcen
Eigen- und Fremdkapital	Humankapital
Grundstücke und Gebäude	Naturkapital
Spenden (Zeit und Geld)	Vertrauen
Mitgliedsbeiträge	Gesellschaftliche Akzeptanz
Sponsoring	Sozialkapital
Förderungen	Informationen und Know-how
Leistungsverträge	Zugang zu Netzwerken
Subventionen	Einfluss auf die Entscheidungs-Strukturen/Macht

Organisation ist nicht allein durch die eigenen Aktivitäten gesichert, sondern resultiert auch aus den Beiträgen der Stakeholder. Welche Stakeholder besonders relevant sind, muss in einer Stakeholderanalyse identifiziert werden. Typischerweise gehören dazu:

- Fördergeber*innen/Kostenträger
- Klient*innen und Kund*innen
- Mitarbeiter*innen
- Ehrenamtliche/Freiwillige
- Stadt-, Kreis-, Bezirks-, Landes- und/oder Bundespolitik
- Anrainer*innen
- Religionsgemeinschaften
- Unterstützer*innen (Spenden, Sponsoring)
- Unternehmen im Stadtteil/im näheren Umfeld
- Bürgerinitiativen/Projekte im näheren Umfeld
- Medien/Journalist*innen

Die Stakeholderanalyse folgt – in Anlehnung an Müller und Hübscher (2008, S. 147) – folgendem Ablauf:

1. Identifikation: Am Beginn steht die Identifikation der relevanten Stakeholder und ihres Einflusses in wirtschaftlicher, sozialer oder ökologischer Hinsicht. Wie beharrlich verfolgen sie ihre Interessen?
Umsetzung: Workshop einer internen Projektgruppe
Ergebnis: Auflistung der relevanten Gruppen

2. Einfluss/Einstellung: Wie groß ist der Einfluss (1 – sehr hoch, 2 – mittel, 3 – niedrig) und wie stark ist dieser ausgeprägt? Welche Einstellungen haben die

Stakeholder zur Organisation und zu ihrer Arbeit? Inwiefern decken sich die Wertvorstellungen der Stakeholder mit jenen der Organisation und ihrer Entscheidungsträger*innen, Mitglieder und Mitarbeiter*innen? Wo kann es zu Konflikten kommen? Welche Ressourcen können wir von ihnen erwarten, welche würden wir uns wünschen?

Umsetzung: Workshop einer internen Projektgruppe, eventuell auf Basis von Interviews mit internen Expert*innen (Geschäftsführung, Betriebsrat, erfahrene Mitarbeiter*innen, Vorstandsmitglieder, …).

Ergebnis: Matrix mit Stakeholdern (eventuell nach Interessen zusammengefasst), ihren Einstellungen und den von ihnen bereitgestellten Ressourcen.

3. Erwartungen im Hinblick auf die verschiedenen Aspekte der Nachhaltigkeit: Welche Vorstellungen, Ideen, Wünsche oder Erwartungen haben die Stakeholder in Bezug auf die in der Wesentlichkeitsanalyse identifizierten Nachhaltigkeitsthemen? Gibt es darüber hinaus Themen, die die Organisation selbst nicht als relevant identifiziert hat?

Umsetzung: Auf Basis der Matrix entscheidet die interne Projektgruppe, ob sie entweder Stakeholderinterviews oder einen Stakeholderdialog (= Fokusgruppe) veranstaltet.

Ergebnis: Die Ergebnisse können dazu dienen, die Wesentlichkeitsanalyse zu überarbeiten und andererseits den Zielkatalog für die einzelnen Bereiche der Nachhaltigkeit zu formulieren. Mitunter gibt es seitens der Stakeholder auch schon Vorschläge für konkrete Maßnahmen.

Neben den verschiedenen Standards zur Nachhaltigkeitsberichterstattung können auch die SDGs ein passendes Rahmenwerk zur Auseinandersetzung mit den Stakeholdern sein, wobei damit eher die gesellschaftlich relevanten Aspekte der nachhaltigen Entwicklung im Fokus stehen. Diese beziehen sich auf die Mission und die strategische Ausrichtung der Organisation und weniger auf die verschiedenen innerbetrieblichen Aspekte, wie das z. B. bei den Standards der Global Reporting Initiative oder der Gemeinwohlbilanz der Fall ist. Gerade beim Thema Nachhaltigkeit zeigt sich, dass die Ziele und die Maßnahmen auf die Erwartungen dieser Gruppen abgestellt werden müssen. Im Idealfall sind sie auch an der Zielerreichung beteiligt. Die Stakeholderanalyse bietet viel Potenzial für eine Organisation, die eigenen Ideen und Konzepte zu hinterfragen und sich weiterzuentwickeln. Der Dialog mit Menschen und Gruppen außerhalb der Organisation kann der erste Ansatzpunkt sein, diese auch aktiver in verschiedene Entscheidungen der Organisation einzubeziehen.

Beispiel 4.3: Stakeholderanalyse Wohnungslosenhilfe
Eine Einrichtung der stationären Wohnungslosenhilfe mit einem offenen Mittagstisch für externe Gäste hat im Rahmen einer Projektgruppe (bestehend aus zwei

4.2 Nachhaltiges Management

Sozialarbeiterinnen, einem Vorstand und zwei Ehrenamtlichen) eine Stakeholderanalyse samt Bewertung des Einflusses, der Erwartungen und der Ressourcen vorgenommen. Mittels Stakeholderinterviews wurden die zentralen Erwartungen an die Einrichtung auf Basis der 17 SDGs erhoben. Tab. 4.7 zeigt einen Teil der Ergebnisse.

4.2.3.2 Nachhaltige Organisationsstrategie

Auch wenn Nachhaltigkeit ein ganzheitlicher Ansatz ist, der alle Managementbereiche und -ebenen betrifft, ist es natürlich vorrangig eine strategische Entscheidung, da oftmals auch das Angebot der Organisation, die Positionierung am Markt, die Entwicklung von Kernkompetenzen und das Nutzen von Chancen damit einhergeht. Der Goldstandard wäre erreicht, wenn die Organisation die gesamte Organisationsstrategie nachhaltig formuliert und alle Dimensionen der Nachhaltigkeit berücksichtigt werden. In der Praxis gestalten Organisationen und Unternehmen das oft dreistufig, indem sie

- zunächst eine eigene Nachhaltigkeitsstrategie formulieren und
- nach einiger Zeit die Organisationsstrategie um Nachhaltigkeitsthemen ergänzen,
- um schlussendlich ausschließlich eine nachhaltige Organisationsstrategie zu konzipieren.

Pufé (2014, S. 192) listet die Eigenschaften einer Organisationsstrategie auf und zeigt damit die zahlreichen Anknüpfungspunkte für ökologische, soziale und ökonomische Nachhaltigkeit. Eine Strategie ist demnach

- auf die gesamte Organisation ausgerichtet,
- relevant für die Vermögens- und Ertragslage,
- konkurrenzbezogen und zukunftsorientiert,
- die Organisationskultur reflektierend,
- an verfügbaren Ressourcen sowie Chancen und Risiken orientiert,
- die Grundlage für Schwerpunkte und Maßnahmenpläne sowie
- ein Prozess aus Analyse, Strategieformulierung und Implementierung. Es ist ein rollierender Prozess und keine Endstation.

Der ressourcenorientierte Strategieansatz kann als Rezept für eine erfolgreiche Strategie gesehen werden und besteht aus den auch in Abb. 4.4 aufgeführten „Zutaten": langfristige Ziele, Verständnis der Organisationsumwelt sowie der verschiedenen Ressourcen (materiell, monetär, personell oder immateriell).

Tab. 4.7 Stakeholderanalyse Wohnungslosenhilfe

Stakeholder	Ein-fluss	Einstellung/ Werte/ Konflikte	Ressourcen	Erwartungen in puncto Nachhaltigkeit auf Basis der SDGs
Fördergeber/ Kostenträger	1	Erwartet sich qualitätsvolle und kosteneffiziente Durchführung der Arbeit der stationären Einrichtung. Folgt dem politischen Auftrag, Angebote für Menschen in Not zu entwickeln und zu finanzieren. Der Mittagstisch hat für den Fördergeber keine hohe Priorität, da dieser nicht im Leistungsvertrag enthalten ist und aus Spenden finanziert wird	Fördermittel für das stationäre Angebot (Leistungsvertrag), Einfluss auf politische Entscheidungsträger*innen	*1 No poverty* *2 Zero hunger* *3 Good health and well-being* *10 Reduced inequalities* *16 Peace, justice and strong institutions*
Ständige Bewohner*innen	1	Nützen den Mittagstisch, sehen aber Gäste von außerhalb eher kritisch	Zugang zu anderen Netzwerken, Vertrauen, mitunter ehrenamtliche Mitarbeit	*1 No poverty* *2 Zero hunger* *3 Good health and well-being* *7 Affordable and clean energy*
Externe Gäste Mittagstisch	1	Freuen sich über das Angebot, hätten gerne mehr Abwechslung am Tisch, sind auf das Angebot angewiesen	Netzwerke anderer Klient*innengruppen, Vertrauen	*1 No poverty* *2 Zero hunger* *3 Good health and well-being* *10 Reduces inequalities*

(Fortsetzung)

4.2 Nachhaltiges Management

Tab. 4.7 (Fortsetzung)

Stakeholder	Ein-fluss	Einstellung/ Werte/ Konflikte	Ressourcen	Erwartungen in puncto Nachhaltigkeit auf Basis der SDGs
Mitarbeiter *innen	1	Mittagstisch ist wichtige niederschwellige Anlaufstelle für unterschiedliche Zielgruppen der Sozialen Arbeit, Zusammenarbeit mit Ehrenamtlichen notwendig, aber fordernd, Konflikte sind hohe Belastung	Mitarbeit Sozialkapital Information und Know-how Zugang zu fachlichen/ persönlichen Netzwerken	1 No poverty 2 Zero hunger 3 Good health and well-being 4 Quality education 5 Gender equality 6 Clean water and sanitation 7 Affordable and clean energy 8 Decent work and economic growth 10 Reduced inequalities 12 Responsible consumption and production 13 Climate action 16 Peace, justice and strong institutions
Ehrenamtliche	2	Möchten Gutes tun und anderen helfen, haben wenig Einblick in innerorganisatorische Abläufe	Gesellschaftliche Akzeptanz Zeit- und Geldspenden	1 No poverty 2 Zero hunger 3 Good health and well-being

(Fortsetzung)

Tab. 4.7 (Fortsetzung)

Stakeholder	Ein-fluss	Einstellung/ Werte/ Konflikte	Ressourcen	Erwartungen in puncto Nachhaltigkeit auf Basis der SDGs
Stadtpolitik	1	Möchte friedliches Zusammenleben im Stadtteil, sieht wichtige Aufgabe der Einrichtung, sorgt sich um die Wirtschaft im Stadtteil, die mitunter durch die Sichtbarkeit der Obdach- und Wohnungslosen beeinträchtigt würde	Subvention Gesellschaftliche Akzeptanz Zugang zu Netzwerken in Politik und Wirtschaft Macht	1 No poverty 2 Zero hunger 3 Good health and well-being 6 Clean water and sanitation 8 decent work and economic growth 9 Industry, innovation and infrastructure 10 Reduced inequalities 12 Responsible consumption and production 13 Climate action 15 Life on land 17 Partnerships for the goals
Anrainer*innen im näheren Umfeld	2	Möchten Ruhe im Stadtteil, sorgen sich um das Stadtbild, unterstützen durch Spenden	Gesellschaftliche Akzeptanz Zeit- und Geldspende	3 Good health and well-being 10 Reduced inequalities 12 Responsible consumption and production 13 Climate action 15 Life on land

(Fortsetzung)

4.2 Nachhaltiges Management

Tab. 4.7 (Fortsetzung)

Stakeholder	Ein-fluss	Einstellung/ Werte/ Konflikte	Ressourcen	Erwartungen in puncto Nachhaltigkeit auf Basis der SDGs
Unterstützer*innen (Spenden)	2	Möchten Gutes tun und Menschen in Not unterstützen	Geld- und Sachspenden	1 No poverty 2 Zero hunger 3 Good health and well-being
Unternehmen im Stadtteil	3	Möchten Gutes tun und Menschen in Not unterstützen, sehen ihren Geschäftsbetrieb manchmal gestört (bei Konflikten auf der Straße)	Gesellschaftliche Akzeptanz Zeit- und Geldspenden Sponsoring	1 No poverty 2 Zero hunger 3 Good health and well-being 8 Decent work and economic growth 9 Industry, innovation and infrastructure

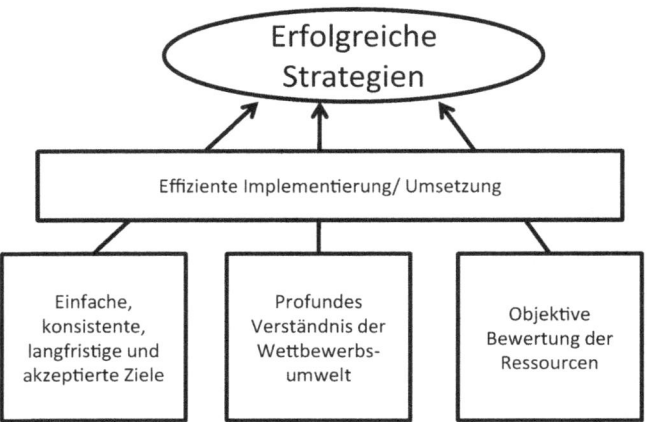

Abb. 4.4 Elemente erfolgreicher Strategien (Kortendieck und Stepanek 2019, S. 83)

Nachhaltige Unternehmensstrategien beziehen ökologische und soziale Aspekte systematisch und konsequent bei den betrieblichen Entscheidungsprozessen mit ein, um der Organisation Wettbewerbsvorteile zu verschaffen, für eine klare Positionierung am Markt zu sorgen und den Beitrag zur nachhaltigen Entwicklung der Organisation zu sichern (und schlussendlich einen positiven Beitrag zu einer gesellschaftlichen/ökologischen/wirtschaftlichen Entwicklung zu gewährleisten). Alle Bereiche der Strategie werden durch Nachhaltigkeitsaspekte ergänzt, was ein komplettes „Greening" der Strategie bedeutet. Auch Teilbereiche – wie z. B. die Personalstrategie sollten schlussendlich darauf abgestimmt werden. Eine Nachhaltigkeitsstrategie beantwortet schlichtweg die Frage, wie die Organisation ihre Nachhaltigkeitsziele erreichen will. Die Formulierung einer Nachhaltigkeitsstrategie kann – wie Abb. 4.5 zeigt – auch auf den ressourcenorientierten Ansatz aufbauen. Die Basis bildet die Identifikation der relevanten Nachhaltigkeitsthemen der Organisation. Dafür werden die Prozesse der Organisation anhand ökologischer, sozialer und ökonomischer Kriterien beleuchtet und Bereiche identifiziert, in denen es Handlungsbedarf gibt, bzw. Bereiche, wo die Organisation bisher noch nicht aktiv war. Organisationen können hierfür z. B. die verschiedenen Standards wie die Global Reporting Initiative, den Leitfaden für die Gemeinwohlbilanz oder die SDGs verwenden. Auch bei der Formulierung der Nachhaltigkeitsstrategie müssen das Umfeld der

4.2 Nachhaltiges Management

Abb. 4.5 Erfolgreiche Nachhaltigkeitsstrategien. (Eigene Darstellung in Anlehnung an Kortendieck und Stepanek 2019, S. 83)

Organisation und die Erwartungen der Stakeholder berücksichtigt werden. Eine realistische Einschätzung der Möglichkeiten auf Basis der Ressourcen ist ebenfalls notwendig. Im Rahmen der Implementierung muss die Nachhaltigkeitsstrategie auch mit der Organisationsstrategie, den Strategien für verschiedene Geschäftsfelder und vor allem mit der Organisationskultur abgestimmt werden.

Zur Formulierung einer Nachhaltigkeitsstrategie oder zur Begründung der bestehenden Strategie können verschiedene Tools verwendet werden, die aus Platzgründen hier nicht näher ausgeführt werden, aber in allen Standardwerken zum Thema Strategie oder strategisches Management nachgeschlagen werden können wie z. B. der ressourcenorientierte Strategieansatz, die Portfolio-Analyse, die SWOT-Analyse, die Stärken-Schwächen-Analyse, die GAP-Analyse, die Konkurrenzanalyse oder die Szenario-Analyse. Bezüglich der Entwicklung nachhaltiger Angebote sei auf die Tools des Service Design Thinkings hingewiesen.

4.2.3.3 Nachhaltige Organisationskultur & -struktur

Nachhaltigkeit ist eng mit den Werten und den Prioritäten innerhalb der Organisation verbunden und sollte auch in der Mission oder im Leitbild der Organisation Niederschlag finden. Das führt zu einer Veränderung der Organisationskultur. Schein (2010, S. 31) beschreibt eine Organisationskultur als Lern-, Denk- und Handlungssystem mit drei verschiedenen Ebenen: den sichtbaren Artefakten, den gelebten Werten und Normen und den zugrundeliegenden, meist unhinterfragten Grundannahmen der Organisation. Jede Organisation bildet ihre eigene Organisationskultur heraus. Pufé (2014, S. 209) sieht sie als „Nährboden für sämtliche Nachhaltigkeitsbemühungen in sozialer Hinsicht. Sie schafft Rückendeckung, Motivation, Dynamik, Visions- und Schubkraft." Nachhaltigkeitsmanagement und eine nachhaltige Strategie können nur funktionieren, wenn auch die Mitarbeiter*innen der Organisation mit an Bord sind. Befasst man sich mit dem Konzept der Nachhaltigkeit und seinen unterschiedlichen Dimensionen, erkennt man rasch, dass es gewisse Voraussetzungen braucht, um z. B. soziale Nachhaltigkeit nach innen zu leben. Auch beim Anspruch der Gemeinwohlbilanz im Sinne der Transparenz und der Mitbestimmung oder der Menschenwürde lässt sich ablesen, dass diese eine entsprechende Organisationskultur bedingen. Gibt es also eine ideale nachhaltige Unternehmenskultur? Eher nicht. Aber es gibt gemäß Pufé (2014, S. 211) eine Kultur, die für ein betriebliches Nachhaltigkeitsengagement zuträglich ist, weil sie für Verantwortung, Weitblick und Harmonie sensibilisiert ist. Eine Organisationskultur zu verändern ist nach gängiger Lehrmeinung ein sehr langwieriger Prozess. Dennoch kann man mit gezielten Maßnahmen versuchen, Rahmenbedingungen zu schaffen, in der sich die Kultur zu einer nachhaltigen Kultur verändern kann. Hierfür gilt es, Organisationsziele, Mitarbeiter*innenzufriedenheit und Kund*innenorientierung in Einklang zu bringen. Das kann z. B. durch folgende Maßnahmen erfolgen:

- Erarbeitung eines nachhaltigen Leitbilds
- Entwicklung einer nachhaltigen Vision und Mission für die Organisation
- Einbeziehung der Mitarbeiter*innen in Nachhaltigkeitsprojekte
- Innerbetriebliche Bewusstseinsbildung für Nachhaltigkeit durch Projekte/Maßnahmen (Fahrgemeinschaften, Fahrrad-Initiativen, Wettbewerbe zur Plastikvermeidung, Energiespartage, …)
- Maßnahmen zur Kompetenzentwicklung und Personalentwicklung
- Entwicklung von Mitbestimmung im Unternehmen und Förderung der Partizipation
- Empowerment der Mitarbeiter*innen
- Gesundheitsförderungsmaßnahmen

4.2 Nachhaltiges Management

- Aufbau einer partnerschaftlichen, vertrauensvollen Führungskultur
- Förderung des ehrenamtlichen Engagements der Mitarbeiter*innen
- Gelebte Solidarität im Unternehmen
- Stärkung des Gemeinschaftssinns

Generell geht es um ein glaubwürdiges, zielgerichtetes und auf allen Ebenen verantwortungsvolles Handeln seitens des Managements, das sich klar von Einzelaktionen und Green Washing abgrenzt. Kutzschenbach und Schober-Ehmer (2020) sehen allerdings einen bedeutenden Unterschied zwischen der theoretischen Betrachtung der *großen Transformation* und der gelebten Praxis in Organisationen und Unternehmen. Im Zentrum steht gemäß der Wissenschaft vernetztes Denken. Damit geht der Anspruch einher, ein gemeinsam geteiltes Verständnis von Werten, Spielregeln und eine Konfliktkultur zu entwickeln. Ein konstruktiver „Streit" über Märkte, Produkte/Angebote und Kund*innen und die Entwicklung eines verantwortungsvollen Mindsets werden durch die Reflexion der Wirkung von Führung und Entscheidungsprozessen begleitet. Das braucht verstärkt Kommunikation und gelebte Kooperation, um Führungskräfte und Mitarbeiter*innen nicht zu überfordern.

Das Erkennen unterschiedlicher Perspektiven und Expertisen und ein Erforschen von „Zwischenräumen" hilft gemäß Kutzschenbach und Schober-Ehmer (2020), taugliche Herangehensweisen zu entwickeln, die unterschiedliche Aspekte berücksichtigen und rasch adaptiert werden können. Grundlage dafür sind „interdisziplinäre, offene Prozesse, das Erproben neuer Kooperationsformen und das Vertrauen in die Selbstorganisation". Eine Nachhaltigkeitsstrategie ist jedenfalls ein sehr komplexes Terrain, das aus vielschichtigen Betrachtungen und zahlreichen Zielkonflikten besteht, die sich kaum mit Kompromissen lösen lassen. Die Organisation muss neue Zusammenhänge entdecken und unerprobte Lösungswege beschreiten. Kutzschenbach und Schober-Ehmer (2020) empfehlen dafür mögliche Verfahren und Methoden:

- **Ökologische Dialoge:** Mitarbeiter*innen, Kund*innen, Lieferant*innen, Wissenschaftler*innen und Künstler*innen entwickeln Ideen und Konzepte.
- **Kleine, interdisziplinäre Teams:** arbeiten selbstorganisiert an verschiedenen Fragestellungen der Nachhaltigkeit, z. B. um nachhaltige Produkte/Angebote zu entwickeln
- **Future-now-Teams:** probieren Neues aus und zeigen bereits heute, wie man Nachhaltigkeit leben kann.
- **Mission & Vision:** Das Management hinterfragt die bisherige Mission und Vision und entwickelt ein Bild, das die Sorge um Mensch und Planet integriert.

Je nach struktureller Verankerung der Nachhaltigkeit und je nach Größe der Organisation kann es ratsam sein, zunächst mit einer eigenen Nachhaltigkeitsstrategie zu beginnen und so das Thema nach und nach in der Organisation zu verankern. Die Formulierung der Nachhaltigkeitsstrategie ist vom herkömmlichen Strategieprozess losgelöst und kann frei gestaltet werden. Das ist aber auch gleichzeitig der große Schwachpunkt, denn eine Nachhaltigkeitsstrategie, die nicht mit der Organisationsstrategie kompatibel ist bzw. auf diese nicht Bezug nimmt, ist wenig zielführend. Mitunter könnte eine solche Nachhaltigkeitsstrategie sogar im Konflikt mit den Geschäftstätigkeiten oder der Wachstumsstrategie stehen, was den Vorwurf des Green Washings befeuern würde.

Ob man eine eigene Nachhaltigkeitsstrategie aufsetzt oder die Strategie ergänzt oder gar umformuliert, wird auch von der strukturellen Einbindung des Themas abhängen. Wird Nachhaltigkeit vom Top-Management auf die Agenda gesetzt, wird sie im Bereich einer Stabsstelle koordiniert oder ist sie ein Anliegen einzelner Mitarbeiter*innen oder Abteilungen? In der Wirtschaft befassen sich damit oftmals CSR-Abteilungen (zumeist Stabsstellen) bzw. Nachhaltigkeitsbeauftragte. Es wäre aber auch möglich, diese Aufgaben im Controlling anzusiedeln. Gerade das Controlling hätte die Möglichkeit einer umfassenden, quantitativen Bewertung der Nachhaltigkeitsmaßnahmen durch Zusammenführung von Daten aus allen Handlungsbereichen. Für die Steuerung kann es durch den Überblick über das gesamte Unternehmen auch leichter Systeme und Prozesse installieren, die ökologisch und auch ökonomisch gewinnbringend sind. In der Sozialwirtschaft gibt es naturgemäß keine CSR-Abteilungen, die sich neben der Geschäftsführung um soziale und ökologische Themen kümmern. Es empfiehlt sich, eine Nachhaltigkeitsstelle oder -abteilung einzurichten, die nahe an der Geschäftsführung auch in relevante Prozesse der Steuerung der Organisation eingebunden ist. Pufé (2014, S. 191 f.) spricht in diesem Zusammenhang von *Nachhhaltigkeitsverantwortlichen,* die in der Organisation mehrere Rollen und Funktionen wahrnehmen müssen, etwa als

- Vermittler*in, die innerbetrieblich als Gallionsfigur, Vernetzer*in oder Vorgesetze*r agiert,
- Informant*in, die Themen aufgreift und weitergibt, sowie
- Entscheider*in, wenn es um Innovationen, Ressourcenzuteilung oder Verhandlungsführung geht.

Die AWO Bund hat schon 2012 eine Stabsstelle Nachhaltigkeit eingerichtet.

Nachhaltigkeitsstrategie in der Praxis: Interview Steffen Lembke, AWO Bundesverband

Wo ist Nachhaltigkeit bei der AWO strukturell verankert?
Im Bundesverband hat es 2012 mit einer Referentenstelle für Nachhaltigkeit begonnen, die ich selber innehatte. Gleichzeitig wurde einen Arbeitskreis auf Bundesebene gegründet, dem bis heute eine Person aus der Geschäftsführendenkonferenz, das heißt aus dem Kreis der Geschäftsführer*innen der Landes- und Bezirksverbände, vorsitzt. Der Arbeitskreis war am Anfang noch recht dünn besetzt, denn am Anfang war vielen Verbänden nicht klar, wer hier eigentlich teilnehmen sollte. Es gab ja zumeist keinen Beauftragten oder keine Beauftragte für Nachhaltigkeit, den bzw. die man dorthin schicken konnte. Über die Jahre entstand so ein sehr heterogener Kreis aus Gebäudetechniker*innen, Fachbereichsleitungen und auch Geschäftsführ*innen. Das hat sich als sehr gewinnbringend erwiesen. Heute ist der Arbeitskreis ein lebendiges Gremium und das zentrale Arbeitsgremium für Nachhaltigkeitsfragen in der AWO. Von dort aus gehen Vorschläge an die Geschäftsführendenkonferenz, das Präsidium und im Endeffekt auch an die Bundeskonferenz. Dieser Austausch mit der Praxis hat für uns seit der ersten Stunde einen hohen Stellenwert. Denn wir können uns auf Bundesebene ja viel ausdenken, es muss für Kolleg*innen vor Ort hilfreich sein und von diesen in der Praxis umgesetzt werden. So ist dieses Jahr auch der Beschluss entstanden, dass die AWO noch vor dem Jahr 2040 Klimaneutralität erreichen will. Auch das Instrument des CO_2-Fußabdrucks für stationäre Pflegeeinrichtungen und Kitas ist mit den Kolleg*innen im Arbeitskreis entwickelt und getestet worden.

Mittlerweile ist daraus eine Abteilung entstanden?
Es gibt beim Bundesverband die Abteilung Qualitätsmanagement (QM) und Nachhaltigkeit. Wir haben ganz bewusst QM und Nachhaltigkeit schon 2012 zusammengelegt. Denn wenn man Nachhaltigkeit in Betriebe der Sozialen Arbeit einbringen möchte, bedeutet das immer, einen längerfristigen, systematischen Entwicklungsprozess anzustoßen, und nicht nur das Ergreifen von Einzelmaßnahmen. Hier bildet sich eine hervorragende Schnittstelle, wenn wir Nachhaltigkeit in Planungs-, Umsetzungs- und Evaluationsprozesse bestehender Managementsysteme integrieren können. Wir haben in der AWO das Glück, nahezu flächendeckend QM-Systeme etabliert zu haben. Diese vorhandenen Strukturen wollen wir nutzen. Mittlerweile arbeiten neben meiner Person zwei Referent*innen beim AWO Bundesverband ausschließlich zum Thema Nachhaltigkeit bzw. aktuell im Schwerpunkt klimafreundlicher Pflege. Dabei ergeben sich aber immer wieder Schnittstellen zu den verschiedenen Fachbereichen im Haus.

Gibt es auch Nachhaltigkeitsabteilungen in den Landesverbänden?
Gerade in den letzten zwei Jahren sind in den AWO-Gliederungen vermehrt Strukturen entstanden. Das ist sehr wichtig, damit das Thema vor Ort betreut und koordiniert werden kann. Einige sind da schon relativ weit, wie z. B. die AWO Pfalz, die AWO Karlsruhe oder die AWO Sachsen-Anhalt. Zwei der Verbände haben ein Umweltmanagementsystem nach EMAS eingeführt und das ist in Teilen schon ins bestehende QM integriert. Sie sind auch an unserem Projekt klimafreundlich pflegen beteiligt, in dessen Rahmen wir mit Unterstützung des Umweltministeriums bundesweit fünf regionale Koordinator*innenstellen für Klimaschutz schaffen konnten, die sich natürlich etablieren und verstetigen sollen. Aber auch außerhalb dessen wird das Thema Nachhaltigkeit zunehmend mit personellen Ressourcen unterlegt, was zwar finanziell eine Herausforderung, aber aus unserer Sicht sehr wichtig ist. Der Verband hat über die Jahre die Verbindlichkeit von Nachhaltigkeit verdeutlicht. Neben verbandlichen Beschlüssen wurde ein Kriterium in die *AWO-Qualitätsnorm Führung und Organisation* aufgenommen, welches die Umsetzung von nachhaltigem Handeln als kontinuierlichen Verbesserungsprozess fordert. Das ist zunächst einmal bewusst sehr weit gefasst, da wir sehr heterogene Einrichtungen haben. Aber genau das ist im Grunde die Forderung: dass die Einrichtungen das Thema Nachhaltigkeit bei sich entsprechend ihrer Gegebenheiten und Anforderungen entwickeln und strategisch verankern. Zur Unterstützung haben wir dann eine *Leitlinie Nachhaltigkeit* entwickelt, welche eine Reihe konkreter Nachhaltigkeitsindikatoren vorschlägt, die in das Management eingebunden werden können. Wir haben die Erfahrung gemacht, dass solche Anforderungen kombiniert mit Unterstützungsangeboten gerade von den Kolleg*innen aus dem QM gerne aufgegriffen werden.

Braucht es eine eigene Nachhaltigkeitsstrategie oder muss man die Strategie der Organisation „begrünen"?
Das Ziel sollte sein, dass ich eine „grüne" Managementstrategie habe, also meine laufenden Managementprozesse am Prinzip der Nachhaltigkeit ausrichte. Gerade in Organisation wie der AWO oder anderen Wohlfahrtsverbänden, liegt das eigentlich auch in unserer DNA. Wenn man sich die fünf Grundwerte der Arbeiterwohlfahrt ansieht: Solidarität, Toleranz, Freiheit, Gleichheit, Gerechtigkeit, dann sind das Werte, die mit dem Nachhaltigkeitsgedanken perfekt zusammenpassen. Wenn wir uns als wertegebundene Organisation verstehen und uns darüber auch von privatwirtschaftlichen Anbietern in der Pflege oder Sozialen Arbeit abgrenzen wollen, dann müssen wir diese Wertegebundenheit auch in unsere Managementsysteme integrieren. Dazu gehört die Frage, wie ich die eigene Wertebindung sichern und steuern kann. Indikatoren mit Nachhaltigkeits-

4.2 Nachhaltiges Management

bezug sind dafür aus meiner Sicht ein wichtiges Instrument. Mir ist aber natürlich klar, dass das gerade nach den Ökonomisierungsentwicklungen der letzten Jahre nicht einfach so geht. Es kann daher sinnvoll sein, zunächst einen Schwerpunkt festzulegen und ein Handlungsfeld im Bereich Nachhaltigkeit gezielt aufzubauen und in die Managementprozesse zu integrieren. Hierbei bietet sich der Klimaschutz natürlich an, da hier ein sehr großer Handlungsdruck besteht und vermutlich regulative Maßnahmen seitens des Staates drohen, denen man so vorbeugen kann.

Ist es hilfreich, mit einer „Vorlage" wie z. B. der Global Reporting Initiative, der Gemeinwohlbilanz oder EMAS zu arbeiten?
Wir haben uns recht intensiv mit GRI, Gemeinwohlmatrix, die ISO 26000 und EMAS befasst. Aber gemerkt, dass kein Modell immer zu hundert Prozent passt. Dann haben wir probiert, uns das Beste aus allem zu destillieren, was ganz gut gelungen ist. So sind die oben angesprochenen QM-Leitlinien zur Umsetzung von Nachhaltigkeit und die dazugehörigen Indikatoren entstanden. Sie bieten einen Orientierungsrahmen und die Verbände oder Einrichtungen vor Ort können auf dieser Grundlage dann für sie passende Strategie entwickeln und Schwerpunkte setzen. Es gibt aber natürlich auch Gliederungen bzw. Einrichtungen, welche sich mit einer direkten Anwendung von z. B. der Gemeinwohlmatrix befassen. Das ist gut so, denn solche Erfahrungswerte sind für uns sehr wertvoll und können dem Gesamtverband weiterhelfen. EMAS ist insofern spannend, weil es durch seine verbindlichen Anforderungen der kontinuierlichen Weiterentwicklung verhindert, dass die Auseinandersetzung mit Umweltschutz bzw. Nachhaltigkeit zu einem temporären Projekt verkommt. Die mit einem solchen System geschaffenen Strukturen erleichtern zudem, den Faden wieder aufzunehmen, wenn Krisen wie z. B. Pandemien „dazwischenkommen". Deswegen finde ich eine feste Struktur wichtig. Die ganzen externen Standards würde ich immer als Anregung verstehen, als Ideenpool, aus dem jede*r schöpfen kann und sollte.

Verändert das Thema Nachhaltigkeit überhaupt den gesamten Strategieprozess in der AWO?
Wenn wir den Gesamtverband betrachten, dann sehen wir das schon im neuen Grundsatzprogramm, das wir 2019 verabschiedet haben. Hier hat die gesellschaftliche Debatte ab 2018/2019 mit *Fridays for Future* schon sichtbar Einfluss genommen. Auch spüren wir das gewachsene gesellschaftliche Bewusstsein, dass große Herausforderungen vor uns stehen. So werden wir auch auf Bundesebene zunehmend von Partnern angesprochen, mit denen wir

vorher nichts zu tun hatten. Wir haben in den letzten Jahren einen intensiven Draht ins Umweltministerium aufgebaut, das vor allem für soziale Fragen der Umweltpolitik mit den Spitzenverbänden in Dialog getreten ist, um die Rahmenbedingungen der Sozialen Arbeit zu verstehen und zu sehen, was man in der Umweltpolitik berücksichtigen muss. Das war eine ebenso bemerkenswerte wie wichtige Entwicklung. Man kann sicher sagen, dass Nachhaltigkeit in der AWO als Thema präsenter geworden und strategische Entscheidungen zunehmend beeinflusst. Aber ich will jetzt nichts schöner reden, als es ist. Ich glaube, dass die Frage, wie man unter knappen finanziellen, personellen Rahmenbedingungen vor Ort Dienstleistungen erbringt, schon noch eine sehr, sehr entscheidende ist. Manche haben verstanden, dass es Sinn macht, Nachhaltigkeitsthemen mit einzubauen, und andere wiederum sind noch nicht so weit.

Sehen Sie eigentlich eine starke Verbindung zum Fokus auf die Wirkungsorientierung?
Ich argumentiere gerne, dass unser Ziel die Steigerung der Lebensqualität der Menschen ist. Wenn wir in eine ungebremste Klimakrise schlittern und wir als AWO uns dem nicht entgegenstellen, sondern vielleicht sogar dazu beitragen, dann zerstören wir damit ganz unmittelbar Lebensqualität von Menschen. Und das spannt natürlich den Bogen zu der Frage, welche Wirkung ich mit Sozialer Arbeit erreichen möchte. Geht es uns um Lebensqualität für alle Menschen heute und morgen? Dann wäre das mit einem Verfehlen der Klima- und Nachhaltigkeitsziele nicht vereinbar. Man muss aber natürlich die Frage stellen, inwiefern wir dazu befähigt sind, eine nachhaltige und vielleicht klimaneutrale Soziale Arbeit zu gestalten. Das sind wir ja de facto aktuell nicht, denn Nachhaltigkeit existiert quasi nicht in den Finanzierungssystemen des Sozial- und Gesundheitssystems. Und wenn wir Nachhaltigkeit als einen strategischen Veränderungsprozess verstehen, dann können wir das nicht irgendwie nebenher machen, sondern brauchen Menschen und Ressourcen. Auf der anderen Seite müssen wir selber aber auch unsere Perspektiven weiten: Bei uns wurde das Thema Quartiersarbeit und -entwicklung in den letzten Jahren stark in den Mittelpunkt gestellt. Und vielleicht müssen wir uns stärker darauf besinnen, was unsere Rolle vor Ort ist. Wir sind eben nicht nur Dienstleister mit einem Versorgungsauftrag, sondern Teil einer Gesellschaft und jeweils eines Quartiers. Und da müssen wir sehen, wen es da noch gibt und mit wem wir gemeinsam wirken können. Da gibt es lokale Umweltorganisationen, da gibt es vielleicht Naturschutzorganisationen, da gibt es Bürgerinitiativen, usw. Und es rückt stärker in den Mittelpunkt, all das zusammenzudenken und gemeinsam für das Gemeinwohl zu arbeiten. Darin steckt gerade beim Nachhaltigkeitsthema auf lokaler Ebene eine große Chance

4.2 Nachhaltiges Management

und das beinhaltet einen enormen Erreichungsgrad in der Gesellschaft. Mit den 17 SDGs haben wir zudem ein Instrument, das verschiedene Interessengruppen wunderbar zusammenführen kann.

Was würden Sie einer Organisation empfehlen, die eine nachhaltige Strategie entwickeln möchte?

Also das Erste, was ich grundsätzlich empfehle, ist, das als einen sehr partizipativen Prozess zu organisieren. Das heißt, alle mitzunehmen und sich gemeinsam die eigene Organisation anzusehen und die großen Handlungsfelder zu definieren: Was machen wir im Bereich Klima? Wie sieht es mit den Arbeitsbedingungen aus? Wie wird gewirtschaftet? Man sollte gemeinsam über die möglichen Handlungsfelder der kommenden Jahre nachdenken und dann auch den Mut haben, zu priorisieren. Da gibt es oft zwei Extreme. Das eine ist, einfach einen blauen Papierkorb neben den schwarzen Mülleimer zu stellen und das dann als nachhaltiges Handeln zu verkaufen. Das andere ist, alles auf einmal machen zu wollen. Das eine ist wirkungslos und das andere funktioniert nicht, weil wir dann eine Organisation überfordern. Wir empfehlen daher, dass eine Organisation in einem Jahr zwei bis drei Nachhaltigkeitsziele mit klaren Zuständigkeiten formuliert hat, die auch vom Management mitgetragen und am Ende bewertet werden. Das ist dann oft für die, die sehr ambitioniert sind, ernüchternd, weil das in ihren Augen zur Bekämpfung der Klimakrise nicht reicht. Aber es ist ja der schrittweise Entwicklungsprozess, den wir anstoßen müssen. Wir haben noch knapp zwei Jahrzehnte Zeit, aber die müssen wir wirklich gut nutzen und Jahr für Jahr Zielsetzungen formulieren, die dann auch kritisch reflektiert werden. Ich kann nicht binnen Jahresfrist klimaneutral werden. Und ein solches Ziel glaubt dir auch keiner. Glaubwürdig ist, wenn man zeigen kann, was man dieses Jahr gemacht hat und das Jahr zuvor. Auch die Pioniere, die das schon seit vielen Jahren machen, finden jedes Jahr noch ein kleines Stück, um etwas zu verbessern. Die machen immer viele einzelne Schritte – mal große, mal kleine – und nicht einen großen Sprung. Und hier haben wir dann auch wieder die Überschneidung zu der im QM etablierten Philosophie der kontinuierlichen Verbesserung. Wichtig ist zudem, mit den Bewohner*innen oder Klient*innen zu sprechen. Denn Veränderungen in den Organisationen betreffen ja nicht selten das Leben dieser Menschen. Daher müssen wir sie mitnehmen und Akzeptanz sicherstellen. Idealerweise gestalten diese Menschen das Thema auch mit. Was ein mögliches Nachhaltigkeitsteam angeht, so würde ich auf jeden Fall die verschiedenen Arbeitsbereiche reinholen. Im stationären Bereich sind z. B. die Haustechniker*innen enorm wichtig, denn keiner kennt das eigene Haus so gut wie diese Menschen. Aber auch das Controlling für die Zahlen, das

Qualitätsmanagement für die Prozesse und die Pflegedienstleistungen für den Praxisbezug wären gut. Auf jeden Fall sollte die Geschäftsführung oder eine Vertretung der Geschäftsführung beteiligt sein. So bringt man das nötige Knowhow mit der Entscheidungskompetenz zusammen. Und Nachhaltigkeit bekommt die notwendige Legitimation und Beteiligung, um Veränderungen auslösen zu können.

4.2.4 Tools für das Monitoring und das Reporting

Im Wesentlichen geht es beim Monitoring und Reporting um den Aufbau eines Green-Controllingsystems für die sozialwirtschaftliche Organisation. Dazu gehört, Nachhaltigkeitsziele zu formulieren, Maßnahmen dafür zu planen, die Zielerreichung anhand von Kennzahlen und Indikatoren zu überprüfen und gegebenenfalls gegenzusteuern. Das Reporting im Sinne eines Jahres- oder Geschäftsberichts entlang verschiedener Standards oder Berichtsvorlagen rundet das System des Nachhaltigkeitsmanagements ab. Diese Themen werden in Kap. 5 aufgegriffen.

Was meint also nachhaltiges Management? Zusammengefasst kann man sagen, dass nachhaltiges Management

- einen ganzheitlichen, integrierten Managementansatz beschreibt, der nicht nur auf finanzielle Schlüsselfaktoren achtet, sondern auch ökologische und soziale Ziele berücksichtigt,
- auf einer Nachhaltigkeitsstrategie basiert, die die Strategie ergänzt oder im Idealfall Nachhaltigkeitsziele in die Strategie der Organisation implementiert,
- das Unternehmen bzw. die Organisation zumeist anhand von Standards, Leitlinien oder Berichtsvorlagen analysiert, um die wesentlichen Bereiche der Nachhaltigkeit dieser Organisation zu identifizieren (Wesentlichkeitsanalyse),
- nachhaltige Managementziele für die wesentlichen Bereiche beschreibt, um daraus konkrete Pläne und Maßnahmen zu entwickeln,
- Instrumente des Green Controllings für die Kontrolle und Steuerung seiner Pläne und den Grad der Zielerreichung nutzt und
- die Bemühungen und die Erfolge in einem Nachhaltigkeitsbericht darstellt.

Arbeitsaufgaben zur praktischen Auseinandersetzung und persönlichen Vertiefung

A 4.1 Erstellen Sie eine Wesentlichkeitsanalyse für Ihren Arbeitsbereich/Ihre Organisation.

A 4.2 Führen Sie eine PESTEL-Analyse für Ihre Organisation durch und bewerten Sie die Ergebnisse.
A 4.3. Erstellen Sie eine Stakeholderanalyse und überlegen Sie, welche SDGs für diese Anspruchsgruppen relevant sind.
A 4.4 Definieren Sie die zentralen Elemente einer Nachhaltigkeitsstrategie anhand eines konkreten Beispiels (Projekt, Abteilung oder Einrichtung).
A 4.5 Überlegen Sie sich fünf konkrete Maßnahmen, die sich positiv auf eine nachhaltige Organisationskultur auswirken.

Literaturtipps

Vertiefung zum Thema Nachhaltigkeitsmanagement: Batz, Michael (2021): Nachhaltigkeit in der Sozialwirtschaft. Eine Einführung. Springer VS.

Besonderheiten des Managements von sozialwirtschaftlichen Organisationen: Becker, H.E. (Hrsg.) (2017). Das sozialwirtschaftliche Sechseck. Soziale Organisationen zwischen Ökonomie und Sozialem. 2. Auflage. Springer VS.

Details zum St. Galler Management-Modell: Ruegg-Stürm, J., & Grand, S. (2019). Das St. Galler Management-Modell. Management in einer komplexen Umwelt. UTB Haupt.

Literatur

Austrian Standards (o. J.). Corporate Social Responsability. https://www.austrian-standards.at/de/themengebiete/management-qualitaet-risiko/corporate-social-responsibility. Zugegriffen: 27.11.2021.

Bundesministerium für Umwelt, Naturschutz, Bau und Reaktorensicherheit (BMUB) (2014). Gesellschaftliche Verantwortung von Unternehmen. Eine Orientierungshilfe für Kernthemen und Handlungsfelder des Leitfadens DIN ISO 26000. https://www.bmu.de/fileadmin/Daten_BMU/Pools/Broschueren/csr_iso26000_broschuere_bf.pdf. Zugegriffen: 27.11.2021.

CSR Kompetenzzentrum im Deutschen Caritasverband (2016). Corporate Social Responsibility. Verantwortung für Mensch und Umwelt. CSR und Nachhaltigkeit. https://www.caritas.de/cms/contents/caritas.de/medien/dokumente/spende-und-engagemen/csr/csr-und-nachhaltigke/2016-11-27-eckpunkte-nachhaltigkeitsbericht.pdf. Zugegriffen: 27.11.2021.

Daub, C.-H., Scherrer, Y. M., & Frecè J. T. (2013). Nachhaltiges Management von Notprofit-Organisationen. Ökologisches Wirtschaften 4/2014.

Dettl, J. (2021). PESTEL Analyse – Auswirkungen von externen Effekten auf das eigene Unternehmen. Acrasio Intelligence. https://www.strategische-wettbewerbsbeobachtung.com/pestel-analyse/. Zugegriffen: 27.11.2021.

Duden (o. J.). Management. https://www.duden.de/rechtschreibung/Management. Zugegriffen: 27.11.2021.

Eller, H. (2018). Nachhaltigkeit in NPO – Eine Fallstudie mit dem Alters- und Pflegezentrum in Amriswil. In M. Gmür, R. Andeßner, D. Greiling, & L. Theuvsen (Hrsg.). Wohin entwickelt sich der Dritte Sektor. Konzeptionelle und empirische Beiträge aus der Forschung. S. 247–254. VMI Freiburg.

Eller, H. (2019). Nachhaltigkeit in Nonprofit-Organisationen (NPO). Umfrage zum Umsetzungstand der ökologischen und sozialen Nachhaltigkeit. ZHAW School of Management and Law. https://digitalcollection.zhaw.ch/bitstream/11475/19943/3/2019_Eller_Nachhaltigkeit%20NPO.pdf. Zugegriffen: 15.05.2021.

Global Reporting Initiative (GRI) (2016): GRI 103: Managementansatz 2016. https://www.globalreporting.org/standards/media/1673/german-gri-103-management-approach-2016.pdf. Zugegriffen: 27.11.2021.

Grant, R. M., & Nippa, M. (2006). Strategisches Management. Analyse, Entwicklung und Implementierung von Unternehmensstrategien. 5. Auflage. Pearson Studium.

Kortendieck, G., & Stepanek, P. (2019). Controlling in der deutschsprachigen Sozialwirtschaft. Eine Einführung. Springer VS.

Kutzschenbach, M., & Schober-Ehmer, H. (2020). Nachhaltigkeit kann kein Stückwerk sein. Der Standard. Management-Standard. 12. November 2020. M4.

Müller, M., & Hübscher, M. (2008). Stakeholdermanagement und Corporate Social Responsability-strategisch oder normativ? In M. Müller, St. Schaltegger (Hrsg.). Corporate Social Responsability. Trend oder Modeerscheinung. S. 143–155. Oekom.

Pufé, I. (2014). Nachhaltigkeit. 2. Auflage. UTB.

Rüegg-Stürm, Grand, & Grand, Simon. (2020). Das St. Galler Management-Modell: Management in einer komplexen Welt. 2., überarbeitete Auflage. Haupt: UTB.

Schein, E. H. (2010). Organisationskultur: the Ed Schein corporate culture survival guide. 3. Auflage. EHP.

Schneider, A. (2017). Nachhaltigkeit als Herausforderung und Zielsetzung des Managements sozialer Unternehmen. In W. Grillitsch, P. Brandl, & S. Schuller (Hrsg). Gegenwart und Zukunft des Sozialmanagements und der Sozialwirtschaft. Aktuelle Herausforderungen, strategische Ansätze und fachliche Perspektiven. S. 213–228. Springer VS.

Schwarz, P. (2005). Das Freiburger Management-Modell für Nonprofit-Organisationen (NPO). 5., erg. u. aktualisierte Auflage. Haupt.

Vogelbusch, F. (2019). Entwicklung einer Managementlehre für Sozialunternehmen. Von den Klassikern der BWL über die verhaltensorientierte Managementlehre zu modernen Managementmodellen. In M. Fröse, B. Naake, & M. Arnold (Hrsg). Führung und Organisation. Neue Entwicklungen im Management der Sozial- und Gesundheitswirtschaft. S. 505–526. Springer VS.

Weber, M. (2008). Stakeholdermanagement und Corporate Social Responsability-strategisch oder normativ? In M. Müller, St. Schaltegger (Hrsg.). Corporate Social Responsability. Trend oder Modeerscheinung. S. 39–52. Oekom.

Wien Work (2014). Ins Rampenlicht. Nachhaltigkeitsbericht 2014. https://www.wienwork.at/media/file/31_Wien_Work_Nachhaltigkeitsbericht_2014.pdf. Zugegriffen: 27.11.2021.

Green Controlling: Nachhaltigkeit steuern, Nachhaltigkeit messen 5

Zusammenfassung

Dieses Kapitel widmet sich der Formulierung, der Steuerung und der Überprüfung der Nachhaltigkeitsziele. Organisationen können auf Basis verschiedener Standards eine Auswahl an bedeutenden Zielen auswählen und diese integriert mittels verschiedener Tools des *Green Controllings* steuern. Green Controlling kann als Ergänzung zum bestehenden Controlling oder als eigener Managementbereich gesehen werden. Im Zentrum steht dabei der PDCA-Zyklus, also *plan, do, check* und *act,* der auch im Qualitätsmanagement zum Einsatz kommt. Entlang der drei Dimensionen der Nachhaltigkeit müssen Kennzahlen und Indikatoren identifiziert werden, anhand derer die Ziele überprüft und gesteuert werden können. Eine *Green Balanced Scorecard* kann einen guten Überblick bieten. Ein umfassendes Nachhaltigkeitsreporting unterstützt sowohl die interne Auseinandersetzung als auch die Kommunikation mit relevanten Stakeholdern der Sozialwirtschaft.

Lernziele

- Sie können die Controllinglogik auf die Steuerung von Nachhaltigkeitszielen umlegen und erkennen die Notwendigkeit von Green Controlling.
- Sie können auf Basis der Wesentlichkeitsanalyse eigene Nachhaltigkeitsziele formulieren und Kennzahlen bzw. Indikatoren identifizieren.
- Sie verstehen, wie Sie die Kennzahlen regelmäßig im Blick haben und wie Sie die Informationen sammeln können.

- Sie kennen verschiedene Tools zur Nachhaltigkeitssteuerung und Berichterstattung (GRI, EMAS und Gemeinwohlbilanz) und können die zentralen Unterschiede benennen.
- Sie können die Bedeutung einer transparenten Berichterstattung für die Nachhaltigkeit einer Organisation erklären.

In der Sozialwirtschaft hat Controlling in den letzten Jahren an Bedeutung gewonnen. Das hat vor allem mit den knappen finanziellen Ressourcen der Einrichtungen und dem Wunsch nach mehr Planungssicherheit zu tun. Auch Kostenträger und Förderstellen verlangen vermehrt verschiedene Informationen bzw. Kennzahlen. Neben dem Finanzcontrolling haben – vor allem in mittleren und größeren Sozialorganisationen – auch andere Controllingthemen Einzug gehalten, wie das Leistungscontrolling, das strategische Controlling oder das Personalcontrolling. Dabei geht es um die Steuerung der Organisationsentwicklung, der zentralen Leistungen und darum, die in dieser Branche zentralen Personalressourcen gut im Blick zu haben. In den letzten Jahren rückte in manchen Organisationen auch das Thema Wirkungscontrolling stärker in den Fokus, bei dem es um die Definition und Steuerung von Wirkungszielen geht und mitunter auch Analysen zum Social Return on Investment (SROI) durchgeführt werden. Nachhaltigkeitscontrolling bzw. Green Controlling – als ganzheitlicher Ansatz der drei Nachhaltigkeitsdimensionen – ist bisher noch wenig verbreitet und stellt die logische Fortführung des Nachhaltigkeitsmanagements dar.

Doch was steckt hinter dem Begriff Controlling überhaupt? Geht es dabei nur um interne „Kontrolle"? Controlling wird besser mit Steuerung übersetzt. Es basiert auf einem Kreislauf aus *Planung – Durchführung – Kontrolle – Steuerung*. Im Zuge der Planung werden relevante Ressourcen, aber auch die Leistungen in den Blick genommen und Ziele formuliert. Das wohl bekannteste Planungstool stellt das Budget der Organisation dar, das den Output plant und den dafür notwendigen Input definiert. Die Zielerreichung wird laufend mit Soll-Ist-Vergleichen überprüft. Im operativen Bereich der Finanzen oder des Personals kann das monatlich oder quartalsweise erfolgen. Strategische Ziele wird man zumindest jährlich überprüfen. Schlussendlich kann auf Basis einer Soll-Ist-Analyse eine Abweichungsanalyse durchgeführt werden, um die Ursachen dafür zu beleuchten und in weiterer Folge Maßnahmen zu definieren, um auf Kurs zu bleiben oder diesen zu erreichen. Analog zum operativen und strategischen Management wird, wie Tab. 5.1 zeigt, zwischen operativem und strategischem Controlling unterschieden (Kortendieck und Stepanek 2019, S. 13).

In vielen kleinen und mittleren Organisationen der Sozialwirtschaft ist das Controlling derzeit hauptsächlich mit operativen Fragen, wie der Budgetplanung

Tab. 5.1 Übersicht über das operative und strategische Controlling. (Eigene Darstellung in Anlehnung an Kortendieck und Stepanek 2019, S. 13)

Wirkungsebene (Controllingzielsystem)	Operatives Controlling	Strategisches Controlling
Zeithorizont	1 bis 3 Jahre	3 bis 5 Jahre
Planungshorizont	Kurz- bzw. mittelfristig	Langfristig
Botschaft/Leitgedanke	Effizienz (die Dinge richtig tun)	Effektivität (die richtigen Dinge tun)
Richtung	Wirtschaftlichkeit: Gewinnerzielung, Kostendeckung oder Verlustminimierung Produktivität: Verhältnis von Input zu Output	Motivation, Erhaltung und Ausbau von Potenzialen, Erkennen und Reagieren auf Veränderungen in der Umwelt, Analyse der Ausgangslage, Weiterentwicklung von Angeboten
Ziele	Rentabilität, Gewinn, Liquidität, Wirtschaftlichkeit, Kostendeckung	Erfolgssicherung, Marktposition, Wachstum, Existenzsicherung,
Fokus	Intern Stabilität	Extern Dynamik

und -überwachung, beschäftigt. Es braucht ein verändertes, ganzheitlicheres Verständnis von Controlling und vor allem eine Steuerung entlang der strategischen Ziele, der Mission und der Kernkompetenzen, um so die generelle Entwicklung der Organisation im Auge zu haben. Controlling als Unterstützung und interner Sparringpartner des Managements bereitet Informationen auf und stellt diese in übersichtlicher Form zur Verfügung. Das ist auch im Bereich des Nachhaltigkeitsmanagement von großer Bedeutung, um Entscheidungen des Managements besser vorbereiten zu können und schlussendlich die Erreichung der Nachhaltigkeitsziele zu gewährleisten.

5.1 Green Controlling – beyond money

Green Controlling ist ein relativ junger Begriff, der im deutschsprachigen Raum vom Internationalen Controller-Verein bereits 2010 aufgegriffen wurde (Internationaler Controllerverein 2011). Green Controlling umfasst, anders als der

Begriff vermuten lässt, sowohl ökologische als auch soziale Aspekte der Nachhaltigkeit. Man folgt, wie Abb. 5.1 zeigt, der etablierten Controllinglogik:

1. **Planung:** Am Beginn steht die Planung der Nachhaltigkeitsziele und der Maßnahmen, um diese zu erreichen.
2. **Soll-Ist-Vergleich:** Im laufenden Jahr wird überprüft, inwieweit die Ziele erreicht wurden. Nicht in jedem Fall werden „harte" Kennzahlen Sinn machen. Um eine Analogie zu ziehen, kann man den Bereich des Personal-Controllings betrachten, bei dem man ebenfalls eine Kombination von qualitativen und quantitativen Kennzahlen und Indikatoren im Blick hat.
3. **Steuern/Korrigieren:** Es werden Maßnahmen gesetzt, um weiterhin die Ziele zu erreichen oder die Zielerreichung zu verbessern.

Das Controlling von Nachhaltigkeitsdimensionen wird in Zukunft für Unternehmen jeder Größe, für NPOs ebenso wie für Betriebe und Einrichtungen der öffentlichen Verwaltung, ein wichtiges Thema werden, auch weil immer öfter von der Zivilgesellschaft oder einem Kostenträger/einer Förderstelle ein Nachweis über das nachhaltige Wirtschaften verlangt werden wird. Im Augenblick sind viele Unternehmen und Organisationen auf dem Weg, einzelne Nachhaltigkeitsziele bzw. Kennzahlen zu überwachen (z. B. Papierverbrauch, Wasserverbrauch, Kilometer mit dem Fahrrad). Es ist möglich, ökologische und soziale Aspekte in das bestehende Controllingsystem zu integrieren. So kann z. B. die Balanced Scorecard, ein umfassendes Kennzahlensystem, durch ökologische Kennzahlen ergänzt werden. Das stellt einen ersten Schritt in Richtung eines ganzheitlichen Controllings dar, das die Organisationen der Sozialwirtschaft fit für die Herausforderungen des 21. Jahrhunderts macht. Das Ziel wäre jedoch ein ganzheitliches

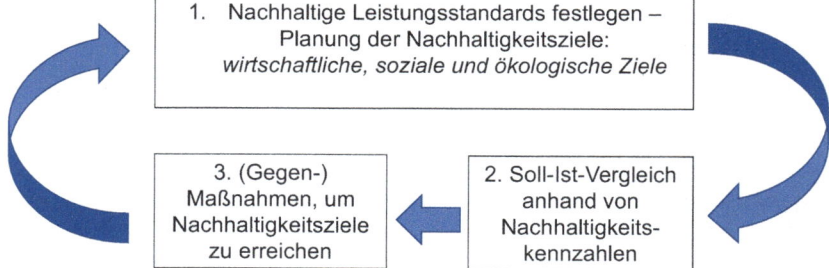

Abb. 5.1 Nachhaltiger Controllingkreislauf. (Eigene Darstellung)

5.1 Green Controlling – beyond money

Controlling, das die verschiedenen Nachhaltigkeitsaspekte in das bestehende Finanzcontrolling inkludiert und aufeinander abstimmt. Dieses integrierte Controllingsystem würde somit das bisherige Controlling ablösen, das hauptsächlich Finanzen und Leistungen im Blick hat. Tab. 5.2 zeigt die Möglichkeiten des Nachhaltigkeitscontrollings.

In der Implementierung von Green Controlling wird momentan daran gearbeitet, herkömmliche Methoden und Prozesse mit grünen Faktoren zusammenzubringen. Das betrifft zum Beispiel die Stakeholderanalyse, die Bildung von Zukunftsszenarien, die operative Planung, die Budgetierung oder die Kosten-, Leistungs- und Ergebnisrechnung.

Tab. 5.2 Möglichkeiten des Nachhaltigkeitscontrolling

Möglichkeiten des Nachhaltigkeitscontrollings	Green Controlling als Add-on zum bestehenden Controlling	Ganzheitliches Controlling
Beschreibung	Zusätzlich zum bestehenden Controllingsystem wird für die Steuerung der Nachhaltigkeitsthemen ein systematisches Green Controlling eingerichtet oder bestehende Planungs- und Steuerungstools umfassend „begrünt"	Das bestehende Controllingsystem wird um die Aspekte der Nachhaltigkeit erweitert und zu einem ganzheitlich gesteuerten, integrierten System umgebaut
Fokus	Ökologische und/oder soziale Nachhaltigkeit	Ökologische, ökonomische und soziale Nachhaltigkeit im Zusammenspiel mit Finanzzielen und Strategie
Planungshorizont	Kurz- bzw. mittelfristig	Kurz- bzw. mittelfristig
Botschaft/Leitgedanke	Effizienz und Effektivität der ökologischen und/oder sozialen Nachhaltigkeit	Effizienz und Effektivität für alle Unternehmensbereiche
Strukturelle Verankerung	Green Controlling muss nicht zwangsläufig in der Controllingabteilung angesiedelt sein	In der Controllingabteilung angesiedelt
Vorteile	Leichter zu implementieren, geringerer Veränderungsbedarf	Gleicht Zielkonflikte aus bzw. vermeidet Dominanz der finanziellen Ziele durch gemeinsame Planung und Steuerung

Das umfassende **Green-Controllingmethodenset,** mit dem sich Controller*innen ganz unkompliziert der neuen Herausforderung stellen können, ist noch ausständig. Die verschiedenen Berichtsvorlagen und Standards können als Wegweiser dienen, da sie oftmals auch Vorschläge für Kennzahlen und Indikatoren enthalten. Auch wenn Nachhaltigkeitscontrolling bis dato kaum in den Controllingabteilungen verankert ist und oft im Zuge der Nachhaltigkeitsberichterstattung von anderen Stellen „miterledigt" wird, spricht vieles für die strukturelle Einbindung in diesem Kompetenzbereich, zu dessen Tagesgeschäft der Umgang mit Zielen und Kennzahlen gehört.

Ökologische und soziale Aspekte werden in vielen Fällen die Geschäftsführer*innen nur dann erreichen und diese dazu bewegen, die Organisation nachhaltig zu positionieren, wenn die Bedeutung von Nachhaltigkeit für die Strategie, die Kommunikation nach außen und als wichtiger Baustein für den Erfolg der eigenen Organisation offensichtlich erscheint. Die passenden Zahlen und Kennzahlen aus der Controllingabteilung dürften das erleichtern.

Green Controlling verändert die Frage, was als Erfolg überhaupt angesehen wird. Schon die Diskussion rund um das Wirkungscontrolling hat gezeigt, dass neben finanziellen Zielen (ausgeglichenes Budget, Bildung von Rücklagen oder Erzielung von Deckungsbeiträgen) oder leistungsbezogenen Erfolgsparametern (z. B. Anzahl an Beratungsstunden, ein bestimmter Mitarbeiter*innenstand, Fallzahlen) auch die Wirkung (was verändert sich Klient*innen oder in der Gesellschaft) als Erfolgskriterium gelten sollte. Bezogen auf Nachhaltigkeit wird Erfolg noch breiter verstanden. Es geht auch um den Beitrag zum Erhalt der natürlichen Ressourcen und zum sozialen Gefüge innerhalb und außerhalb der Organisation. Begreift man Nachhaltigkeit als dauerhaft, dann ist ein nachhaltiger Erfolg eben ein langfristiger, anhaltender Erfolg bzw. ein dauerhaftes Bestehen. Dazu aber muss eine Organisation wirtschaftlich überleben, aber auch sozial und ökologisch verträglich agieren, um auch morgen noch auf Ressourcen zugreifen zu können.

Weder Controlling noch Nachhaltigkeitscontrolling sind gesetzlich geregelt. Jede Organisation kann somit ein individuelles Steuerungssystem aufbauen, das andere Schwerpunkte hat und für das unterschiedliche Tools zum Einsatz kommen. In weiterer Folge werden Möglichkeiten vorgestellt, ein eigenes Green Controlling zu etablieren bzw. Nachhaltigkeitsziele in das bestehende Controlling zu implementieren.

5.2 Nachhaltige Planung: Nachhaltigkeitsziele definieren

Die Planung ist das zentrale Element des Controllings. Auch für Green Controlling braucht es zunächst konkrete, messbare Nachhaltigkeitsziele in allen drei Dimensionen, auch wenn es vermutlich eine Tendenz in der Sozialwirtschaft geben dürfte, die ökonomische Nachhaltigkeit auszuklammern. Bereits in Kap. 3 wurden die drei Dimensionen der Nachhaltigkeit genauer beschrieben und wurde auf die Breite des Themas hingewiesen. Um nicht an dieser Übermacht an verschiedenen Dimensionen zu scheitern, sollte zunächst, wie in Kap. 4 beschrieben, eine Wesentlichkeitsanalyse durchgeführt werden. Hat man die zentralen Nachhaltigkeitsdimensionen der eigenen Organisation identifiziert, gilt es für jede ein passendes Ziel zu formulieren. Dieses Ziel kann dann mittels Kennzahlen und Indikatoren überprüft und gesteuert werden. Ziele sollen gemäß der SMART-Formel definiert werden (siehe Abb. 5.2):

Beispiel 5.1. Zielformulierung ökologische Nachhaltigkeit einer Beratungsstelle
Eine Beratungsstelle hat im Rahmen der Wesentlichkeitsanalyse sechs Bereiche definiert, in denen sie aktiv werden will: den Papierverbrauch, den Wasserverbrauch, die Lebensmittelzulieferer, die Anreise zum Arbeitsplatz sowie die Einweg-Verpackungen. Für jeden Bereich wird auf Basis von 2021 ein Ziel für die nächsten Jahre formuliert:

- *Der Papierverbrauch soll innerhalb der nächsten zwei Jahren um 50 % gesenkt werden.*
- *Der Anteil des Recyclingpapiers soll von aktuell 60 % (Bericht 2019) bis 2022 auf 85 % erhöht werden und mit Ende 2023 100 % betragen.*

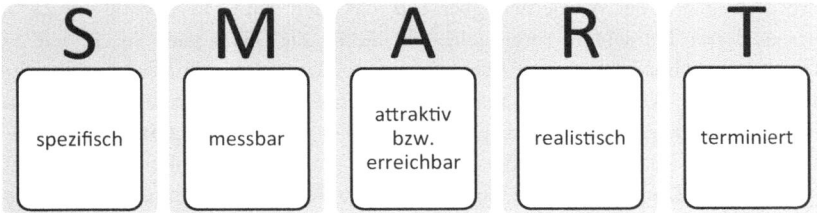

Abb. 5.2 SMARTE Ziele. (Eigene Darstellung)

- *Der Wasserverbrauch soll innerhalb von zwei Jahren um 25 % gesenkt werden.*
- *Für den Verbrauch an Lebensmitteln und Getränken (Bewirtung Gäste und Klient*innen) gilt folgender Grundsatz: regional, saisonal und wo immer möglich bio. Der Bio-Anteil soll bis Ende 2022 50 % betragen, der Anteil regionaler Produzent*innen (das heißt, Rohstoffe und Verarbeitung stammen gemäß Empfehlung von Global 2000 (o. J.) aus einem Umkreis von 100 km) soll zumindest 35 % betragen.*
- *Innerhalb von zwei Jahren sollen Mitarbeiter*innen max. 2 Mal pro Monat mit dem eigenen PKW zur Arbeit fahren und stattdessen öffentliche Verkehrsmittel oder das Fahrrad benutzen bzw. den Arbeitsweg zu Fuß absolvieren.*
- *Gemeinsam mit den Mitarbeiter*innen und dem Betriebsrat wird binnen Jahresfrist ein Konzept ausgearbeitet, wie man den Müll durch Einwegverpackungen verschiedener Lieferdienste bzw. von Fertigmenüs um 75 % reduzieren und gleichzeitig den Mitarbeiter*innen eine warme Mahlzeit ermöglichen kann. Die Kaffeemaschine wird innerhalb eines Quartals so umgestellt, dass keine Plastik- oder Papierbecher mehr zum Einsatz kommen.*

5.3 Nachhaltigkeitskennzahlen für die Sozialwirtschaft

Um die Zielerreichung zu überprüfen und Bereiche für Maßnahmen überlegen zu können, braucht es entsprechende Kennzahlen oder Indikatoren. In der Praxis werden die beiden Begriffe oft gleichgesetzt bzw. synonym verwendet, so z. B. im *Handbuch zur Entwicklung von Zielen und Indikatoren* im Bereich der Wirkungsorientierung der österreichischen Bundesverwaltung (Bundesministerin für Frauen und Öffentlichen Dienst 2011, S. 12). Wie die obigen Beispiele zeigen, sind manche Ziele mit einer einzigen Kennzahl hinterlegt. So ist das Ziel, den Wasserbrauch zu senken, wohl eindeutig an der Kennzahl Wasserverbrauch abzulesen. Würde man aber z. B. das Ziel, den CO_2-Ausstoß um 25 % zu reduzieren, betrachten, zeigt sich, dass dieses Ziel nicht ganz so einfach zu erreichen ist. Hier kommt eine *Kennzahl* ins Spiel, nämlich die Berechnung mithilfe eines CO_2-Kalkulators zu bestimmten Stichtagen. Alternativ dazu kann man auch verschiedene Informationen, wie z. B. das Senken der gefahrenen Kilometer mit den Firmenwägen oder das getankte Benzin, die Senkung der Anzahl an Flügen bei Dienstreisen, die Reduzierung des Kaufs von Waren, die nicht aus der EU stammen, und vieles mehr betrachten. In diesem Fall würde man zwar nicht den CO_2-Ausstoß selbst messen, aber stellvertretend Bereiche betrachten,

5.3 Nachhaltigkeitskennzahlen für die Sozialwirtschaft

die man als *Indikatoren* für das jeweilige Ziel betrachtet. Wodurch unterscheiden sich Kennzahlen und Indikatoren (KVWL 2017, S. 28 ff.; Bundesministerin für Frauen und Öffentlichen Dienst 2011, S. 13)?

- **Kennzahlen** geben Sachverhalte in verdichteter Form als quantitative Messgröße wieder. Sie sind definiert, quantifiziert, messbar und können auch reproduziert werden. Sie können in absolute und relative Kennzahlen unterteilt werden. *Absolute Kennzahlen* basieren auf absoluten Zahlen und Werten. Sie sind oftmals aber nur schwer zu interpretieren. Eine absolute Zahl wäre z. B. die Anzahl der Krankenstandstage innerhalb eines Jahres für die gesamte Organisationseinheit. Der Wert von 90 Tagen stellt eine absolute Kennzahl dar. Interessanter ist es, wenn man diese Zahl zu anderen in Relation setzt und *relative Kennzahlen* betrachtet. So kann man z. B. die Anzahl der Krankenstandstage pro Vollzeitäquivalent betrachten. Hier kommt die Organisation auf einen Wert von 9 Tagen. Dieser läst sich z. B. mit anderen Organisationen im selben Handlungsfeld der Sozialen Arbeit vergleichen.
- **Indikatoren** sind Kenngrößen, die einen nicht direkt messbaren Sachverhalt abbilden bzw. stellvertretend für diesen stehen.

Im Zentrum steht die Frage, welche Informationen das Management einer Organisation braucht, um Entscheidungen treffen zu können, bzw. welche sie an verschiedene Stakeholder kommunizieren möchte. In unterschiedlichen Handlungsfeldern der Sozialen Arbeit werden andere Themen in den Fokus rücken. So wird ein Social Business im Bereich der Gastronomie u. a. Kennzahlen für den Verbrauch von Lebensmitteln betrachten, während in einem Mutter-Kind-Haus die Beschaffung von Hygieneartikeln und Kosmetika von Interesse ist. Natürlich finden sich in Leistungshandbüchern, Verträgen oder Qualitätsleitfäden der Kostenträger/Fördergeber*innen auch Hinweise, welche Kennzahlen eine Organisation in den Jahresbericht aufnehmen muss. Gerade beim Thema Nachhaltigkeit wird man hier derzeit noch sehr wenig konkrete Ansatzpunkte finden, da noch das Finanz-, Leistungs- und Wirkungscontrolling vorherrschen.

Generell gilt bei Kennzahlen der Grundsatz „so viele nötig, so wenige wie möglich". Denn jede Kennzahl bringt einen Aufwand an Planung, Steuerung und Dokumentation mit sich. An dieser Stelle sei noch einmal auf die Wesentlichkeitsanalyse aus Kap. 4 hingewiesen. Sie soll bereits eine Vorsortierung der Themen ermöglichen, die für die Organisation überhaupt infrage kommen, aber auch wesentlich im Sinne eines relevanten Einflusses sind.

Kennzahlen und Indikatoren können auch motivierend wirken. Unternehmen und Organisationen trachten danach, Maßnahmen, die sie setzen, auch messen zu wollen. So können sie ihren Erfolg belegen und einen Ansporn geben, noch besser zu werden. Kennzahlen helfen, die Sinnhaftigkeit von Investitionen zu untermauern, wenn man z. B. die Kosten der Investition mit den dadurch erzielten Einsparungen vergleicht. Das kann etwa bei Maßnahmen zur Senkung des Energieverbrauchs sinnvoll sein. Eine wichtige Grundlage stellen auch die verschiedenen Standards zur nachhaltigen Berichterstattung dar. So findet man in den jeweiligen Standards der Global Reporting Initiative ebenso Kennzahlen wie im Leitfaden zur Gemeinwohlmatrix oder im EMAS. In den folgenden Kapiteln wird für alle drei Dimensionen der Nachhaltigkeit eine Übersicht über gebräuchliche Kennzahlen präsentiert. Die Aufzählungen haben keinen Anspruch auf Vollständigkeit. Es soll noch einmal explizit darauf hingewiesen werden, dass jede Organisation für sich selbst Kennzahlen und Indikatoren definieren kann.

5.3.1 Kennzahlen der ökologischen Nachhaltigkeit

- Jährliche Emission an Treibhausgasen (CO_2-Abdruck)
- Wasserverbrauch in Liter pro Jahr
- Energieverbrauch pro Jahr
- Anteil der erneuerbaren Energie
- Wärmeenergieverbrauch nach Heizungsart
- Anteil der ökologischen Wärmeenergie (z. B. Fernwärme)
- Menge an Abfall in Kilogramm pro Jahr
- Menge an gefährlichem Abfall in Kilogramm pro Jahr
- Anteil wiederverwertbarer Abfälle
- Kraftstoffverbrauch in Liter pro Jahr
- Anteil der E-Autos an der Gesamtflotte
- Flugmeilen pro Jahr/Mitarbeiter*in
- Anteil der Online-Meetings bei internationalen Meetings
- Zurückgelegte Kilometer mit öffentlichen Verkehrsmitteln für Dienstwege
- Anteil Nutzung öffentlicher Verkehrsmittel für Dienstwege
- Zurückgelegte Kilometer mit dem Fahrrad für Dienstwege
- Anteil der Nutzung von Fahrrädern für Dienstwege
- Anteil der Nutzung der Fahrräder und öffentlicher Verkehrsmittel am Weg in die Arbeit
- Anteil der Lieferant*innen, die anhand von Umweltkriterien überprüft wurden
- Verbrauch von Kopierpapier und anderen Büromaterialien

- Verbrauch von Reinigungsmitteln
- Anteil von ökologisch abbaubaren Reinigungsmitteln
- Anteil der Bio-Lebensmittel
- Anteil regionaler Lebensmittel
- Anteil biologisch abbaubarer Waschmittel
- Grad der Erfüllung von Umweltauflagen
- Maßnahmen zum Schutz der Artenvielfalt

Beispiel 5.2 Kennzahlen ökologische Nachhaltigkeit einer Beratungsstelle
Die Beratungsstelle aus Beispiel 5.1 möchte für die Ziele im Bereich der ökologischen Nachhaltigkeit folgende Kennzahlen in den Blick nehmen. In einer internen Projektgruppe hat man für fünf der sechs Ziele passende Kennzahlen ermittelt. Für das Ziel der Müllvermeidung wurde keine Kennzahl gefunden, die den Aufwand zur Erhebung rechtfertigt bzw. als Indikator geeignet erscheint. Dem Betriebsrat war es wichtig, dass es hier zu einer langfristigen Verhaltensänderung kommt, die sich nicht durch eine restriktive Betrachtung des verursachten Mülls negativ auf die Arbeitszufriedenheit auswirkt. Dennoch soll das Ziel verfolgt werden. Tab. 5.3 zeigt auch, wie die Kennzahlen erhoben werden.

5.3.2 Kennzahlen der sozialen Nachhaltigkeit

- Anzahl und Anteil der angestellten Mitarbeiter*innen
- Personalstruktur im Hinblick auf Diversität und Gender, z. B. Mitarbeiter*innen mit Behinderung, anderem kulturellen/ethnischen Hintergrund
- Schulungstage pro Mitarbeiter*in und Jahr
- Coaching/Supervisionsstunden pro Mitarbeiter*in und Jahr
- Anteil Frauen in Führungspositionen in den verschiedenen Leitungsebenen
- Anzahl Mitarbeiter*innen in Elternteilzeit
- Anteil der Männer in Väterkarenz oder Elternteilzeit
- Anzahl der Beschwerden bei der/dem Gleichstellungsbeauftragten
- Gremienstruktur im Hinblick auf Diversity und Gender
- Anteil der Mitarbeiter*innen, die an Diversity-Schulungen teilgenommen haben
- Anteil der jährlichen Mitarbeiter*innengespräche
- Höhe Mindestlohn
- Anteil der Mitarbeiter*innen über dem Mindestlohn
- Anzahl der Ehrenamtlichen

Tab. 5.3 Kennzahlen für ökologische Nachhaltigkeit einer Einrichtung

Ziel	Kennzahl	Erhebungsmethode
Der Papierverbrauch soll innerhalb der nächsten zwei Jahren um 50 % gesenkt werden	Gekaufte Blatt Papier/Jahr	Die Kennzahl wird durch die Buchhaltung auf Basis der Rechnungen für Büromaterial ermittelt
Der Anteil des Recyclingpapiers soll von aktuell 60 % (Bericht 2019) bis 2022 auf 85 % erhöht werden und mit Ende 2023 100 % betragen	Anteil Recyclingpapier/ Papierverbrauch	Die Kennzahl wird durch die Buchhaltung auf Basis der Rechnungen für Büromaterial ermittelt
Der Wasserverbrauch soll innerhalb von zwei Jahren um 25 % gesenkt werden	Wasserverbrauch in Liter	Die Kennzahl wird auf Basis der Abrechnung des Wasserversorgers ermittelt
Für den Verbrauch an Lebensmitteln und Getränken (Bewirtung Gäste und Klient*innen) gilt folgender Grundsatz: regional, saisonal und wo immer möglich bio. Der Bio-Anteil soll bis Ende 2022 50 % betragen, der Anteil regionaler Produzent*innen (das heißt, Rohstoffe und Verarbeitung stammen gemäß Empfehlung von Global 2000 (o. J.) aus einem Umkreis von 100 km) soll mindestens 35 % betragen	Anteil Bio-Lebensmittel Anteil Bio-Getränke Anteil Bio-Kaffee und Tee Anteil regionaler Produzent*innen bei Lebensmitteln	Der Anteil der Bio-Lebensmittel, der Bio-Getränke, des Bio-Kaffees und Tees wird durch die Buchhaltung auf Basis der Rechnungen und/oder Lieferscheine berechnet Der Anteil der regionalen Produzent*innen wird jährlich auf Basis eines typischen Warenkorbs der Einrichtung erstellt. Dafür wird eine Liste der üblichen Produkte und ihrer Produzent*innen erstellt
Innerhalb von zwei Jahren sollen Mitarbeiter*innen max. zwei Mal pro Monat mit dem eigenen PKW zur Arbeit fahren und stattdessen öffentliche Verkehrsmittel oder das Fahrrad benutzen bzw. den Arbeitsweg zu Fuß absolvieren	Anteil der mit dem PKW, mit öffentlichen Verkehrsmitteln, dem Fahrrad oder zu Fuß zurückgelegter Wege zum bzw. vom Arbeitsplatz	Monatliche Erhebung bei Mitarbeiter*innen in Form einer Selbstauskunft

(Fortsetzung)

Tab. 5.3 (Fortsetzung)

Ziel	Kennzahl	Erhebungsmethode
Gemeinsam mit den Mitarbeiter*innen und dem Betriebsrat wird binnen Jahresfrist ein Konzept ausgearbeitet, wie man den Müll durch Einwegverpackungen verschiedener Lieferdienste bzw. von Fertigmenüs um 75 % reduzieren und gleichzeitig den Mitarbeiter*innen eine warme Mahlzeit ermöglichen kann. Die Kaffeemaschine wird innerhalb eines Quartals so umgestellt, dass keine Plastik- oder Papierbecher mehr zum Einsatz kommen	*Derzeit keine passende Kennzahl bzw. kein Indikator innerhalb der Einrichtung*	

- Anteil der Ehrenamtlichen mit Migrationshintergrund, Menschen mit Behinderung oder anderen Aspekten der Vielfalt
- Arbeitsunfälle pro Mitarbeiter*in/Jahr
- Durchschnittliche Betriebszugehörigkeit der Mitarbeiter*innen in Jahren
- Fluktuationsrate
- Mitarbeiter*innenzufriedenheit
- Krankheitsquote
- Durchgeführte Aktionen/Maßnahmen zur Gesundheitsförderung
- Durchgeführte Sicherheitsschulungen
- Anteil der Mitarbeiter*innen, die an Sicherheitsschulungen teilgenommen haben
- Anteil der Mitarbeiter*innen, die an Aktionen/Maßnahmen der Gesundheitsförderung aktiv teilgenommen haben
- Anzahl der Arbeitsplatzbegehungen durch Sicherheitsfachkraft und/oder Arbeitsmediziner*in
- Anzahl Burn-out-Präventionsgespräche
- Anzahl der betrieblichen Impfungen

Darüber hinaus werden auf Basis der Stakeholderanalyse auch Kennzahlen für diese Gruppen formuliert werden müssen. Zumindest die durchgeführten Stakeholderdialoge und die Einbindungen in Projekte und Vorhaben sollte die Organisation im Fokus haben.

Beispiel 5.3 Kennzahlen ökologische Nachhaltigkeit einer Beratungsstelle
Die Beratungsstelle aus Beispiel 5.1 möchte die verschiedenen Aspekte der sozialen Nachhaltigkeit betrachten. Im ersten Schritt hat man sich darauf verständigt, nur die angestellten Mitarbeiter*innen und die Ehrenamtlichen zu berücksichtigen. Darüber hinaus soll es sich um zusätzliche Kennzahlen handeln, da die Einrichtung z. B. bei Weiterbildung und Mitarbeiter*innenstruktur schon viele Kennzahlen betrachtet. Tab. 5.4 zeigt auch, wie die Kennzahlen erhoben werden.

5.3.3 Kennzahlen der wirtschaftlichen Nachhaltigkeit

Gerade im Bereich der wirtschaftlichen Nachhaltigkeit hat einerseits die Frage, ob man soziale Dienstleistungen erbringt oder Produkte herstellt, und andererseits die Gewinnorientierung versus die Gemeinwohlorientierung einen großen Einfluss. Typische Kennzahlen für die wirtschaftliche Nachhaltigkeit in der Sozialwirtschaft basieren zum Teil auf den *klassischen betriebswirtschaftlichen Kennzahlen*, stellen aber auch andere Aspekte dar. Die hier verwendeten Kennzahlen beziehen sich auf eine gemeinnützige Organisation der Sozialwirtschaft (kursiv: klassische betriebswirtschaftliche Kennzahlen)

- *Umsatzerlöse*
- *Personalkosten*
- *Personalkosten in % des Umsatzes*
- *Eigenkapitalquote*
- *Anteil der Rücklagen am Eigenkapital bzw. Gesamtkapital*
- *Höhe und Anteil des Anlagevermögens*
- *Cashflow*
- *Bargeldbestand/Liquidität*
- Erlöse aus Leistungsverträgen
- Höhe der Zuschüsse
- Schulungskosten pro Mitarbeiter*in
- Anteil an Ausgaben für lokale Lieferant*innen
- Schulungen zur Bekämpfung von Korruption
- Bestätigte Korruptionsbekämpfung

Tab. 5.4 Kennzahlen für soziale Nachhaltigkeit einer Einrichtung

Ziel	Kennzahl	Erhebungsmethode
Der Anteil der Frauen in Führungspositionen soll auf allen drei Leitungsebenen der Einrichtung bis 2025 mind. 50 % betragen	Frauen in Führungspositionen in den verschiedenen Leitungsebenen	Auswertung durch die Personalabteilung
Die Einrichtung möchte den Anteil der Männer, die in Väter- oder Elternkarenz gehen, jährlich um 10 % steigern	Anteil der Männer in Väterkarenz oder Elternteilzeit	Auswertung durch die Personalabteilung
Der 12-köpfige Vorstand der Einrichtung möchte die Vielfalt in diesem Gremium steigern. Neben einer 50:50-Regelung für Frauen und Männer sollen in der kommenden Periode sexuelle Orientierung, Alter (20–40 Jahre, 40–70 Jahre) und Migrationshintergrund (aus drei Ländern, die auch in Hinblick auf die Arbeit mit Klient*innen relevant sind) eine Rolle spielen	Gremienstruktur im Hinblick auf Diversität und Gender	Zusammenstellung nach Selbstauskunft der Vorstandsmitglieder im Anschluss an die Wahl des neuen Vorstands, jährliche Analyse
Die Organisation soll Frauen und Männern die gleichen Chancen bieten. Es wird eine Null-Toleranz gegen Diskriminierung am Arbeitsplatz auf allen Ebenen verankert	Anzahl der Beschwerden bei der/dem Gleichstellungsbeauftragten	Abfrage der Anzahl der Beschwerden bei der/dem Gleichstellungsbeauftragten
Die Einrichtung möchte das Gesundheitsbewusstsein der Mitarbeiter*innen und Ehrenamtlichen fördern. Als zentrales Instrument werden die Maßnahmen der Gesundheitsförderung gesehen. Binnen drei Jahren sollen mind. 75 % aller Mitarbeiter*innen und 25 % aller Ehrenamtlichen jährlich an zwei Maßnahmen teilgenommen haben	Anteil der Mitarbeiter*innen und Ehrenamtlichen, die an Aktionen/Maßnahmen zur Gesundheitsförderung teilgenommen haben	Auswertung der Teilnehmer*innenlisten
Die Langzeitausfälle aufgrund eines Burn-outs sollen innerhalb von zwei Jahren um 50 % gesenkt werden	Anzahl Burn-out-Präventionsgespräche (Mitarbeiter*innen und Ehrenamtliche)	Abfrage der Anzahl der Gespräche bei der Arbeitspsychologin

- Ergriffene Maßnahmen gegen Korruption
- Nachhaltiges Leitbild bzw. nachhaltige Organisationswerte
- Anzahl der Beschwerden der Klient*innen
- Anzahl der Beanstandungen in Abrechnungen mit Fördergeber*innen
- Nachweis über die ordnungsgemäße Anstellung der Mitarbeiter*innen
- Höhe der Rückstände für Steuern und Sozialabgaben

5.4 Green Balanced Scorecard

Je nachdem, welche Ansprüche die Leitung der Organisation, die Eigentümer*innen, die Mitglieder oder Kostenträger/Fördergeber haben, wird es notwendig sein, verschiedene Kennzahlen und Indikatoren zu einem *Kennzahlensystem* zusammenzustellen. Kennzahlensysteme vereinen verschiedene Kennzahlen, um eine integrierte Steuerung der Organisationen zu erleichtern. Mitte der 1990er Jahre wurde die sogenannte *Balanced Scorecard* entwickelt. Die ursprüngliche Form bündelt ausgehend von der Vision und der Strategie der Organisation vier Perspektiven, die miteinander in Verbindung stehen, sich gegenseitig bedingen und in Balance sind. So kann eine gesamte Strategie schlussendlich in verschiedene Bereiche zerlegt werden, für die Ziele und Zielwerte sowie Kennzahlen und Maßnahmen zur Zielerreichung formuliert werden. Das ausdifferenzierte Geflecht an Zielen, Kennzahlen und Maßnahmen für jede Perspektive erlaubt eine Operationalisierung der zumeist recht abstrakten Strategie und wird in einer Scorecard dargestellt. Die vier Perspektiven der Balanced Scorecard umfassen

- Finanzen,
- Kund*innen,
- Mitarbeiter*innen (auch als „lernen und wachsen" bezeichnet)
- sowie Prozesse.

Diese Perspektiven können auch erweitert oder adaptiert werden (Schlosser et al. 2018, S. 240). Bono (2006, S. 97) übersetzt die Balanced Scorecard für soziale Dienste in fünf Perspektiven:

- **Auftrag:** Welches Sachziel müssen wir erreichen?
- **Leistungsempfänger*innen:** Wie sollen wir gegenüber Leistungsempfänger*innen auftreten, um unseren Auftrag zu erfüllen?
- **Mitarbeiter*innen:** Welche Voraussetzungen müssen wir erfüllen, um kontinuierliche Verbesserungen im Hinblick auf die Auftragserfüllung sicherzustellen?

5.4 Green Balanced Scorecard

- **Interne Prozesse:** Welche Prozesse erfordern von uns hervorragende Leistungen, um unseren Auftrag zu erfüllen?
- **Wirtschaftlichkeit:** Welche finanziellen Rahmenbedingungen müssen wir einhalten, um unseren Auftrag zu erfüllen?

Gemäß Bono (2006, S. 101) kann, wie Abb. 5.3 zeigt, der Prozess der Entwicklung einer BSC in drei Schritte zerlegt werden:

Die Balanced Scorecard ermöglicht somit eine umfassende Betrachtung der gesamten Organisation ähnlich einem „360-Grad-Blick". Sie soll einerseits die Komplexität der vielen Rädchen erfassen, die für den Erfolg der Organisation verantwortlich sind, andererseits eine gewissen Reduktion auf die strategisch bedeutendsten Aspekte schaffen. Das Kennzahlensystem kann quantitative und qualitative Kennzahlen umfassen. Die Operationalisierung der Strategie ist der große Mehrwert dieser zugegeben recht aufwendigen Betrachtung. Tab. 5.5 zeigt den Ausschnitt einer Balanced Scorecard des Bereichs Mitarbeiter*innen (lernen und wachsen) einer Sozialorganisation.

Die BSC bietet auch Möglichkeiten für das Green Controlling. Zur Begrünung stehen gemäß dem Internationalen Controllerverein (2011, S. 18) drei Möglichkeiten zur Verfügung:

- Betrachtet man Nachhaltigkeit als Querschnittsmaterie, so sollten alle drei Dimensionen in die vier Perspektiven der BSC einfließen. Es werden also einzelne Nachhaltigkeitsziele in das bestehende System aufgenommen.

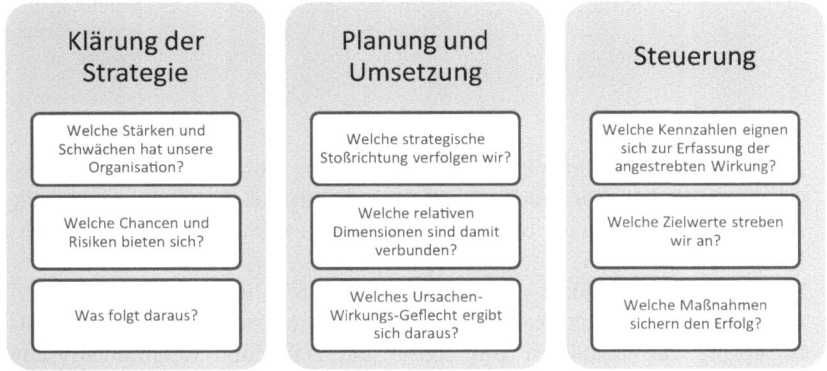

Abb. 5.3 Schritte der Balanced Scorecard. (Eigene Darstellung in Anlehnung an Bono 2006, S. 101)

Tab. 5.5 Ausschnitt aus der BSC einer Sozialorganisation

Vision	Strategie	Ziele	Messgröße	Zielwerte	Maßnahmen
Wir sind in 5 Jahren die führende Organisation im Bereich der Wohnungslosigkeit	Innovationsführerschaft in Wien durch tolle Konzepte und eine effiziente Umsetzung	Innovationskultur in der Organisation stärken	Vorschläge für Dienstleistungsinnovationen in den Teams erarbeiten	Drei Vorschläge pro Jahr	Innovationswettbewerb Service Design-Schulungen
		Drei neue Angebote im Bereich Wohnungslosigkeit am Sozialmarkt etablieren, vom Kostenträger finanziert	Förderzusage für drei neue Angebote	Finanzierungsmix: 95 % Förderung 5 % Spenden	Bildung interner Projektteams aus Personalabteilung, Controlling und Fachabteilung zur Vorbereitung des Finanzteils der Angebote
		Hohe Qualität des Angebots mit klarem Herausstreichen der Innovation	Jedes Konzept beinhaltet: Fachkonzepte, Finanzkonzept, Umsetzungsplanung	Wenig inhaltliche Rückfrage vom Fördergeber, keine Aufforderung zur Nachbesserung des Angebots	Projektverantwortliche benennen Ressourcen zuteilen Ziele klären Entwicklungskompetenzen fördern

- Alternativ dazu kann man innerhalb der BSC eine fünfte, „grüne" Perspektive schaffen. Möglich wäre auch, für ökologische und soziale Ziele jeweils eine weitere Perspektive in die BSC aufzunehmen. Somit würde die BSC aus sechs Perspektiven bestehen.
- Eine weitere Möglichkeit ist die Einführung einer eigenen Nachhaltigkeits-BSC, die die Nachhaltigkeitsstrategie abbildet und steuerbar macht und als Ergänzung zur etablierten BSC oder zum etablierten Kennzahlensystem fungiert.

5.5 Tools für die nachhaltige Unternehmenssteuerung

Für Kennzahlen, die aus vielen verschiedenen Sub-Kennzahlen bestehen, können externe Tools verwendet werden. Eines der nützlichsten ist zweifelsfrei der CO_2-Kalkulator, mit dem Organisationen entlang verschiedener Unternehmensbereiche und -aktivitäten ihren durch sie verursachten CO_2-Ausstoß berechnen können. Während es für Konsument*innen zahlreiche Möglichkeiten gibt, den CO_2-Fußabdruck kostenlos im Internet zu berechnen, ist das Verfahren für Unternehmen und Organisationen meist aufwendiger und kostenpflichtig. Dafür stellen verschiedene Anbieter*innen Vergleichswerte für einzelne Branchen zur Verfügung.

Für verschiedene Branchen finden sich im Internet auch spezielle Nachhaltigkeitstools. Aktuell ist jedoch keines für die Sozialwirtschaft am Markt. Auch für die Steuerung aller drei Nachhaltigkeitsdimensionen werden kostenpflichtige Tools angeboten. Stellvertretend sei hier das *ESG-Cockpit* (environment, social, governance) erwähnt, das auch von Organisationen der Sozialwirtschaft sowohl für die Steuerung und das Reporting als auch für die Zertifizierung der Nachhaltigkeitsaktivitäten eingesetzt werden kann. Das kostenpflichtige Tool bezieht die gängigsten Standards und Berichtsvorlagen mit ein: ISO 14000, EMAS, GRI, Carbon Disclosure Project, Abfallwirtschaftskonzept, Green House Gas-Protocol (Klimabilanzen), SDGs und Gemeinwohlbilanz. Es kann auch für das verpflichtende Reporting, die NFI-Reports (D) bzw. das NaDiVeg-Gesetz (A) angewandt werden (ESG-Cockpit o. J.).

Fallbeispiel Klimafreundlich pflegen (Nationale Klimaschutzinitiative 2020)
Am Projekt der AWO, das die Senkung des CO_2-Ausstoßes zum Ziel hatte, beteiligten sich 40 stationäre Einrichtungen, vier aus der stationären Behindertenhilfe, der Rest aus der Altenhilfe. Ziel des Projekts war es, gemeinsam mit den Einrichtungen individuelle Klimaschutzkonzepte zu entwickeln. Im ersten Schritt bildeten die Einrichtungen Projektteams. Deren Mitglieder gehörten meist zu den Bereichen Einrichtungsleitung, Haustechnik, Hauswirtschaft, Küche, Verwaltung und Qualitätsmanagement. Im Anschluss erstellten die Teams einen CO_2-Fußabdruck für ihr jeweiliges Haus und werteten diesen gemeinsam mit Mitarbeitenden des AWO Bundesverband e. V. in Workshops aus. Der CO_2-Fußabdruck bildet alle Emissionen eines Pflegeheims ab und fungiert als Bestandsaufnahme. Es zeigte sich, dass der Bereich Verpflegung in der Regel zwischen 40 bis 50 % der gesamten Emissionen ausmacht. In den Workshops wurden individuelle Arbeitsschwerpunkte in Form von Klimaschutzzielen und

-maßnahmen festgelegt, bei deren Umsetzung die Einrichtungen durch den AWO Bundesverband e. V. begleitet wurden. Die Umsetzung der Maßnahmen und die Evaluation ihrer Wirksamkeit wurden durch den Aufbau einer CO_2-Datenbank unterstützt. Diese Datenbank enthält die Angaben des CO_2-Fußabdrucks, die sich für Vergleiche zwischen den Einrichtungen anbieten. Dadurch konnten Informationsmaterial und politische Handlungsempfehlungen zusammengetragen werden. In der letzten Phase des Projekts geht es nun darum, erfolgreiche Praxisbeispiele aufzuzeigen, um die Ergebnisse mit Vertreter*innen der Politik zu diskutieren. Im Jahr 2021 wurde ein Nachfolgeprojekt unter dem Titel „Klimafreundlich pflegen" gestartet.

5.6 Tools zum Controlling & Reporting

Nachhaltigkeitsreporting ist seit 2017 kein reiner Akt der Freiwilligkeit mehr: Die Gesetzgebung basiert auf der EU-Richtlinie zur „Offenlegung nichtfinanzieller und die Diversität betreffender Informationen", die im nationalen Recht umgesetzt wird, jedoch für die Sozialwirtschaft derzeit nicht relevant sind (Barmüller und Schaffhauser-Linzatti 2018, 125 f.):

Das österreichische *Nachhaltigkeits- und Diversitätsverbesserungsgesetz (NaDiVeG)* verpflichtet Unternehmen mit mehr als 500 Mitarbeiter*innen und einer Bilanzsumme von mehr als 20 Mio. EUR oder 40 Mio. EUR Umsatz, über Umweltdaten, soziale und mitarbeiter*innenbezogene Aspekte zu berichten.

In Deutschland ergibt sich durch das *CSR-Richtlinie-Umsetzungsgesetz (CSR-RUG)* die Verpflichtung zum Reporting. Damit müssen Unternehmen von öffentlichem Interesse mit mehr als 500 Mitarbeiter*innen und einer Bilanzsumme von mehr als 20 Mio. EUR oder 40 Mio. EUR Umsatz nun auch über Umweltdaten, soziale und mitarbeiter*innenbezogene Aspekte berichten und nicht nur über Finanzkennzahlen. Auch alle deutschen börsennotierten Unternehmen sind davon erfasst. In der Schweiz ist ein ähnliches Gesetz in Vorbereitung.

Schon in vorangegangenen Kapiteln wurde auf die bedeutendsten Berichtsvorlagen und Standards hingewiesen. So finden sich bereits in Kap. 2 Informationen zur Gemeinwohlbilanz, in Kap. 3 zu den Standards der Global Reporting Initiative (GRI), aber auch in den Kap. 4 und 5 immer wieder Querverweise. In den folgenden Kapiteln sollen diese Tools noch einmal entlang ihrer zentralen

Elemente vorgestellt werden. Egal ob EMAS, GRI, Gemeinwohlmatrix oder SDG-Kompass, sie alle können sowohl

- zum Klären der relevanten Nachhaltigkeitsthemen,
- zum Aufbau eines Nachhaltigkeitsmanagements,
- zur Steuerung der Nachhaltigkeitsziele,
- zur Zertifizierung oder
- zur gesetzlichen oder freiwilligen Nachhaltigkeitsberichterstattung eingesetzt werden.

Auch in der Sozialwirtschaft ist die Berichtslegungen an verschiedene Stakeholder (Vorstand, Mitglieder, Spender*innen oder Kostenträger/Fördergeber von großer Bedeutung. Das interne und externe Reporting ist wichtiger Teil des Controllings. In den meisten Organisationen ist die Controllingabteilung zumindest bezogen auf die finanziellen Aspekte in den Prozess der Berichtslegung eingebunden. Darüber hinaus werden in Geschäfts- und Jahresberichten viele Informationen rund um Zielgruppen, Handlungsfelder, Leistungen und Konzepte aufbereitet.

In den letzten Jahren waren viele Organisationen der Sozialwirtschaft damit beschäftigt, Wirkungsberichte zur erstellen oder Wirkungen in ihre Berichte aufzunehmen. Nachhaltigkeitsberichte – wie auch Wirkungsberichte – können als eigenständiger Bericht oder als Teil des Jahres- oder Geschäftsberichts verfasst werden. Wenn man eine Zertifizierung anstrebt, dann empfiehlt es sich, einen eigenständigen Bericht zu verfassen, da die Projekte zur Zertifizierung meist nicht der Logik der anderen Berichte folgen. Die externe Berichterstattung über Nachhaltigkeit führt zwangsläufig zu mehr Transparenz, weil die Organisationen viele Informationen offenlegen müssen, die bisher nicht in Jahresberichten standen (z. B. bezogen auf Personal, Prozesse, Gehaltssysteme, Lieferketten, Umweltauswirkungen, ...). Dafür muss man sich mitunter auch Kritik gefallen lassen. Andererseits kann man auf Erfolge verweisen und sich als verantwortungsvolle Organisation präsentieren. Da die allermeisten sozialwirtschaftlichen Organisationen ein hohes Vertrauen in der Öffentlichkeit genießen, erscheint dieser zusätzliche Nutzen weniger relevant. In der Positionierung innerhalb der Sozialwirtschaft kann er aber zum Wettbewerbsvorteil um finanzielle Ressourcen oder hauptamtliches und ehrenamtliches Personal werden.

Schaltenegger (2014, S. 24 f.) zeigt in Tab. 5.6, dass die Art der Nachhaltigkeitsberichterstattung auch vom Umfeld der Organisation und den Erwartungen der Gesellschaft/Stakeholder abhängt. Es ist davon auszugehen, dass sich die

Tab. 5.6 Nachhaltigkeitsberichterstattung in unterschiedlichen Unternehmensumfeldern (Schaltenegger 2014, S. 25)

Unternehmensumfeld	Gesellschaftliche Erwartungen	Relevanz der Nachhaltigkeitsleistung	Relevanz der Nachhaltigkeitsberichterstattung	Form der Berichterstattung
„Trust me"	Keine	Effizienzverbesserung	Interne Kommunikation, um Effizienzverbesserungen zu erzielen	Keine externe Berichterstattung, interne Berichterstattung als Teil der üblichen Prozesse
„Tell me"	Kommuniziere	Informationen zu offensichtlichen und gesetzlich geforderten Nachhaltigkeitsthemen	Ein wichtiges Element der externen Kommunikation, sofern gefordert, jedoch von geringer interner Relevanz	PR-getriebene Berichterstattung
„Show me"	Kommuniziere und illustriere	Informationen zur Befriedigung von Stakeholdererwartungen	Wesentliches Element in einem Set an freiwilligen Kommunikationsaktivitäten	Outside-in-Ansatz der Kommunikation und berichterstattungsgetriebenes Informationsmanagement
„Prove to me"	Messe, berechne, kommuniziere, illustriere und beweise	Veröffentlichungen als Ergebnis dessen, was Nachhaltigkeitsmanagement nachgewiesenermaßen und extern überprüft erreicht hat	Zusätzliches Element eines systemischen Ansatzes, um die Nachhaltigkeitsleistung des Unternehmens zu verbessern und darzulegen	Inside-out-Ansatz der leistungsorientierten durch Nachhaltigkeitsmanagement getriebenen Berichterstattung
„Involve me"	Involviere, stärke Stakeholder, integriere sie und arbeite zusammen	Grundlage für Austausch, gemeinsame Ausgestaltung und Umsetzung einer nachhaltigen Entwicklung sowie Teilung und Verantwortung der Rollen	Ein integrales Modell zur Einbindung von Stakeholdern in einen systemischen Ansatz der interaktiven Gestaltung	Zwillingsansatz zur Einbindung von Stakeholdern zur gemeinsamen Entwicklung von Strategie, Informationsgenerierung und -austausch

5.6 Tools zum Controlling & Reporting

Sozialwirtschaft der DACH-Region in den nächsten Jahren von einer „Trust-me"-Umwelt, in Richtung „Show me" entwickelt, wo erwartet wird, dass die tatsächlichen Umwelt- und Sozialwirkungen aufgezeigt und erreichte Verbesserungen sichtbar werden. Dabei ist das Befriedigen der Erwartungen zentral. Auch eine „Prove to me"- oder „Involve me"-Umwelt ist nicht unrealistisch.

In den folgenden Kapiteln werden verschiedene Tools zum Nachhaltigkeitsmanagement, -controlling und -reporting im Überblick vorgestellt, um einen ersten Einblick zu bieten. Es zeigt sich, dass sich das grundlegende Schema,

- sich mit Nachhaltigkeit auseinanderzusetzen,
- die Ausgangslage zu analysieren,
- für die Organisation wesentliche Aspekte zu identifizieren,
- Nachhaltigkeitsziele festzusetzen,
- Maßnahmen zur Zielerreichung zu überlegen,
- die Überprüfung, Messung und Analyse der Ergebnisse sowie
- die Kommunikation nach innen und außen

in allen Tools mehr oder weniger wiederfindet. Eine umfassende Betrachtung würde den Rahmen dieses Buches sprengen.

5.6.1 EMAS (Eco Management and Audit Scheme)

Das Eco Management and Audit Scheme (EMAS) ist ein freiwilliges Instrument der Europäischen Union, das für alle Branchen und Betriebsgrößen anwendbar ist und die Anforderungen der DIN EN ISO 14001 (anerkannter Standard für die Zertifizierung von Umweltmanagementsystemen) erfüllt und weltweit angewendet werden kann. EMAS kann von großen und kleinen Unternehmen, wie auch von Non-Profit-Organisationen verwendet werden.

Die Durchführung des Umweltmanagementsystems benötigt Zeit (rund ein Jahr) und eine Auseinandersetzung mit den Umweltthemen. Das Ziel ist eine kontinuierliche Verbesserung über die per Gesetz geforderten Maßnahmen hinaus. Im Idealfall nominiert die Organisation eine*n Umweltmanagementbeauftragte*n oder stellt ein Team zusammen, das den Prozess vorantreibt. Auch die Mitarbeiter*innen sollen in den Prozess eingebunden werden.

Am Beginn steht eine selbst durchgeführte Untersuchung (Umweltprüfung), danach folgen wiederkehrende Umweltbetriebsprüfungen. Die Umweltprüfung folgt keinem fixen Ablauf und richtet sich nach der Größe und der Branche der Organisation. Jedenfalls gilt es, das Geschäftsmodell und die Prozesse genauer zu analysieren, direkte und indirekte Umweltaspekte zu erfassen und zu bewerten, Umweltauflagen und -gesetze zu ermitteln und die Ergebnisse der Kontextanalyse, der Ermittlung von Risiken und Chancen sowie der Stakeholderanalyse ebenfalls in die Ermittlung und Bewertung bedeutender Umweltaspekte einfließen zu lassen. Wo bestehen Anknüpfungspunkte, wo eventuelle Widersprüche? Im Umweltprogramm werden Ziele und Maßnahmen definiert und ein Managementsystem installiert. Im Rahmen der Umwelterklärung „berichtet die Organisation öffentlich über die umweltrelevanten Tätigkeiten und Daten zur Umwelt, wie Emission, Abfälle, biologische Vielfalt, Ressourcen-, Wasser- und Energieverbräuche". Somit können alle Stakeholder auf diese Informationen zugreifen.

Im Zuge der Validierung überprüfen extern unabhängige, staatlich zugelassene und überwachte EMAS-Umweltgutachter*innen, ob alle relevanten Umweltrechtsvorschriften eingehalten werden. „Dabei achten sie auf die Einhaltung der formellen Regeln, auf eine echte Umweltleistung und darauf, ob die Organisation die selbst gesteckten Ziele erreicht" (EMAS o. J.a). Die Registerstellen der zuständigen Umweltbehörden prüfen, dass keine Umweltverstöße vorliegen und verleihen die EMAS-Registrierungsurkunde. Somit sind die Organisationen berechtigt, das EMAS-Logo zu führen. Online-Verzeichnisse für Umweltgutachter*innen und Zertifizierungsstellen erleichtern die Suche nach Partner*innen. Ein ausführlicher Leitfaden hilft beim Prozess (UGA o. J.), der in acht Schritten zum geprüften Umweltmanagement führt (EMAS o. J.b):

1. Planen und Vorbereiten: Zeitaufwand und Kosten kalkulieren, eventuell externe Beratung organisieren, Projektförderung recherchieren, Umweltgutachter*in auswählen, Verpflichtung der Leitung zur Führung und Verantwortung in Umweltfragen einholen, Prozessverantwortung/Umweltbeauftragte*n benennen, breites, innerbetriebliches EMAS Team zusammenstellen, Durchführung der Umweltprüfung.
2. Leitbild festlegen: Selbstverständnis und Umweltleitbild erarbeiten, Beschreibung der umweltverträglichen Geschäftstätigkeit, Abstimmung mit der Organisationsstrategie, Kommunikation des Leitbilds.
3. Umweltprogramm erarbeiten: konkrete Ziele und Maßnahmen auf Basis der Umweltprüfung, Check der Maßnahmen mit dem Umweltleitbild.
4. Durchführung: Umweltprogramm umsetzen, funktionierendes Managementsystem mit festgelegten Strukturen und Prozessen installieren (Zuständigkeiten, Vorgaben, Mitarbeiter*innenbeteiligung, Kommunikationswege, Dokumentation der Ziele, Maßnahmen und Erfolge, Green Controlling, Steuerungsmaßnahmen).

5. Interne Prüfung: Umweltbetriebsprüfung für Teilbereiche durchführen (jährliches internes Audit durch eine unabhängige Person), Managementbewertung (Umsetzung der Maßnahmen) einholen.
6. Umwelterklärung erstellen: jährliche externe Umwelterklärung mit Beschreibung der Organisation, Leitbild, bedeutende Umweltaspekte, Umweltprogramm inkl. Ziele, Daten über die Umweltleistung (bedeutenden Umweltauswirkungen und die Kernindikatoren), rechtliche Umweltvorschriften und Nachweis über die Einhaltung, Name und Zulassungsnummer der Umweltgutachter*in, Datum der Validierung.
7. Externe Prüfung: jährliches externes Audit
8. Eintragung ins EMAS-Register

Die aktuelle Statistik im Juni 2021 ist allerdings ernüchternd. In der ganzen EU haben bisher nur 3851 Organisationen mit 12.856 Niederlassungen EMAS angewandt. In Österreich sind es 263 Unternehmen und Organisationen, in Deutschland 1111. Im Bereich Sozialwesen (ohne Heime) werden derzeit online 12 deutsche Organisationen mit 142 Standorten angeführt.

5.6.2 SDG Compass

Bereits in Kap. 1 wurde auf die Sustainable Development Goals (SDGs) der UN hingewiesen. Die 17 Ziele mit ihren 169 Teilzielen stellen einen leicht verständlichen und für alle Unternehmen, Organisationen und Institutionen einfach anzuwendenden Rahmen dar, sich mit der nachhaltigen gesellschaftlichen Entwicklung und dem eigenen Beitrag dazu auseinanderzusetzen. Sie können bei der Entwicklung einer Strategie bzw. Nachhaltigkeitsstrategie, eines Leitbilds, nachhaltiger Geschäftsmodelle oder einer nachhaltigen Positionierung am Sozialmarkt eingesetzt werden und sind auch für den Aufbau einer Arbeitgeber*innenmarke (Employer Brand) sehr nützlich.

Aus Sicht des Managements einer sozialen Organisation gilt es zu differenzieren, inwiefern die SDGs im Sinne der Mission oder der Vision die Organisation leiten, wie diese nach innen wirken und wie sie sich auf das Management der Organisation auswirken. Hierfür ist der SDG-Kompass ein nützliches Tool.

Je nachdem, wie weit die Strategie des Kerngeschäfts bereits auf Nachhaltigkeit bzw. die SDGs ausgelegt ist, sollen fünf Schritte helfen, konkrete eigene Aktivitäten zu planen oder anzupassen. Vorausgesetzt wird dabei, dass Unternehmen und Organisationen alle relevanten Gesetze und internationalen

Mindeststandards einhalten und die Achtung der Menschenrechte prioritär behandeln. „Bei der Entwicklung des SDG Kompasses lag das Hauptaugenmerk auf multinationalen Konzernen. Kleine und mittelständische Unternehmen sowie andere Organisationen sind aber auch angehalten, sich vom Kompass anregen zu lassen und ihn mit den für sie nötigen Anpassungen zu verwenden. Der Kompass eignet sich nicht nur für die Anwendung auf Unternehmensebene, sondern auch auf Produkt-, Standort-, Divisions- oder regionaler Ebene" (SDG Compass o. J., S. 5). Der Aufbau ist in fünf Schritte gegliedert:

- Schritt 1: Die SDGs verstehen – Was sind die SDGs? Was ist der Business Case, welche Chancen ergeben sich und welcher Nutzen kann entstehen? Was versteht man unter Verantwortung von Unternehmen und Organisationen?
- Schritt 2: Priorisierung – Wertschöpfungsketten und deren lokale Auswirkungen identifizieren, Indikatoren festsetzen und Daten sammeln, Prioritäten setzen.
- Schritt 3: Ziele setzen – Umfang der Ziele bestimmen und Key Performance Indicators (wesentliche Kennzahlen) auswählen, Ausgangswerte und Zielwerte festlegen, Bekenntnis zu den SDGs formulieren.
- Schritt 4: Integration – Einbettung der SDGs in die Organisation, in die Strategie und die Prozesse, Kooperationen eingehen, um SDGs erreichen zu können.
- Schritt 5: Berichterstattung und Kommunikation – interne und externe Kommunikation der Ziele und der Zielerreichung.

Im zweiten Schritt werden in der Sozialwirtschaft anstatt der produktbezogenen Wertschöpfungsketten die Dienstleistungsprozesse untersucht. Zur Auswahl der Indikatoren verweist der SDG Compass auf andere Berichtsvorlagen wie z. B. die GRI-Standards. Auf der Website der Vereinten Nationen findet man zahlreiche Informationen zu den einzelnen SDGs. Auch der SDG Compass listet viele Quellen auf, um z. B. Ziele oder die Key Performance Indicators zu definieren.

5.6.3 Gemeinwohlbilanz

Bereits im Kap. 2 wurde die Gemeinwohl-Ökonomie vorgestellt, deren Herzstück der Gemeinwohlbericht bzw. die Gemeinwohlbilanz auf Basis der Gemeinwohlmatrix darstellt. Der Weg zur Gemeinwohlbilanz erfolgt in drei Schritten:

1. Erstellung des Gemeinwohlberichts
2. Externe Prüfung des Gemeinwohlberichts
3. Veröffentlichung der Gemeinwohlbilanz

5.6 Tools zum Controlling & Reporting

Als Voraussetzung gilt, bei einem anerkannten Verein zur Förderung der Gemeinwohlökonomie Mitglied zu sein. Nach innen ermöglicht der Gemeinwohlbericht ein 360-Grad-Nachhaltigkeitsmanagement, ein Management der Stakeholderbeziehung, mehr Motivation und Commitment durch die Mitarbeiter*innen und zahlreiche Innovationsimpulse. Die Wirkung am Markt ist auch für die Sozialwirtschaft vielfältig: mehr Attraktivität als Arbeitgeber*in, Differenzierbarkeit von anderen Anbieter*innen, erhöhte Sichtbarkeit als nachhaltige Organisation und Erweiterung der Kooperationsmöglichkeiten und Netzwerke. Nach außen kann man das eigene Engagement auch darstellen: „Unternehmen, die einen Gemeinwohlbericht erstellt haben und diesen auch extern prüfen lassen, sind nach Erhalt des Testats (Prüfergebnis) als „Bilanzierendes Unternehmen" gekennzeichnet. Auditierte Unternehmen können diese Kennzeichnung sowie die erreichte Punktezahl auch auf der Produktebene anführen" (Gemeinwohlökonomie o. J.a).

Die Grundlage für den Gemeinwohlbericht oder die Gemeinwohlbilanz bildet die Gemeinwohlmatrix (siehe Kap. 2) mit ihren 20 Feldern. Die Leitfragen hinter den 20 Bereichen der Matrix sind eine brauchbare Vorlage für die Konzeption eines nachhaltigen Managements in der Sozialwirtschaft. Jedes Feld der Matrix kann mit bis zu 50 Punkten bewertet werden. Für gemeinwohlschädigendes Verhalten können pro Feld bis zu 180 Minus-Punkte vergeben werden. So kann die Organisation max. 1000 Punkte oder bis zu 3600 Minus-Punkte erreichen. Ab einem Wert von >0 ist das Ergebnis als positiv anzusehen. Die Gemeinwohlbilanz ist für Unternehmen jeder Branche, jeder Größe und jeder Rechtsform anwendbar. Er kann auch von gemeinnützigen Organisationen und Verein verwendet werden. Um den Unterschieden gerecht zu werden, gibt es bei der Bepunktung Gewichtungen, wobei jedoch die erreichbaren Punkte gleichbleiben (Gemeinwohlökonomie o. J.b). Es gibt, wie Tab. 5.7 zeigt, zwei Arten der Berichtslegung (Gemeinwohlökonomie 2017, S. 9):

Die Organisation kann anhand der Bewertungen ihre Aktivitäten und Tätigkeiten für das Gemeinwohl sichtbar machen. Es handelt sich also um keine Messung. Es wird die Gemeinwohlmatrix auf die Aktivitäten des Unternehmens angewandt und dadurch die Wirkung bei den Berührungspunkten sichtbar. Für alle Aspekte sind so genannte Basislinien vorgegeben, also das jeweilige Mindestmaß, das in manchen Fällen durch gesetzliche Standards definiert wurde. Zusätzlich gibt es Bewertungshilfen und Interpretationsanleitungen.

Auch Indikatoren und Kenngrößen können aus einer Liste ausgewählt werden, um den Prozess zu erleichtern. Manche Indikatoren sind verpflichtend (= Mindestanforderung), sie sind in den Berichtsvorlagen angeführt. Die Bewertungsstufen reichen von Basislinie (0), erste Schritte (1), fortgeschritten

Tab. 5.7 Arten der Gemeinwohlbilanz. (In Anlehnung an Gemeinwohlökonomie 2017, S. 9)

	Vollbilanz	Kompaktbilanz
Umfang	Sämtliche Themen werden in verschiedene Aspekte (Unterkapitel) unterteilt	Kompakte Darstellung der Themen
Anwender*innenkreis	Ab der zweiten Bilanz verpflichtend für alle Unternehmen/Organisationen über 50 Mitarbeiter*innen	Kleinunternehmen: immer 11–50 Mitarbeiter*innen: zwei Mal Über 50 Mitarbeiter*innen: nur beim ersten Mal
Bewertung	Alle Aspekte werden auf einer Skala zwischen 0 und 10 bewertet Aspekte haben unterschiedliche Gewichte (gering/mittel/hoch/sehr hoch) Bewertung der Themen durch Summieren der Bewertung der Aspekte	Themen werden auf einer Skala von 0 bis 10 bewertet

(2–3), erfahren (4–6) bis vorbildlich (7–10). Die Stufen bauen aufeinander auf. Es müssen also alle Anforderungen der unteren Stufe erfüllt sein, um die nächste zu erreichen. Jeder Stufe ist ein Skalenwert zugeordnet, der die Gemeinwohlorientierung in diesem Aspekt oder Thema zeigt (Gemeinwohlökonomie 2017, S. 9 f.).

Die Matrix bietet konkrete Orientierung für sämtliche Themen und Aspekte. Darin werden teilweise eindeutige Ziele formuliert (z. B. „konsensuale Entscheidungsfindung im Unternehmen") und Beispiele für die Umsetzung angeboten (z. B. systemisches Konsensieren). Dennoch bleibt die Möglichkeit, eigene, neue, gleichwertige Umsetzungsschritte zu finden. Auf diese Weise wird den Unternehmen ein Kreativitäts- und den Gemeinwohlauditor*innen ein Bewertungsspielraum gelassen. (Gemeinwohlökonomie 2017, S. 10). Im *Arbeitsbuch Gemeinwohlbilanz 5.0 kompakt* (Gemeinwohlökonomie 2017) wird z. B. für jedes Feld der Matrix eine detaillierte Erklärung geliefert, die die folgenden Punkte enthält:

- Wie lautet die zentrale Einstiegsfrage?
- Was bedeutet dieses Thema für ein gemeinwohlorientiertes Unternehmen?
- Welche Berichtsfragen gibt es?

5.6 Tools zum Controlling & Reporting

- Welche verpflichtenden Indikatoren gibt es?
- Wie sehen die Bewertungsstufen aus?
- Was sind relevante Bewertungshilfen/Interpretationen?
- Welche Negativaspekte gibt es?

Tab. 5.8 zeigt die Informationen für das *Feld C4 Innerbetriebliche Mitentscheidung und Transparenz* (Gemeinwohlökonomie 2017, S. 49 f.). Sowohl der Bericht als auch die Bilanz werden extern überprüft und veröffentlicht. Die Bilanz kann alleine, mit Berater*innen oder mit einer Peergroup erstellt werden. Das Erstellen einer Gemeinwohlbilanz bietet für Unternehmen und Organisationen auch viele Möglichkeiten zur Reflexion und zur Organisationsentwicklung. Da der Leitfaden auch online verfügbar ist, kann man sich mit den Themen auch beschäftigen, ohne eine Bilanz zu legen oder ein externes Audit zu durchlaufen. Der Gemeinwohlbericht und die -bilanz können auch von Sozialorganisationen oder Sozialunternehmen angewandt werden. Dabei könnte vor allem bei der ökologischen Nachhaltigkeit, aber auch bei Transparenz und Mitbestimmung ein größerer Nachholbedarf herrschen, während vermutlich die Aspekte, die sich auf Zulieferbetriebe beziehen, wenig Relevanz haben.

Aktuell haben schon verschiedene Organisationen der Sozialwirtschaft in Österreich, Deutschland und der Schweiz eine Gemeinwohlbilanz erstellt, wie z. B. die Diakonie Herzogsägmühle (D), die Lebenshilfe Tirol (AT) oder die Stiftung Heimstätten Will (CH). Der Aufwand der Bilanzierung ist sowohl finanziell als auch personell hoch. Das kann gerade für die Sozialwirtschaft eine Hürde darstellen, da diese Organisationen traditionellerweise mit einem sehr schlanken Overhead auskommen müssen und für Organisationsentwicklung seitens der Fördergeber*innen kein Budget zur Verfügung steht.

Gemeinwohlbilanz in der Sozialwirtschaft: Interview Wilfried Knorr, Diakonie Herzogsägmühle (D)
Seit wann erstellen Sie einen Gemeinwohlbericht bzw. eine Gemeinwohlbilanz?
Das Buch von Christian Felber hatte ich 2013 gelesen. 2014 haben wir uns dann in drei Workshops mit der Bilanzierung auseinandergesetzt. Da ging es auch um die Frage, welche Kennzahlen es bereits im Unternehmen gibt und welche noch erhoben werden könnten bzw. wer für das Schreiben des Berichts zuständig wäre. Den ersten Bericht haben wir 2015 verfasst und 2016 zur Bilanzierung angemeldet. Auf dem Weg dorthin gab es verschiedene Konferenzen, wo die Mitarbeiter*innen das – auf Wunsch der Leitung – komplett „zerpflückt" haben, um blinde Flecken oder fehlende Aspekte aufzudecken. Diese Zukunftskonferenzen waren doch sehr

Tab. 5.8 Innerbetriebliche Mitentscheidung und Transparenz. (Eigene Darstellung in Anlehnung an Gemeinwohlökonomie 2017, S. 49 f.)

C4 INNERBETRIEBLICHE MITENTSCHEIDUNG UND TRANSPARENZ

BESCHREIBUNG	Das Unternehmen bzw. die Organisation ist ein Ort der aktiven Teilhabe und Mitwirkung für alle Mitarbeitenden. Sämtliche Mitarbeitenden können ihre Ideen, Anregungen oder Impulse einbringen und so Mitverantwortung übernehmen und zum Wohl des Unternehmens beitragen. Die Identifikation mit dem Unternehmen bzw. der Organisation steigt, und die Weisheit der Vielen wird genutzt.
EINSTIEGSFRAGE	Wie leben wir Transparenz und Partizipation in unserem Unternehmen?
EIN GWÖ-UNTERNEHMEN... 	... macht alle wesentlichen und kritischen Daten für die Mitarbeitenden transparent, leicht zugänglich und verständlich.
	... lässt die Führungskräfte durch die Mitarbeitenden legitimieren und evaluieren.
	... ermöglicht den einzelnen Teams und jeder/jedem einzelnen Mitarbeitenden ein hohes Maß an Mitentscheidung.
BERICHTSFRAGEN 	Welche wesentlichen/kritischen Daten sind für die Mitarbeitenden leicht zugänglich?
	Wie werden Führungskräfte ausgewählt, evaluiert und abgesetzt? Von wem?
	Welche wesentlichen Entscheidungen können die Mitarbeitenden mehrheitsdemokratisch oder konsensual mitbestimmen?
	Welche Erfahrungen wurden bisher mit mehr Transparenz und Mitbestimmung gemacht?
VERPFLICHTENDE INDIKATOREN	Grad der Transparenz bei kritischen und wesentlichen Daten (Einschätzung in Prozent).
	Anteil der Führungskräfte, die über Anhörung/Mitwirkung/Mitentscheidung der eigenen Mitarbeitenden legitimiert werden (in Prozent).
	Anteil der Entscheidungen, die über Anhörung/Mitwirkung/Mitentscheidung getroffen werden (in Prozent).
BEWERTUNGSSTUFEN	**Basislinie:** Gesetzliche Transparenz und Mitbestimmungsrechte der Mitarbeitenden werden eingehalten.
	Erste Schritte: Beschäftigung mit dem Thema Transparenz und Partizipation, konkrete Planung zu mehr Mitentscheidung.
	Fortgeschritten: Anhörung und Mitwirkung der Mitarbeitenden bei den wesentlichen Themen und Entscheidungen, inkl. Bestellung der Führungskräfte. Einige kritische Daten sind transparent, leicht verfügbar und verständlich aufbereitet.
	Erfahren: Einige Entscheidungen werden möglichst konsensual mit Mitarbeitenden getroffen, inkl. Bestellung und Abwahl der Führungskräfte. Ein Großteil der kritischen Daten ist transparent, leicht verfügbar und verständlich aufbereitet. Mehrjährige Praxis.
	Vorbildlich: Alle wesentlichen Entscheidungen werden möglichst konsensual getroffen, inkl. Bestellung und Abwahl der Führungskräfte. Alle wesentlichen und kritischen Daten sind leicht abrufbar und verständlich für alle Mitarbeitenden. Gelebte Kultur der Transparenz und Partizipation.
BEWERTUNGSHILFEN INTERPRETATIONEN	Wesentliche Entscheidungen sind z.B. Budget, Einstellungen/Entlassungen und langfristig relevante Grundsatzentscheidungen. Der Begriff trifft auch zu, wenn ein Großteil der Mitarbeitenden bzw. deren Alltag wesentlich betroffen ist.
	„Konsensual" meint verschiedene Verfahren, die eine möglichst hohe Zustimmung aller Beteiligten suchen, z.B. „Konset-Moderation" der Soziokratie oder das systemische Konsensieren (SK-Prinzip).
	Bei Unternehmen bis zu zehn Mitarbeitenden kann auf die Legitimierung der Führungskräfte verzichtet werden, aber nicht auf deren Evaluierung.
C4 NEGATIVASPEKT: VERHINDERUNG DES BETRIEBSRATES	Der Aspekt umfasst Maßnahmen, die einen rechtmäßigen Einsatz eines Betriebsrates verhindern. Fehlt ein solcher, sollte geprüft werden, ob die Mitarbeitenden zumindest gleichwertige Mitbestimmungsrechte auch ohne diesen ausüben können. Was unterhalb dieser Rechte liegt, kann als Verhinderung interpretiert werden, selbst bei weniger als fünf wählbaren Mitarbeitenden (Grenze für die Einrichtung eines Betriebsrates in Deutschland und Österreich).
BERICHTSFRAGEN 	Kann das Unternehmen bestätigen, dass keine Verhinderung des Betriebsrates vorliegt? Falls nicht, ist dieser Negativaspekt nach Vollbilanz zu berichten.

5.6 Tools zum Controlling & Reporting

arbeitsaufwendig. 2017 lag dann die Bilanz vor. Die zweite Bilanz wurde 2019 verfasst und 2020 auditiert. Der Zwei-Jahres-Rhythmus ist eigentlich üblich. Leider ist die systematische Auswertung des zweiten Auditberichts bisher noch unterblieben. Dieser ist deutlich umfassender als der erste und enthält viele Verbesserungsvorschläge der Auditor*innen. Das werden wir gemeinsam im Team in einer Zukunftskonferenz durcharbeiten und priorisieren.

Wie läuft der Prozess?
Es bringt nichts, alles top-down zu verordnen, es muss von der gesamten Belegschaft getragen werden. Das bedeutet nicht, dass man z. B. den Bericht im Team formuliert, aber dass man die zentralen Punkte diskutiert. Dies zieht auch im Unternehmen weitere Kreise, wenn plötzlich von den Bereichsverantwortlichen Projekte initiiert werden, wie z. B. ein verpackungsfreier Supermarkt oder die erste gemeinwohlzertifizierte Tagesstätte. Die Gemeinwohlbilanz sollte man nicht an eine Stabsstelle oder in die Marketingabteilung delegieren. Die Idee muss sich durch das gesamte Unternehmen ziehen. Der Bericht ist aber nicht der Schlusspunkt. Alle Ebenen müssen überlegen, welchen Beitrag sie leisten können. Nach dem zweiten Bericht haben wir einen internen Wettbewerb gestartet, um die verschiedenen Bereiche einzuladen, ihre Ideen zu präsentieren, wie sie verschiedene Felder der Matrix „nach vorne bringen" wollen. Im Mai 2020 haben wir einen Gemeinwohltag veranstaltet, bei dem die „Halle des Wandels" im Zentrum stand. Zu jedem Feld der Matrix standen zwei große Flipcharts mit den Themen „Das haben wir schon" und „Das sollten wir machen". Jeder, der durchlief, konnte Kommentare hinterlassen. Beteiligung zu fördern ist sehr wichtig. Die Beschäftigung mit der Gemeinwohlmatrix kann als Projekt der Organisationsentwicklung gesehen werden. Es werden alle Prozesse entlang der zentralen Werte der Gemeinwohlbilanz durchleuchtet und bei Bedarf im Unternehmen umgesteuert. Hier wird viel angestoßen.

Welche konkreten Bespiele für Maßnahmen gibt es?
Wir haben zum Beispiel mit E-Mobilität begonnen und den Umstieg aufs Fahrrad gefördert, um Emissionen zu reduzieren und die Gesundheit zu fördern. Wir haben in Stromtankstellen mit Solarzellen investiert und wir wollen in Zukunft den ganzen Ort Herzogsägmühle mit Energie aus Hackschnitzel versorgen. Der eigene Grund und Boden steht für eine Tiny-House-Siedlung zur Verfügung, für alle jene, die anders leben wollen. Wir wollen zu einer anderen Ortschaft beitragen. Klient*innen diskutieren aktuell in einem Projekt, wie man den Öffentlichen Personennahverkehr verändern kann und ob es da nicht ein kostenfreies Angebot in Form eines Rufbusses geben sollte, um die Mobilität der

Menschen zu fördern. Eine Frage, die auch im Rahmen des Berichts aufgetaucht ist: Wann stehen wem welche kritischen Daten zur Verfügung? Nehmen wir den Investitionsplan 2020 als Beispiel: Wann wird dieser und von wem gemacht? Wer soll einbezogen werden? Und wie breit setzt man so einen Prozess auf? Das ist nicht so einfach zu entscheiden. Wir haben zuletzt eine neue Küche für 8,6 Mio. Euro gebaut. Soll ich den Leiter der Kfz-Werkstätte fragen, ob er das gut findet? Der kann das nicht beantworten und hat auch keine Meinung dazu, solange er seine neue Hebebühne bekommt. Wenn er die nicht bekommt, weil es dafür kein Geld gibt, dann wird er auch bei anderen Investitionen mitreden wollen. Das ist ein Spannungsfeld, denn wir wollen die Beteiligung stärken. Das bezieht sich vor allem auch auf die Mitbestimmung von hilfeberechtigten Bürger*innen, was natürlich eine ganz andere Qualität hat. Die Entscheidung, wer bei so einem Investitionsvolumen mitentscheiden soll und kann und wer auch dazu in der Lage ist, ist aber nicht so einfach zu treffen. Die Gemeinwohl-Ökonomie bringt uns jedenfalls dazu, diese Frage neu zu stellen und neu zu gewichten. Da ist also nicht sofort eine Antwort, sondern erst mal eine Frage, die man sich so früher nicht gestellt hat. Da hat man einfach die Zahlen verkündet und es wurde nicht darüber diskutiert.

Wie hoch ist der personelle und zeitliche Aufwand?
Wir haben zu Beginn versucht, den Aufwand zu messen. Es ist aber sehr schwierig, das sorgfältig abzugrenzen, weil viele von den sogenannten „Eh-da-Kosten" anfallen. Damit meint man die Zeit, die Menschen „eh da" sind und sich mit diesem Thema beschäftigen, anstatt ihrer üblichen Arbeit nachzugehen. Wir können das im Augenblick nicht beziffern, was dies das Unternehmen kostet. Die Erstellung des Berichts braucht ca. 28 h (83 Seiten). Dann braucht es noch einmal rund 30 h für die Nachbearbeitung, wo zum Beispiel Kennzahlen und weitere Daten eingearbeitet werden (z. B. zu Krankenstandstagen). Die drei Zukunftskonferenzen dauerten jeweils drei Stunden und es waren jeweils 40 Mitarbeiter*innen beteiligt. Es war uns sehr wichtig, dass das nicht ein Bericht des Direktors ist, sondern auch einer der zweiten und dritten Führungsebene. Das Besuchsaudit selbst dauerte zwei Tage, in denen insgesamt 44 Interviews geführt wurden. Der Aufwand ist aber durchaus überschaubar. Ein Leitbildprozess oder die Budgetierung dauert auch nicht kürzer.

Wie haben die zentralen Stakeholder auf diese Berichte/Bilanzen reagiert?
Wir hatten mit mehr Widerstand, vor allem aus der konservativen Ecke, gerechnet. Sowohl die Politik als auch die mittelständischen Unternehmen aus der Region, mit denen wir auf verschiedenen Ebenen kooperieren, haben eigentlich

sehr positiv darauf reagiert. Bei den Angehörigen der Menschen mit Behinderung ist die Reaktion super. Spannend ist die Reaktion der Kostenträger, wie z. B. im Bezirk. Wir haben 250 Angusrinder, deren Fleisch wir verkaufen. Aber die Lebensmittelsätze für die Menschen mit Behinderung seitens der Kostenträger reichen nicht, um dieses Fleisch, das wir selbst produzieren, auch auf die Teller der Menschen mit Behinderung zu bringen. Aktuell gibt es keine Möglichkeit, dass der Kostenträger einen Zuschlag für regional oder biologisch produzierte Lebensmittel gibt, weil im Sozialgesetzbuch steht, dass die Einrichtung den Prinzipien der Sparsamkeit und Wirtschaftlichkeit folgen muss. Hier müsste das Wort Nachhaltigkeit eingefügt werden, sodass z. B. der Bezirk einen Zuschlag bezahlen kann. Wir versuchen gerade das auf der Bundesebene anzustoßen. Das hätte auch Auswirkungen auf andere Bereiche, nicht nur auf die Beschaffung von Lebensmitteln. Stellen wir einmal das Gedankenexperiment an, dass sozialwirtschaftliche Einrichtungen einen Aufschlag für die Gemeinwohlzertifizierung bekämen. Dann würden vermutlich sehr viele diesen Prozess durchlaufen. Das wäre eine Win-win-Situation und würde die Beschaffungsprozesse stark verändern. Das sollte aber über Anreizsysteme erfolgen und nicht über Verbote.

Welche Reaktion gab es von Seiten der Mitarbeiter*innen? Welche vom Leitungsgremium/Vorstand?
Die Reaktionen waren sehr unterschiedlich. Bei manchen ist das Projekt nicht so gut angekommen. Aber die die meisten waren dafür. Es mag da aber eine leicht verzerrte Wahrnehmung geben, weil die Leute, die mit mir als Leitung über die Gemeinwohlbilanz sprechen, diese ja gut finden. Die, die das falsch finden, reden in der Regel nicht darüber. Im Großen und Ganzen ist die Kommunikation von Anfang an sehr positiv gewesen. Das war ein Aha-Erlebnis, denn die vier Werte der Gemeinwohl-Ökonomie sind bei uns völlig unumstritten. Niemand aus den verschiedenen Führungsebenen hält auch nur einen einzigen dieser Werte für entbehrlich. Das System der Gemeinwohlbilanz und der Berichtslegung war aber am Anfang mit vielen Fragezeichen verbunden, weil der Aufwand nicht klar war. Und da gab es die Reaktion, dass die Mitarbeiter*innen das als zusätzliche Aufgabe empfunden hatten, die sie – in einem bereits sehr ausgefüllten Arbeitsalltag – auch noch unterbringen mussten.

Was würden Sie anderen Sozialorganisationen empfehlen, die sich erstmals mit einem Gemeinwohlbericht/einer Gemeinwohlbilanz beschäftigen möchten?
Man darf keine Scheu vor der Arbeit an der Gemeinwohlbilanz haben. Sie ist bewältigbar, auch für kleinere Einrichtungen. Vielleicht sollte man einmal in

einem Bereich beginnen. Man merkt rasch, dass man schon vieles beantworten kann. Man kann sich auch konkret eine Kennzahl anschauen, wie z. B. den Gender Paygap. Wie kommt es zu dieser Kennzahl, wie sieht sie bei uns aus? Da bekommt man ein Gefühl für die Kennzahlen dieses Berichts. Die Gemeinwohlmatrix ist ein Element der Organisationsentwicklung. Es ist kein Bericht oder grünes Feigenblatt. Ich gewinne eine Idee, wie ich verschiedene Entscheidungsgrundlagen in die Steuerung des Unternehmens integrieren kann. Früher wurden Entscheidungen getroffen, ohne zu hinterfragen, was diese in Bezug auf z. B. Nachhaltigkeit oder soziale Gerechtigkeit bedeuten. Durch die Gedankenwelt der Gemeinwohlbilanz verändert sich die Organisationskultur. Wir haben z. B. begonnen, verstärkt Kooperationen mit anderen Einrichtungen zu schließen. Die Bedeutung der eigenen Positionierung und Marke rückt im Sinne des Gemeinwohls etwas mehr in den Hintergrund. Man sollte überprüfen, ob die Werte der Gemeinwohl-Ökonomie auch zu den eigenen Werten im Leitbild passen. Was leitet das Unternehmen? Geht es um Geld oder das Gemeinwohl? Wenn es um das Gemeinwohl geht, dann ist die Bilanz eine sehr wertvolle Basis. Natürlich kann man auch nach EMAS oder entlang der SDGs arbeiten. Aber die Gemeinwohlbilanz ist eben auch auf Gesellschaftsveränderung angelegt. Das passt von der Philosophie sehr gut für die Sozialwirtschaft. Die Fragen sind aber derzeit noch sehr auf Profit-Unternehmen ausgelegt. Da stimmen manche Fragen für soziale Organisationen nicht. Da braucht es ein Handbuch für NPO oder gemeinnützige Unternehmen (Tab. 5.9).

5.6.4 Global Reporting Initiative (GRI)

Die Global Reporting Initiative (GRI) wurde 1997 von CERES (Coalition for Environmentally Responsible Economies) und dem Umweltprogramm der Vereinten Nationen (UNEP) als gemeinnützige Stiftung gegründet. GRI hat zur Unterstützung der Nachhaltigkeitsberichterstattung von Unternehmen und Organisationen GRI-Leitlinien (GRI Sustainability Reporting Guidelines) veröffentlicht, die „Berichterstattungsgrundsätze, Standardangaben und eine Umsetzungsanleitung zur Erstellung von Nachhaltigkeitsberichten für alle Organisationen, unabhängig von Größe, Branche oder Standort" bieten (Bundesministerium für Klimaschutz, Umwelt, Energie, Mobilität, Innovation und Technologie o. J.). Der Nachhaltigkeitsbericht wird, wie Tab. 5.10 zeigt, anhand der drei universellen Standards und der drei themenspezifischen Standards für ökonomische, ökologische und soziale Nachhaltigkeit erstellt (siehe Abschn. 3.1, 3.2 und 3.3). Die Themenpalette ist dabei sehr umfangreich, so werden in den

5.6 Tools zum Controlling & Reporting

Tab. 5.9 Zeigt die Gemeinwohlbilanz 2019 der Diakonie Herzogsägmühle. (Eigene Darstellung in Anlehnung an Diakonie Herzogsägmühle 2020, S. 10)

Testat:	Externes Audit	Gemeinwohlbilanz	für: **Diakonie Herzogsägmühle**
	M5.0 Vollbilanz	2019	Auditor*in: Angela Drosg-Plöckinger, Bernhard Oberrauch

WERT / BERÜHRUNGSGRUPPE	MENSCHENWÜRDE	SOLIDARITÄT UND GERECHTIGKEIT	ÖKOLOGISCHE NACHHALTIGKEIT	TRANSPARENZ UND MITENTSCHEIDUNG
A: LIEFERANT*INNEN	A1 Menschenwürde in der Zulieferkette: 10 %	A2 Solidarität und Gerechtigkeit in der Zulieferkette: 20 %	A3 Ökologische Nachhaltigkeit in der Zulieferkette: 10 %	A4 Transparenz und Mitentscheidung in der Zulieferkette: 10 %
B: EIGENTÜMER*INNEN & FINANZPARTNER*INNEN	B1 Ethische Haltung im Umgang mit Geldmitteln: 10 %	B2 Soziale Haltung im Umgang mit Geldmitteln: 100 %	B3 Sozial-ökologische Investitionen und Mittelverwendung: 10 %	B4 Eigentum und Mitentscheidung: 60 %
C: MITARBEITENDE	C1 Menschenwürde am Arbeitsplatz: 50 %	C2 Ausgestaltung der Arbeitsplätze: 40 %	C3 Förderung des ökologischen Verhaltens der Mitarbeitenden: 20 %	C4 Innerbetriebliche Mitentscheidung und Transparenz: 30 %
D: KUND*INNEN UND MITUNTERNEHMEN	D1 Ethische Kund*innenbeziehungen: 70 %	D2 Kooperation und Solidarität mit Mitunternehmen: 50 %	D3 Ökologische Auswirkung durch Nutzung und Entsorgung von Produkten und Dienstleistungen: 20 %	D4 Kund*innen-Mitwirkung und Produkttransparenz: 30 %
E: GESELLSCHAFTLICHES UMFELD	E1 Sinn und gesellschaftliche Wirkung der Produkte und Dienstleistungen: 60 %	E2 Beitrag zum Gemeinwesen: 50 %	E3 Reduktion ökologischer Auswirkungen: 20 %	E4 Transparenz und gesellschaftliche Mitentscheidung: 60 %

Testat gültig bis: 30. November 2022 — **BILANZSUMME: 346**

themenspezifischen Standards noch bis zu 19 weitere Standards zusammengestellt. Insofern kommt der Wesentlichkeitsanalyse unter Einbeziehung der relevanten Stakeholder der Organisation auch hier eine sehr große Bedeutung zu.

Die Standards enthalten *Pflichtanforderungen* (verbindliche Anweisungen), *Empfehlungen* und *weiterführende Anleitungen*

- Die Pflichtanforderungen muss eine Organisation befolgen, wenn sie erklären möchte, dass der Bericht gemäß der GRI-Standards erstellt wurde.
- Die Empfehlungen beziehen sich auf eine bestimmte Vorgehensweise, die ratsam ist.

Tab. 5.10 Übersicht über die GRI-Standards. (Eigene Darstellung in Anlehnung an GRI 2016, S. 3)

Universelle Standards	GR 101 Grundlagen	Ausgangsdokument bei der Anwendung der GRI-Standards
	GRI 102 Allgemeine Angaben	Für die Offenlegung von allgemeinen Informationen über eine Organisation
	GRI 103 Managementansatz	Für die Offenlegung des Managementansatzes für jedes wesentliche Thema
Themenspezifische Standards	GRI 200 Ökonomie	Diese Standards stehen für spezifische Angaben zu jedem wesentlichen Thema zur Auswahl. Für jeden Standard gibt es verschiedene detaillierte Sub-Standards
	GRI 300 Ökologie	
	GRI 400 Soziales	

- Die weiterführenden Anleitungen umfassen „Hintergrundinformationen, Erläuterungen und Beispiele, damit eine Organisation ein besseres Verständnis der Pflichtanforderungen erlangen kann" (GRI 2016, S. 4).

Die einzelnen Sub-Standards sind selbst wieder unterteilt. So enthält, wie Tab. 5.11 zeigt, z. B. der GRI 306 Abfall Angaben zum Managementansatz sowie themenspezifische Angaben:

Jeder der Standards in Tab. 5.11 enthält Pflichtanforderungen, Empfehlungen und weiterführende Anleitungen. Die Pflichtanforderungen des GRI 306-3 lauten:

„Die berichtende Organisation muss folgende Informationen offenlegen:

a. Gesamtgewicht des anfallenden **Abfalls** in metrischen Tonnen sowie eine Aufschlüsselung dieser Summe nach Zusammensetzung des Abfalls.

b. Kontextbezogene Informationen, die für das Verständnis der Daten und der Art, wie die Daten zusammengestellt wurden, erforderlich sind" (GRI 2016, S. 10).

Tab. 5.11 Übersicht über die Angaben im Standard GRI 306 (GRI 2016)

Angaben zum Managementansatz	Themenspezifische Angaben
Angabe 306-1 Anfallender Abfall und erhebliche abfallbezogene Auswirkungen Angabe 306-2 Management erheblicher abfallbezogener Auswirkungen	Angabe 306-3 Angefallener Abfall Angabe 306-4 Von Entsorgung umgeleiteter Abfall Angabe 306-5 Zur Entsorgung weitergeleiteter Abfall

5.6 Tools zum Controlling & Reporting

Im Anhang finden sich in jedem Standard Beispiele für Verfahrensabläufe sowie Beispiele für Vorlagen zur Darstellung von Informationen. Im Standard 306 gibt es z. B. Angaben für 306-3, 306-4 und 306-5. Darüber hinaus werden in einem Glossar zentrale Begriffe erklärt. Die GRI-Standards verstehen sich als modulare, miteinander verbundene Standards, die sich auf die wesentlichen Nachhaltigkeitsthemen einer Organisation konzentrieren. Sie zeigen ein umfassendes Bild über die wesentlichen Themen sowie die damit verbundenen Auswirkungen und die Handhabung seitens der Organisation und werden laufend überarbeitet. Jede Organisation kann entscheiden, ob sie die ausgewählten Standards vollständig oder teilweise verwenden möchte. Die Standards können einzeln oder als gesamter Satz in verschiedenen Sprachen im Internet heruntergeladen werden (Global Reporting Initiative o. J.) GRI bietet auf der eigenen Website zahlreiche Informationen zur Arbeit mit den Standards, darunter z. B. Webinare. Unternehmen und Organisationen können ihren Bericht bei der GRI registrieren lassen. GRI arbeitet auch daran, andere Standards oder Nachhaltigkeitsmodelle mit dem eigenen Berichtssystem zu verknüpfen. So gibt es z. B. eine umfangreiche, kostenlose Publikation, die zeigt, wie man die 17 SDGs mit den GRI-Standards verbinden kann (Global Reporting Initiative o. J.).

Global Reporting Standards in der Sozialwirtschaft: Interview Hemma Hollergschwandtner, Leitung Jobmanagement, Wien Work
Wann haben Sie damit begonnen, Nachhaltigkeitsberichte zu legen?
Wir haben schon Anfang der 2000er Jahre begonnen, mit Öko-Profit zu arbeiten. Das hat sich allerdings damals nur auf den Gastronomiebereich bezogen. Ausgelöst durch den Besuch einer Fortbildung haben wir uns 2005 entschlossen, den ersten Nachhaltigkeitsbericht zu erstellen. 2014 haben wir beim ASRA (Austrian Sustainability Reporting Award) mitgemacht und da wurden wir auch ausgezeichnet. Aktuell wird bereits der fünfte erstellt.

Wie war der Prozess zu Beginn?
Wir haben die Frage der Nachhaltigkeitsberichte innerhalb von Wien Work auf der Top-Führungsebene geführt. Das war intern eine sehr spannende Diskussion. Es geht ja darum zu berichten, wo wir gerade stehen und wo man gut ist. Und neu war, dass man nach außen auch sagen darf, wo wir aktuell nicht so gut sind, wir aber Pläne haben, um uns zu verbessern. Gleichzeitig hatten wir uns auch mit dem Sozialgütesiegel und mit Qualitätsmanagement beschäftigt. An die GRI-Vorlagen haben wir uns Schritt für Schritt herangetastet. Zuerst haben wir eine Fortbildung zum Erstellen von Nachhaltigkeitsberichten nach GRI besucht. Und dann hat es eine Zeit gebraucht zu realisieren, was es heißt, einen Bericht nach

dieser Vorlage zu erstellen. Wir mussten dabei dieses „Wir sind eh die Guten"-Gefühl überwinden. Wir wollten berichten, wie wir Nachhaltigkeit lebten. Natürlich helfen wir den Menschen, aber dennoch gibt es gerade bei Umweltfragen auch Dinge, die nicht gut laufen. Für uns ist die Nachhaltigkeit unserer Arbeitsplätze für Menschen mit Behinderungen besonders wichtig. Inklusion ist unser Hauptnachhaltigkeitsthema. In verschiedenen Projekten und der Ausbildung leben wir das Drei-Säulen-Prinzip. Nachhaltigkeit bedeutet für uns aber auch, wie wir unsere Zielgruppen beraten, wie wir mit Kooperationspartner*innen zusammenarbeiten und was ein Arbeitsplatz bei den Mitarbeiter*innen schlussendlich bewirkt.

Wie gestaltet sich die Arbeit mit den GRI-Standards? Wie umfangreich ist die Sichtung der relevanten Themen?
Der Bericht gemäß GRI ist schon sehr umfangreich. Natürlich will GRI verhindern, dass in Nachhaltigkeitsberichten nicht die Wahrheit erzählt wird. Aber wir haben keine eigene Abteilung, die sich mit dem Bericht beschäftigen kann. Wir machen das als „Nebengeschäft". Darin liegt auch eine gewisse Stärke. Wir haben ein kleines Team zusammengestellt, das dranbleibt. Wir binden ganz verschiedene Mitarbeiter*innen aus verschiedenen Ebenen ein. Das hat eigentlich eine große Resonanz bewirkt. Die Mitarbeiter*innen haben gesehen, dass das Thema spannend und interessant ist. Und es ist auch der Stolz spürbar, dass wir so etwas gemeinsam schaffen und auch z. B. Menschen mit Behinderungen einbinden können. Wir werden beim nächsten Bericht erstmals zu den einzelnen Kapiteln auch die passenden SDGs dazunehmen und zum Schluss den GRI-Index anhängen. Beim Verfolgen der Lieferantenketten z. B. für Holz oder andere Materialien kommen wir schon an unsere Grenzen. Nehmen wir z. B. Kinderarbeit. Wir müssten da extrem viel recherchieren und nachverfolgen, was aber personell nicht möglich ist. Wir haben dann Entscheidungen darüber getroffen, was für uns relevant ist, was wir in den Blick nehmen möchten und worüber wir auch berichten können. Wir haben sehr gute Erfahrungen mit externer Beratung gemacht. Wir haben uns auch viele Berichte von anderen Organisationen angesehen. Die ersten Berichte haben wir auch in Selbstregie layoutet. Das machen wir heute nicht mehr.

Wer war alles an der Erstellung beteiligt?
Wir haben unsere Hauptthemen in Form der Matrix aufgestellt und dann dazu die Stakeholder befragt. Als Stakeholder haben wir auch andere soziale Einrichtungen definiert, die ähnliche Arbeit leisten wie wir. Wir haben auch die

Mitarbeiter*innen und den Betriebsrat eingebunden. Die Fördergeber sind auch immer bei der Erstellung der Wesentlichkeitsmatrix dabei.

Gibt es Vorteile bei Fördergebern, wenn man einen Nachhaltigkeitsbericht vorlegen kann?
Bei Fördercalls merken wir, dass wir die Einzigen sind, die auch einen Nachhaltigkeitsbericht vorweisen können. Ich bin aber gegen verpflichtende Nachhaltigkeitsberichte. Sich nachweislich mit Nachhaltigkeit zu beschäftigen ist das eine, die Ressourcen für einen Bericht zu haben, das andere.

Welchen Beitrag können soziale Organisationen für mehr Nachhaltigkeit leisten?
Schon in der Zeit, als wir mit dem Öko-Profit im Bereich der Gastronomie oder Wäscherei gearbeitet haben, hat sich gezeigt, dass wir schon vieles richtig machen. Wir mussten das aber in eine Beschreibung gemäß einem Berichtsstandard bringen und auch in die eigenen Köpfe. Das Typische am Sozialbereich ist, dass es engagierte Leute gibt, die alle möglichen guten Sachen machen, aber das als selbstverständlich ansehen. So war es auch bei uns. Es gab einen Aha-Effekt, als uns klar wurde, dass man darüber auch berichten kann.

Hat es auch Kritik oder Widerstand in der Organisation gegeben?
Nein, es gab keinen Widerstand. Aber manchmal haben die Leute nicht verstanden, worum es geht. Erst wenn man nachvollziehen kann, was passiert, wird das auch ankommen.

In welchen Abstand werden Sie den Bericht dann weitermachen?
Vermutlich werden wir, wie in der Vergangenheit, beim Drei-Jahres-Rhythmus bleiben.

Kontrollieren Sie, ob Sie die Ziele auch erreichen? Gibt es Steuerungsinstrumente für Ihre Nachhaltigkeitsziele?
Wir haben als Geschäftsleitung einmal im Jahr eine Klausur, wo wir unsere Strategien betrachten und uns Ziele setzen. Wir haben schon einige Steuerungsinstrumente. Gerade die sozialen Ziele, wie z. B. Arbeitsplätze erhalten oder Krankenstände senken, schauen wir uns laufend an. Bei verschiedenen Projekten haben wir vorgegebene Ziele. Zum Beispiel für Inklusion: Wie viele Arbeitsplätze wurden geschaffen? Wie viele Menschen wurden qualifiziert oder ausgebildet? All diese Ziele müssen wir jährlich vorweisen. Durch die Auseinandersetzung mit Nachhaltigkeit ist dann der Fokus noch konzentrierter auf gewisse Punkte gelegt

worden. Dies hat z. B. dazu geführt, dass wir immer wieder den Papierverbrauch senken wollten. Da hatten wir plötzlich einen Ansporn, noch besser zu werden. Gerade bei ökologischer Nachhaltigkeit geht es ja wirklich auch um Geldersparnis. Wir wollen jetzt eine Photovoltaikanlage realisieren. Da gibt es auch gute Förderungen, das ist bei uns auch immer ein wichtiges Thema. Wir achten darauf, ob sich Investitionen auch rechnen.

Der Bericht 2014 greift die Idee des Theaters und der Bühne auf. Warum haben Sie sich für diese Art entschieden?

Die Berichte zeigen, wo wir mit dem Thema stehen, auch durch die Art, wie wir unsere Berichte gestalten und gewisse Dinge formulieren. Für den Bericht 2014 haben wir Zitate gesucht und gemerkt, dass es viel Spaß macht. Das ist auch mein Rat. Man muss schauen, dass man dies in einer Form macht, die nicht so trocken ist. Der aktuelle Bericht für 2021, den wir gerade vorbereiten, wird wieder ganz anders aussehen.

5.7 Klima- und Umweltschutz in a Nutshell

Die vorangegangenen Kapitel haben gezeigt, dass es schon ziemlich kompliziert sein kann, die Nachhaltigkeit der eigenen Organisation zu analysieren. Wie so oft gibt es auch einen einfachen Weg, der zumindest ermöglicht, an ein paar Schrauben zu drehen. Mit der 5-F-Regel von Footprint (o. J.) besteht zumindest für den Bereich der ökologischen Nachhaltigkeit eine leicht zu kommunizierende Anleitung. Tab. 5.12 übersetzt die 5-F-Regel, die für den persönlichen CO_2-Fußabdruck formuliert wurde, für Organisationen.

Die Entrpreneurs4Future (o. J.) listen 10 einfache Tipps für Unternehmen und Organisationen auf:

- Klimabilanz erstellen z. B. mittels CO_2-Rechner für Unternehmen
- Echten Öko-Strom beziehen
- Effiziente Ressourcennutzung
- Klimaneutrales Hosting und energieeffiziente Rechenzentren
- Kleine Optimierungen im Büro, um Energie und Ressourcen zu sparen
- Klimaneutrale Mobilität
- Umstieg auf die Bahn
- Alternativen zu (Inlands-)Flügen
- Videokonferenzen statt Reisen
- Betriebliches Mobilitätsmanagement aufbauen

Tab. 5.12 Anwendbarkeit der 5-F-Regel für Sozialorganisationen

Regel	Persönliche Ebene	Was bedeutet das für eine Organisation
1	Fliegen – besser nie!	Keine Dienstreisen per Flugzeug
2	Weniger Fleisch und tierische Produkte!	Umstellung der Verpflegungsangebote – reichlich vegetarische/vegane Produkte
3	Weniger Fahren mit dem Auto!	Programm, damit weniger/keine Mitarbeiter*innen mit dem Auto zur Arbeit kommen, und deutliche Reduktion der Dienstfahrten
4	Wohnen wie im Fass!	Reduktion der Büroflächen, effizientere Nutzung der Räumlichkeiten, bessere Isolierung, Standorte, die mit ÖPNV erreicht werden können
5	Freude an einem zukunftsfähigen Lebensstil!	Nachhaltige Strategie und nachhaltige Unternehmenskultur

Arbeitsaufgaben zur praktischen Auseinandersetzung und persönlichen Vertiefung

A 5.1 Gibt es in Ihrer Organisation bereits formulierte Nachhaltigkeitsziele? Wenn ja: Werden diese auch gesteuert und überwacht?

A 5.2 Formulieren Sie fünf konkrete Nachhaltigkeitsziele für jeden Bereich der Nachhaltigkeit und überlegen Sie sich diesbezüglich auch passende Kennzahlen Ihrer Organisation.

A 5.3 Analysieren Sie, inwieweit sich die SDGs im Leitbild, in der Vision oder in der Strategie Ihrer Organisation bereits wiederfinden. Erarbeiten Sie Vorschläge, wie die SDGs besser integriert und die Mitarbeiter*innen von diesen Vorhaben überzeugt werden können.

A 5.4 Stellen Sie ein Team in Ihrer Organisation zusammen und überlegen Sie anhand der Anleitung zur Kompaktbilanz für die Gemeinwohlbilanz verschiedene Argumente, um Ihre Geschäftsführung von deren Nutzen zu überzeugen. Beziehen Sie dabei auch die Interessen der verschiedenen Stakeholder mit ein.

A 5.5 Wählen Sie für einen (mehrere) spezifische(n) Bereich(e) der ökologischen und der sozialen Nachhaltigkeit einen GRI-Standard aus und überlegen Sie die konkreten Anknüpfungspunkte (Ziele und Maßnahmen) für Ihre Organisation.

Literaturtipps

Einen kompakten Überblick bzw. Vergleich der unterschiedlichen Möglichkeiten der Nachhaltigkeitsberichtserstattung bietet Bio Suisse unter https://partner.biosuisse.ch/media/VundH/Nachhaltigkeit/vergleich_nachhaltigkeitskataloge.pdf.

Interessante Informationen zum Carbon Managament bietet das Wegener Center der Karl Franzens Universtität Graz: https://wegcwp.uni-graz.at/carbmanage/de/cm-de/.

Unterlagen zur Arbeit mit den SDGs bieten die Vereinten Nationen https://unric.org/de/17ziele/.

Literatur

Barmüller J., & Schaffhauser-Linzatti M.-M. (2018). Auswirkungen der CSR-Richtlinie (2014/95/EU) auf Nonprofit-Organisationen. In M.Gmür, R. Andeßner, D. Greilling, & L. Theuvsen (Hrsg). Wohin entwickelt sich der Dritte Sektor? S. 125–129. VMI Freiburg.

Bono, M. L. (2006). NPO Controlling, Schäffer-Poeschl.

Bundesministerium für Frauen und öffentlicher Dienst (2011). Handbuch Ziele und Indikatoren auf Untergliederungs-, Globalbudget- undDetailbudgetebene. https://www.oeffentlicherdienst.gv.at/wirkungsorientierte_verwaltung/berichte_service/Handbuch_Ziele_und_Indikatoren_Mai_2013.pdf?7vj62r. Zugegriffen: 27.11.2021.

Bundesministerium für Klimaschutz, Umwelt, Energie, Mobilität, Innovation und Technologie (o. J.). Global Reporting Initiative. https://www.bmk.gv.at/themen/klima_umwelt/nachhaltigkeit/unternehmen/standards/gri.html. Zugegriffen: 19.01.2022.

Diakonie Herzogsägmühle (2020). 2. Gemeinwohlbericht. Stand 2020. https://www.herzogsaegmuehle.de/fileadmin/PDF/webherzogsaegmuehle/Download/Ort_der_Diakonie/Gemeinwohl/BR_DINA4_00_01_122020_Gemeinwohloekonomie_web.pdf. Zugegriffen: 29.11.2021.

EMAS (o. J.a). Ressourcensparendes Umweltmanagement mit EMAS. https://www.emas.de/was-ist-emas. Zugegriffen: 27.11.2021.

EMAS (o. J.b). Ihr Einstieg in das EMAS-Umweltmanagement. https://www.emas.de/emas-anwenden. Zugegriffen: 27.11.2021.

Entrepreneurs4Future (o. J.). Klimaschutztipps. Von Unternehmer:innen für Unternehmer:innen. https://entrepreneurs4future.de/klimaschutz/klimaschutztipps/. Zugegriffen: 27.11.2021.

ESG-Cockpit (o. J.). Das Reporting-Tool. https://esg-cockpit.com/. Zugegriffen: 27.11.2021.

Footprint (o. J.). Die 5-F-Regel. https://www.footprint.at/handeln/andere-lebensstile/die-5-f-regel/. Zugegriffen: 27.11.2021.

Gemeinwohlökonomie (2017). Arbeitsbuch zur Gemeinwohlbilanz 5.0 kompakt. https://web.ecogood.org/media/filer_public/04/8e/048e113f-5802-494e-866b-c3f8c8a6a674/gwoe_arbeitsbuch_5_0_kompaktbilanz.pdf. Zugegriffen: 27.11.2021.

Gemeinwohlökonomie (o. J.a). Gemeinwohlbilanz. https://web.ecogood.org/de/unsere-arbeit/gemeinwohl-bilanz/. Zugegriffen: 27.11.2021.
Gemeinwohlökonomie (o. J.b). Gemeinwohlmatrix. https://web.ecogood.org/de/unsere-arbeit/gemeinwohl-bilanz/gemeinwohl-matrix/. Zugegriffen: 27.11.2021.
Global 2000 (o. J.). Regional einkaufen: was bedeutet regional? https://www.global2000.at/regional-einkaufen. Zugegriffen: 27.11.2021.
Global Reporting Initiative (GRI) (2016): GRI 306: Abwasser und Abfall 2016. https://www.globalreporting.org/standards/media/1685/german-gri-306-effluents-and-waste-2016.pdf. Zugegriffen: 27.11.2021.
Global Reporting Initiative (GRI) (o. J.). Deutsche Übersetzungen. https://www.globalreporting.org/how-to-use-the-gri-standards/gri-standards-german-translations/. Zugegriffen: 27.11.2021.
Internationaler Controllerverein (2011): Green ControllingRelevanz und Ansätze einer „Begrünung" des Controlling-SystemsDream-Car der Ideenwerkstatt im ICV 2010. https://www.icv-controlling.com/fileadmin/Assets/Content/AK/Ideenwerkstatt/Files/ICV_IW_WhitePaper_Green_Controlling_20110327_final.pdf. Zugegriffen: 15.05.2021.
Kassenärztliche Vereinigung Westfalen-Lippe (KVWL) (2017). KVWL Qualitätshandbuch. https://www.kvwl.de/arzt/qsqm/management/index.htm.
Kortendieck, G., & Stepanek, P. (2019). Controlling in der deutschsprachigen Sozialwirtschaft. Eine Einführung. Springer VS.
Nationale Klimaschutzinitiative (2020). Wie können stationäre Pflegeeinrichtungen CO_2-Emissionen senken? https://www.klimaschutz.de/service/meldung/wie-k%C3%B6nnen-station%C3%A4re-pflegeeinrichtungen-co2-emissionen-senken. Zugegriffen: 27.11.21.
Schaltenegger, St. (2014). Nachhaltigkeitsberichterstattung zwischen Transparenzanspruch und Management der Nachhaltigkeitsleistung. In M. S. Fifka (Hrsg). CSR und Reporting. Nachhaltigkeits- und CSR-Berichtserstattung verstehen und erfolgreich umsetzen. S. 21–34. Springer Gabler.
Schlosser, K., Vollmer, M., & Theuvsen L. (2018). Die Balanced Scorecard als Steuerungsinstrument in Reitvereinen. In M. Gmür, R. Andeßner, D. Greiling, & L. Theuvsen (Hrsg.). Wohin entwickelt sich der Dritte Sektor. Konzeptionelle und empirische Beiträge aus der Forschung. S. 239–246. VMI Freiburg.
SDG-Compass (o. J.). Leitfaden für Unternehmensaktivitäten zu den SDGs. https://d306pr3pise04h.cloudfront.net/docs/issues_doc%2Fdevelopment%2FSDG_Compass_German.pdf. Zugegriffen: 27.11.2021.
Umweltgutachterausschuss (UGA) (o. J.). Einstieg ins Umweltmanagement mit EMAS. Ein Leitfaden für Management und Beauftragte. https://www.emas.de/fileadmin/user_upload/4-pub/Leitfaden-EMAS-Einstieg.pdf. Zugegriffen: 27.11.2021.

Literatur

Adelphi (2021). Umweltatlas Lieferketten – Umweltwirkungen und Hot-Spots in der Lieferkette. https://www.adelphi.de/de/publikation/umweltatlas-lieferketten. Zugegriffen: 17.11.2021.

Austrian Standards (o. J.). Corporate Social Responsability. https://www.austrian-standards.at/de/themengebiete/management-qualitaet-risiko/corporate-social-responsibility, Zugegriffen: 27.11.2021.

AWO Bundesverband e. V. (2021). Wir arbeiten dran. https://wirarbeitendran.awo.org/. Zugegriffen: 17.11.2021.

Barmüller J., & Schaffhauser-Linzatti M.-M. (2018). Auswirkungen der CSR-Richtlinie (2014/95/EU) auf Nonprofit-Organisationen. In M.Gmür, R. Andeßner, D. Greiling, & L. Theuvsen (Hrsg). Wohin entwickelt sich der Dritte Sektor? S. 125–129. VMI Freiburg.

Baumüller, J., & Morzsa, C. (2017). Nachhaltigkeit und Innovationen in NPOs - empirische Befunde zu den Spezifika des Notprofit-Kontext. In L. Theuvsen, R. Andeßner, M. Gmür, D. Greiling (Hrsg.), Nonprofit-Organisationen und Nachhaltigkeit. NPO-Management. (S. 51–60) Springer Fachmedien.

Blome-Drees, J. (2017). Rationales Management von Sozialgenossenschaften. In I. Schmale, & J. Blome-Drees (Hrsg.). Genossenschaften innovativ. Genossenschaften als neue Organisationsform in der Sozialwirtschaft. Springer VS.

Bono, M. L. (2006). NPO Controlling, Schäffer-Poeschl.

Bundeskanzleramt (o. J.). Nachhaltige Entwicklung – Agenda 2030/SDGs. https://www.bundeskanzleramt.gv.at/themen/nachhaltige-entwicklung-agenda-2030.html. Zugegriffen: 19.01.2022.

Bundesministerium für Frauen und öffentlicher Dienst (2011). Handbuch Ziele und Indikatoren auf Untergliederungs-, Globalbudget- undDetailbudgetebene. https://www.oeffentlicherdienst.gv.at/wirkungsorientierte_verwaltung/berichte_service/Handbuch_Ziele_und_Indikatoren_Mai_2013.pdf?7vj62r. Zugegriffen: 27.11.2021.

Bundesministerium für Umwelt, Naturschutz, Bau und Reaktorensicherheit (BMUB) (2014). Gesellschaftliche Verantwortung von Unternehmen. Eine Orientierungshilfe für Kernthemen und Handlungsfelder des Leitfadens DIN ISO 26000. https://www.bmu.de/fileadmin/Daten_BMU/Pools/Broschueren/csr_iso26000_broschuere_bf.pdf. Zugegriffen: 27.11.2021.

Bundesministerium Klimaschutz, Umwelt, Energie, Mobilität, Innovation und Technologie (BMK) (o. J.a). Green Jobs in Österreich. https://www.bmk.gv.at/themen/klima_umwelt/nachhaltigkeit/green_jobs/oe_green_jobs.html. Zugegriffen 17.11.2021.

Bundesministerium für Klimaschutz, Umwelt, Energie, Mobilität, Innovation und Technologie (o. J.b). Global Reporting Initiative. https://www.bmk.gv.at/themen/klima_umwelt/nachhaltigkeit/unternehmen/standards/gri.html. Zugegriffen: 19.01.2022.

Bundeszentrale für politische Bildung (2017). Donut - ein sicherer und gerechter Handlungsraum? https://www.bpb.de/gesellschaft/umwelt/anthropozaen/248875/donut-ein-sicherer-und-gerechter-handlungsraum. Zugegriffen: 27.11.2021.

Climate Change Performance Index (2021). Key results overall rating: Still no countries are ranked in the top three overall positions. https://ccpi.org/countries/. Zugegriffen: 17.11.2021.

CSR Kompetenzzentrum im Deutschen Caritasverband (2016). Corporate Social Responsibility. Verantwortung für Mensch und Umwelt. CSR und Nachhaltigkeit. https://www.caritas.de/cms/contents/caritas.de/medien/dokumente/spende-und-engagemen/csr/csr-und-nachhaltigke/2016-11-27-eckpunkte-nachhaltigkeitsbericht.pdf. Zugegriffen: 27.11.2021.

Daub, C.-H., Scherrer, Y. M., & Frecè J. T. (2013). Nachhaltiges Management von Notprofit-Organisationen. Ökologisches Wirtschaften 4/2014.

Der Paritätische (2019). Soziale Plattform Klimaschutz: Bündnis legt Forderungen vor. https://www.der-paritaetische.de/alle-meldungen/soziale-plattform-klimaschutz-buendnis-aus-gewerkschaft-sozial-und-wohlfahrtsverbaenden-fordert-soz/. Zugegriffen: 17.11.2021.

Dettl, J. (2021). PESTEL Analyse – Auswirkungen von externen Effekten auf das eigene Unternehmen. Acrasio Intelligence. https://www.strategische-wettbewerbsbeobachtung.com/pestel-analyse/. Zugegriffen: 27.11.2021.

Deutsches Bundesforschungsministerium (o. J.). Green Economy: Gesellschaftlicher Wandel https://www.bmbf.de/bmbf/de/forschung/energiewende-und-nachhaltiges-wirtschaften/green-economy/green-economy-gesellschaftlicher-wandel.html. Zugegriffen: 17.11.2021.

Diakonie Herzogsägmühle (2020). 2. Gemeinwohlbericht. Stand 2020. https://www.herzogsaegmuehle.de/fileadmin/PDF/webherzogsaegmuehle/Download/Ort_der_Diakonie/Gemeinwohl/BR_DINA4_00_01_122020_Gemeinwohloekonomie_web.pdf. Zugegriffen: 29.11.2021.

Dominelli, L. (2012). Green Social Work: From Environmental Crises to Environmental Justice. Polity.

Dubielzig, F. (2008). Identifikation der Erfolgsrelevanz sozialer Themen. In Martin Müller; Stefan Schaltender: Corporate Social Responsability. Trend oder Modeerscheinung. S. 213–225. Oekom.

Duden (o. J.). Management. https://www.duden.de/rechtschreibung/Management. Zugegriffen: 27.11.2021.

Eller, H. (2018). Nachhaltigkeit in NPO – Eine Fallstudie mit dem Alters- und Pflegezentrum in Amriswil. In M. Gmür, R. Andeßner, D. Greiling, & L. Theuvsen (Hrsg.).

Wohin entwickelt sich der Dritte Sektor. Konzeptionelle und empirische Beiträge aus der Forschung. S. 247–254. VMI Freiburg.

Eller, H. (2019). Nachhaltigkeit in Nonprofit-Organisationen (NPO). Umfrage zum Umsetzungstand der ökologischen und sozialen Nachhaltigkeit. ZHAW School of Management and Law. https://digitalcollection.zhaw.ch/bitstream/11475/19943/3/2019_Eller_Nachhaltigkeit%20NPO.pdf. Zugegriffen: 15.05.2021.

Elsen, S. (2019). Solidarische Ökonomie: Entwicklungsströmungen, Handlungsfelder und sozialräumliche Organisationsformen. In: sozialraum.de (11) Ausgabe 1/2019. https://www.sozialraum.de/solidarische-oekonomie-entwicklungsstroemungen,-handlungsfelder-und-sozialraeumliche-organisationsformen.php. Datum des Zugriffs: 17.11.2021.

EMAS (o. J.a). Ressourcensparendes Umweltmanagement mit EMAS. https://www.emas.de/was-ist-emas. Zugegriffen: 27.11.2021.

EMAS (o. J.b). Ihr Einstieg in das EMAS-Umweltmanagement. https://www.emas.de/emas-anwenden. Zugegriffen: 27.11.2021.

Entrepreneurs4Future (o. J.). Klimaschutztipps. Von Unternehmer:innen für Unternehmer:innen. https://entrepreneurs4future.de/klimaschutz/klimaschutztipps/. Zugegriffen: 27.11.2021.

ESG-Cockpit (o. J.). Das Reporting-Tool. https://esg-cockpit.com/. Zugegriffen: 27.11.2021.

Europäische Kommission (2019). Ein europäischer Grüner Deal https://ec.europa.eu/info/strategy/priorities-2019-2024/european-green-deal_de#zeitplan. Zugegriffen: 17.11.2021.

Europäische Kommission (2020a). Aktionsplan für die Kreislaufwirtschaft https://ec.europa.eu/commission/presscorner/detail/de/fs_20_437. Zugegriffen: 17.11.2021.

Europäische Kommission (2020b). Mitteilung der Kommission an das Europäische Parlament, den Rat, den Europäischen Wirtschafts- und Sozialausschuss und den Ausschuss der Regionen. Ein neuer Aktionsplan für die Kreislaufwirtschaft. Für ein saubereres und wettbewerbsfähigeres Europa. https://eur-lex.europa.eu/legal-content/DE/TXT/HTML/?uri=CELEX:52020bDC0098&from=FI. Zugegriffen: 17.11.2021.

Fairmittlerei (2017). Die Fairmittlerei – Verwenden statt Wegwerfen. Zusammenfassung einer Studie des Österreichischen Ökologie Instituts und pulswerk. https://www.diefairmittlerei.at/wp-content/uploads/2019/07/Kurzfassung-Studie-%C3%96koinstitut.pdf. Zugegriffen 17.11.2021.

Fairphone (o. J.). Über uns. https://www.fairphone.com/de/uber/uber-uns/?ref=footer. Zugegriffen 17.11.2021.

Footprint (o. J.). Die 5-F-Regel. https://www.footprint.at/handeln/andere-lebensstile/die-5-f-regel/. Zugegriffen: 27.11.2021.

Fürst, E. (2016). Kathastrophe Gemeinwohlökonomie. Der Standard. https://www.derstandard.at/story/2000034981116/katastrophe-gemeinwohloekonomie. Zugegriffen: 17.11.2021.

Gatzke, M, & Uken, M. (2020). Der Neoliberalismus hat ausgedient. Die Zeit. https://www.zeit.de/amp/wirtschaft/2020-09/corona-kapitalismus-rezession-wef-neoliberalismus-klaus-schwab. Zugegriffen: 17.11.2021.

GECES (2016). GECES Report 2016. Commission Expert Group on the Social Economy and Social enterprises.

Gemeinwohlökonomie (2017). Arbeitsbuch zur Gemeinwohlbilanz 5.0 kompakt. https://web.ecogood.org/media/filer_public/04/8e/048e113f-5802-494e-866b-c3f8c8a6a674/gwoe_arbeitsbuch_5_0_kompaktbilanz.pdf. Zugegriffen: 27.11.2021.

Gemeinwohlökonomie (o. J.a). Theoretische Basis. https://web.ecogood.org/de/idee-vision/theoretische-basis/. Zugegriffen: 17.11.2021.

Gemeinwohlökonomie (o. J.b). Die Bewegung. https://web.ecogood.org/de/die-bewegung/. Zugegriffen: 17.11.2021.

Gemeinwohlökonomie (o. J.c). Gemeinwohlbilanz. https://web.ecogood.org/de/unsere-arbeit/gemeinwohl-bilanz/. Zugegriffen: 27.11.2021.

Gemeinwohlökonomie (o. J.d). Gemeinwohlmatrix. https://web.ecogood.org/de/unsere-arbeit/gemeinwohl-bilanz/gemeinwohl-matrix/. Zugegriffen: 27.11.2021.

Giegold, S. (2012). Solidarische Ökonomie. https://sven-giegold.de/wp-content/uploads/2010/02/abc_alternativen_solidarische_oekonomie.pdf. Zugegriffen: 17.11.2021.

Gieselbrecht, A.M., & Ristig-Bresser, S. (2017). Gemeinwohl-Ökonomie: Modell einer ethischen Wirtschaftsordnung. In Konzeptwerk Neue Ökonomie & DFG-Kolleg Postwachstumsgesellschaften (Hrsg.), Degrowth in Bewegung(en). 32 alternative Wege zur sozial-ökologischen Transformation. S. 176–187. Oekom.

Global Footprint Network (2020). About Earth Overshoot Day. https://www.overshootday.org/about-earth-overshoot-day/. Zugegriffen: 17.11.2021.

Global Reporting Initiative (GRI) (2016a): GRI 103: Managementansatz 2016a. https://www.globalreporting.org/standards/media/1673/german-gri-103-management-approach-2016.pdf. Zugegriffen: 27.11.2021.

Global Reporting Initiative (GRI) (2016b): GRI 306: Abwasser und Abfall 2016b. https://www.globalreporting.org/standards/media/1685/german-gri-306-effluents-and-waste-2016.pdf. Zugegriffen: 27.11.2021.

Global Reporting Initiative (GRI) (o. J.). Deutsche Übersetzungen. https://www.globalreporting.org/how-to-use-the-gri-standards/gri-standards-german-translations/. Zugegriffen: 27.11.2021.

Global 2000 (o. J.). Regional einkaufen: was bedeutet regional? https://www.global2000.at/regional-einkaufen. Zugegriffen: 27.11.2021.

Grant, R. M., & Nippa, M. (2006). Strategisches Management. Analyse, Entwicklung und Implementierung von Unternehmensstrategien. 5. Auflage. Pearson Studium.

Gray, M., Coates, J., & Hetherington, T. (2012). Environmental Social Work. Routledge.

Great Place To Work (o. J.). Was ist ein Great Workplace? https://www.greatplacetowork.at/ueber-uns/was-ist-ein-great-place-to-work/. Zugegriffen: 27.11.2021.

Greenpeace Austria (2018). Zeichen-Tricks. Der Gütezeichen-Guide von Greenpeace in Österreich. https://greenpeace.at/assets/uploads/pdf/181030_gp_zeichen-tricks_a6_web.pdf?_ga=2.30847035.509486672.1614349081-1963447728.1614349081. Zugegriffen: 27.11.2021.

Greenpeace Austria (2021). Zeichen-Tricks II. Der Gütezeichen-Guide für Kosmetik, Hygieneprodukte, Wasch- und Reinigungsmittel. https://greenpeace.at/assets/uploads/pdf/Greenpeace-Report-Zeichen-Tricks-II.pdf. Zugegriffen: 27.11.2021.

Greenpeace Schweiz (o. J.). Spendenpolicy & Fundraising-Ethik. https://www.greenpeace.ch/de/handeln/spenden/spendenpolicy/. Zugegriffen: 27.11.2021.

Handelszeitung (2019). Stress belastet immer mehr Schweizer Arbeitnehmer. https:// www.handelszeitung.ch/beruf/stress-belastet-immer-mehr-schweizer-arbeitnehmer. Zugegriffen: 17.11.2021.

Hochreiter, W. (o. J.). Wir exportieren Umweltbelastungen – Tendenz steigend! https:// www.ak-umwelt.at/schwerpunkt/?issue=2015-01. Zugegriffen: 17.11.2021.

Humanfy (2021). New Work Charta. https://humanfy.de/new-work-charta. Zugegriffen: 17.11.2021.

Integral (2020). Mutter Erde Studie „Klimawandel". https://www.global2000.at/sites/ global/files/Mutter_Erde_Pressekonferenz_Pressemappe_20200910.pdf. Zugegriffen 17.11.2021.

Internationale Arbeitsorganisation (o. J.). ILO Kernarbeitsnormen. https://www.ilo.org/ berlin/arbeits-und-standards/kernarbeitsnormen/lang--de/index.htm. Zugegriffen: 27.11.2021.

Internationaler Controllerverein (2011): Green ControllingRelevanz und Ansätze einer „Begrünung" des Controlling-SystemsDream-Car der Ideenwerkstatt im ICV 2010. https://www.icv-controlling.com/fileadmin/Assets/Content/AK/Ideenwerkstatt/ Files/ICV_IW_WhitePaper_Green_Controlling_20110327_final.pdf. Zugegriffen: 15.05.2021.

Jackson, T. (2013). Wohlstand ohne Wachstum. Aktualisierte und überarbeitete Neuausgabe. Oekom Verlag.

Jäger, J., Omann, I., & Hinterberger, F. (2016). Was verträgt unsere Erde noch? In K. Wiegand (Hrsg.), Mut zur Nachhaltigkeit. 12 Wege für die Zukunft. Forum für Verantwortung (15–79). Fischer Taschenbuch.

Jones, D., & Truell, R. (2012). The Global Agenda for Social Work and Social Development: A place to link together and be effective in a globalized world. International Social Work 55(4). S. 454–472.

Kassenärztliche Vereinigung Westfalen-Lippe (KVWL) (2017). KVWL Qualitätshandbuch. https://www.kvwl.de/arzt/qsqm/management/index.htm.

Kortendieck, G., & Stepanek, P. (2019). Controlling in der deutschsprachigen Sozialwirtschaft. Eine Einführung. Springer VS.

Kutzschenbach, M., & Schober-Ehmer, H. (2020). Nachhaltigkeit kann kein Stückwerk sein. Der Standard. Management-Standard. 12.November 2020. M4.

Lebensministerium - Ministerium für ein lebenswertes Österreich (2015): Alternative Wirtschafts- und Gesellschaftskonzepte. 2. Auflage. Zukunftsdossier 3a. https:// wachstumimwandel.at/wp-content/uploads/WiW_Dossier3a_Alternative_Wirtschafts_ und_Gesellschaftsmodelle.pdf. Zugegriffen: 17.11.2021.

Lexikon der Nachhaltigkeit (2015). Gründe warum wir Wachstum „angeblich" brauchen. https://www.nachhaltigkeit.info/artikel/gruende_warum_wir_wachstum_angeblich_ brauchen_1824.htm. Zugegriffen: 17.11.2021.

Littig, B. (2021). Nachhaltige Zukünfte von Arbeit: Zwischen Grüner Ökonomie, Postwachstumsgesellschaften und Sharing Economy. Keynote zur Spring School der FH Campus Wien, Masterstudium Sozialwirtschaft und Soziale Arbeit.

Loske, R. (2014). Neue Formen kooperativen Wirtschaftens als Beitrag zur nachhaltigen Entwicklung. Leviathan, 42. Jg., 3/2014, S. 463–485: https://www.nomos-elibrary.de/10.5771/0340-0425-2014-3-463.pdf?download_full_pdf=1. Zugegriffen: 17.11.2021.

Loske, R. (2019). Die Doppelgesichtigkeit der Sharing Economy. Vorschläge zu ihrer gemeinwohlorientierten Regulierung, in WSI Mitteilungen; S. 64–70. https://www.wsi.de/data/wsimit_2019_01_loske.pdf. Zugegriffen: 17.11.2021.

Luis, E. C., & Celma, D. (2020). Circular Economy. A Review and Bibliometric Analysis. Tecnocampus-Pompeu Fabra University.

Manager Magazin (2020). Airlines befürchten mehr als 150 Milliarden Dollar Corona-Verlust. https://www.manager-magazin.de/unternehmen/luftfahrt-iata-befuerchtet-noch-hoehere-verluste-durch-corona-krise-a-c28e6d45-5b77-4d09-88f4-d8a580f603af. Zugegriffen: 17.11.2021.

McKinnon, J., & Alston, M. (2016) Social Work - Towards sustainability. Macmillan Education.

Minge, B. (2018). Suffizienz, Konsistenzen und Effizienz - drei Wege zu mehr Nachhaltigkeit. Relaio. https://www.relaio.de/wissen/suffizienz-konsistenz-und-effizienz-drei-wege-zu-mehr-nachhaltigkeit/. Zugegriffen: 27.11.2021.

Müller, M., & Hübscher, M. (2008). Stakeholdermanagement und Corporate Social Responsability-strategisch oder normativ? In M. Müller, St. Schaltegger (Hrsg.). Corporate Social Responsability. Trend oder Modeerscheinung. S. 143–155. Oekom.

Nationale Klimaschutzinitiative (2020). Wie können stationäre Pflegeeinrichtungen CO_2-Emissionen senken? https://www.klimaschutz.de/service/meldung/wie-k%C3%B6nnen-station%C3%A4re-pflegeeinrichtungen-co2-emissionen-senken. Zugegriffen: 27.11.21.

ÖkoKauf Wien (o. J.). Datenbank für ökologische Druckpapiere. https://www.va-oekokauf.at/index.php. Zugegriffen: 27.11.2021.

Ökosoziales Forum (2019). Wegweiser für die Generation Klimawandel. Grundsatzpapier - 30 Jahre Ökosoziale Marktwirtschaft. https://oekosozial.at/wp-content/uploads/2020/03/Grundsatzpapier_final.pdf. Zugegriffen: 17.11.2021.

Österreichische Gesellschaft für Umwelt und Technik (ÖGUT) (o. J.). Wesentliche ökologische, soziale und ökonomische Aspekte zur Beurteilung von Nachhaltigkeitsberichten. Positionspapier. https://www.oegut.at/downloads/pdf/nh-berichterstattung-positionspapier.pdf. Zugegriffen: 27.11.2021.

Österreichisches Umweltzeichen (o. J.). Richtlinien. https://www.umweltzeichen.at/de/f%C3%BCr-interessierte/richtlinien/. Zugegriffen: 27.11.2021.

Paech, N. (2009). Eine Ökonomie jenseits des Wachstums. Einblicke Nr. 49/Frühjahr 2009. Carl von Ossietzky Universität Oldenburg. http://www.presse.uni-oldenburg.de/download/einblicke/49/08-paech-24-27.pdf. Zugegriffen: 17.11.2021.

Paech, N. (2014). Befreiung vom Überfluss. Auf dem Weg in die Postwachstumsökonomie. 8. Auflage. Oekom.

Paech, N. (2015). Postwachstumsökonomie - weniger ist mehr. Deutsches Zukunftsinstitut. https://www.zukunftsinstitut.de/artikel/postwachstumsoekonomie-weniger-ist-mehr/. Zugegriffen: 17.11.2021.

Paschotta, R. (2021). CO_2-neutral. RP-Energie-Lexikon. https://www.energie-lexikon.info/co2_neutral.html. Zugegriffen: 27.11.2021.

Powers, M., & Rinkel, M. (2019). Social work promoting community and environmental sustainability, within and beyond the UN Sustainable Development Goals: A degrowth critique. In M. Rinkel, & M. Powers (Ed.) (2019). Social Work -Promoting Community & Environmental Sustainability. Vol. 3. P. 24–34. International Federation of Social Workers.

Literatur

PREUSE (o. J.). About us. https://rreuse.org/about-us/. Zugegriffen: 27.11.2021.

Pfluger, B. (2016). Zertifikate: Standards für die Nachhaltigkeit. Der Standard. https://www.derstandard.at/story/2000033879172/zertifikate-standards-fuer-die-nachhaltigkeit. Zugegriffen: 27.11.2021.

Pufé, I. (2014). Nachhaltigkeit. 2. Auflage. UTB.

Pühringer, J., & Hammer, P. (2013). Sozialwirtschaft als Alternativwirtschaft? Soziale Unternehmen, Commons und Solidarische Ökonomie. In Die Armutskonferenz (Hrsg.), Was allen gehört. S. 231–238. http://www.armutskonferenz.at/files/hammer_puehringer_sozialwirtschaft_alternativwirtschaft-2013.pdf. Zugegriffen: 17.11.2021.

Raworth, K. (o. J.). What on Earth is the Doughnut?... https://www.kateraworth.com/doughnut/. Zugegriffen: 20.01.2022.

Riegler, Josef (2017). Ökosoziale Marktwirtschaft: Wie alles begann. Ökosoziales Forum Österreich. https://oekosozial.at/oekosoziale-marktwirtschaft-wie-alles-begann-von-josef-riegler/. Zugegriffen 17.11.2021.

Rinkel, M., & Powers, M. (2019). Social Work -Promoting Community & Environmental Sustainability. Vol. 3. International Federation of Social Workers.

Rösemeier-Buhmann, J. (o. J.). Soziale Nachhaltigkeit und wie wir sie leben. https://www.nachhaltigleben.ch/soziale-nachhaltigkeit-1036. Zugegriffen 17.11.2021.

Rüegg-Stürm, Grand, & Grand, Simon. (2020). Das St. Galler Management-Modell: Management in einer komplexen Welt. 2., überarbeitete Auflage. Haupt: UTB.

R.U.S.Z. (2020a). Unternehmen. https://rusz.at/uber-uns/unternehmen/. Zugegriffen: 17.11.2021.

R.U.S.Z. (2020b). Leitbild, https://rusz.at/uber-uns/leitbild/. Zugegriffen. 17.11.2021.

Schaltenegger, St. (2014). Nachhaltigkeitsberichterstattung zwischen Transparenzanspruch und Management der Nachhaltigkeitsleistung. In M. S. Fifka (Hrsg). CSR und Reporting. Nachhaltigkeits- und CSR-Berichtserstattung verstehen und erfolgreich umsetzen. S. 21–34. Springer Gabler.

Schaltegger, S., & Müller, M. (2008). CSR zwischen unternehmerischer Vergangenheitsbewältigung und Zukunftsgestaltung. In M. Müller, & S. Schaltegger: Corporate Social Responsability. Trend oder Modeerscheinung? S. 17–30. oekom.

Schein, E. H. (2010). Organisationskultur: the Ed Schein corporate culture survival guide. 3. Auflage. EHP.

Schlosser, K., Vollmer, M., & Theuvsen L.(2018). Die Balanced Scorecard als Steuerungsinstrument in Reitvereinen. In M. Gmür, R. Andeßner, D. Greiling, & L. Theuvsen (Hrsg.). Wohin entwickelt sich der Dritte Sektor. Konzeptionelle und empirische Beiträge aus der Forschung. S. 239–246. VMI Freiburg.

Schneider, A. (2017). Nachhaltigkeit als Herausforderung und Zielsetzung des Managements sozialer Unternehmen. In W. Grillitsch, P. Brandl, & S. Schuller (Hrsg). Gegenwart und Zukunft des Sozialmanagements und der Sozialwirtschaft. Aktuelle Herausforderungen, strategische Ansätze und fachliche Perspektiven. S. 213–228. Springer VS.

Schwarz, P. (2005). Das Freiburger Management-Modell für Nonprofit-Organisationen (NPO). 5., erg. u. aktualisierte Auflage. Haupt.

Schulz, S. (2020). Drei Säulen der Nachhaltigkeit: Ökologie, Wirtschaft und Soziales. Utopia. https://utopia.de/ratgeber/drei-saeulen-der-nachhaltigkeit-modell/. Zugegriffen: 27.11.2021.

SDG-Compass (o. J.). Leitfaden für Unternehmensaktivitäten zu den SDGs. https://d306pr3pise04h.cloudfront.net/docs/issues_doc%2Fdevelopment%2FSDG_Compass_German.pdf. Zugegriffen: 27.11.2021.

SDG Watch Austria (2020a). Was wir tun. https://www.sdgwatch.at/de/was-wir-tun/. Zugegriffen 17.11.2021.

SDG Watch Austria (2020b). Wer wir sind. https://www.sdgwatch.at/de/wer-wir-sind/faq/. Zugegriffen 17.11.2021.

Sommaruga, S., Steinmeier, F.W., & Van der Bellen, A. (2020). Beim Klimaschutz vorwärts machen. Gastkommentar. Zeitung Der Standard. https://www.derstandard.at/story/2000117896189/beim-klimaschutz-klimaschutz-vorwaerts. Zugegriffen: 17.11.2021.

Stadt Neustadt (o. J.). Nachhaltigkeitsmodelle. https://klimaschutz.neustadt.eu/Ziele-Umsetzung/Klimawandel-Nachhaltigkeit/Nachhaltigkeitsmodelle/. Zugegriffen: 27.11.2021.

Stadt Wien (o. J.a). ÖkoKauf Wien - Programm für die ökologische Beschaffung der Stadt Wien. https://www.wien.gv.at/umweltschutz/oekokauf/. Zugegriffen: 27.11.2021.

Stadt Wien (o. J.b). Ökologischer Einkauf von Papier, Druck- und Büromaterial sowie Büromöbeln. https://www.wien.gv.at/umweltschutz/oekokauf/bueromaterial.html. Zugegriffen: 27.11.2021.

Stallone, S. (o. J.a). Nachhaltigkeit im Unternehmen. Nachhaltig leben. https://www.nachhaltigleben.ch/nachhaltigkeit-in-unternehmen-983. Zugegriffen 17.11.2021.

Stallone, S. (o. J.b). Ökonomische Nachhaltigkeit. Nachhaltig leben. https://www.nachhaltigleben.ch/oekonomische-nachhaltigkeit-849. Zugegriffen 17.11.2021.

Statistik Austria (2014). Umweltbetroffenheit und Umweltverhalten von Personengruppen abhängig von Einkommen und Kaufkraft. http://www.statistik.at/web_de/services/publikationen/15/index.html?includePage=detailedView&sectionName=Energie%2C+Umwelt&pubId=682. Zugegriffen: 17.11.2021.

Stefan, J. (2020). Sozialgenossenschaften. Forschungsinstitut für Kooperation und Genossenschaften. Wirtschaftsuniversität Wien. https://www.wu.ac.at/ricc/geno-schafft/aktuelle-blogbeitraege/detail/sozialgenossenschaften. Zugegriffen: 17.11.2021.

Süddeutsche Zeitung (2020). Die Kluft zwischen Arm und Reich bleibt groß. https://www.sueddeutsche.de/wirtschaft/schere-arm-reich-deutschland-studie-1.4891110. Zugegriffen: 17.11.2021.

Suntum, U. (2012). Zur Kritik des BIP als Indikator für Wohlstand und Wirtschaftswachstum. (RatSWD Working Paper Series, 208). Rat für Sozial- und Wirtschaftsdaten (RatSWD). https://nbn-resolving.org/urn:nbn:de:0168-ssoar-427668. Zugegriffen: 17.11.2021.

Taherzadeh, O., & Probst, B. (2019). Fünf Gründe, weshalb ökologisches Wachstum den Planeten nicht retten kann. Handelszeitung. https://www.handelszeitung.ch/politik/funf-grunde-weshalb-okologisches-wachstum-den-planeten-nicht-retten-kann. Zugegriffen: 17.11.2021.

Theurl, T. (2015). Ökonomie des Teilens: Governance konsequent zu Ende gedacht in Wirtschaftsdienst 95 (2015), ZBW Leibniz-Informationszentrum Wirtschaft.

TÜV Austria (o. J.). ÖNORM S 2501 - Diversity Management. https://www.tuv.at/loesungen/business-assurance/managementsystemzertifizierung/oenorm-s-2501. Zugegriffen: 27.11.2021.

TÜV Rheinland (o. J.a). SA8000. https://www.tuv.com/germany/de/zertifizierung-nach-sa-8000.html. Zugegriffen: 27.11.2021.

TÜV Rheinland (o. J.b). Amfori BSCI Lieferantenaudit. https://www.tuv.com/germany/de/lieferantenbewertung-mit-bsci-audit.html. Zugegriffen: 27.11.2021.

Umweltgutachterausschuss (UGA) (o. J.). Einstieg ins Umweltmanagement mit EMAS. Ein Leitfaden für Management und Beauftragte. https://www.emas.de/fileadmin/user_upload/4-pub/Leitfaden-EMAS-Einstieg.pdf. Zugegriffen: 27.11.2021.

Umweltbundesamt (2017). Berechnung der Lebenszykluskosten. https://www.umweltbundesamt.de/themen/wirtschaft-konsum/umweltfreundliche-beschaffung/berechnung-der-lebenszykluskosten. Zugegriffen: 27.11.2021.

Umweltbundesamt (2021a). Erneuerbare Energie in Zahlen. https://www.umweltbundesamt.de/themen/klima-energie/erneuerbare-energien/erneuerbare-energien-in-zahlen#uberblick. Zugegriffen: 27.11.2021a.

Umweltbundesamt (2021b). Heizen mit Holz. https://www.umweltbundesamt.de/themen/heizen-holz. Zugegriffen: 27.11.2021b.

Umweltbundesamt (o. J.a). Datenbank Umweltkriterien. https://www.umweltbundesamt.de/themen/wirtschaft-konsum/umweltfreundliche-beschaffung/datenbank-umweltkriterien. Zugegriffen: 27.11.2021.

Umweltbundesamt (o. J.b): Umweltfreundliche Beschaffung: beschaffung-info.de. https://www.umweltbundesamt.de/themen/wirtschaft-konsum/umweltfreundliche-beschaffung. Zugegriffen: 27.11.2021.

UNEP (2011). Towards a Green Economy: Pathways to Sustainable Development and Poverty Eradication - A Synthesis for Policy Makers. https://sustainabledevelopment.un.org/content/documents/126GER_synthesis_en.pdf. Zugegriffen: 17.11.2021.

Vienna.at (2020). Corona-Krise lässt Wiener vermehrt auf das Fahrrad umsteigen. https://www.vienna.at/corona-krise-laesst-wiener-vermehrt-auf-das-rad-umsteigen/6616417. Zugegriffen: 17.11.2021.

Vogelbusch, F. (2019). Entwicklung einer Managementlehre für Sozialunternehmen. Von den Klassikern der BWL über die verhaltensorientierte Managementlehre zu modernen Managementmodellen. In M. Fröse, B. Naake, & M. Arnold (Hrsg). Führung und Organisation. Neue Entwicklungen im Management der Sozial- und Gesundheitswirtschaft. S. 505–526. Springer VS.

Wagner, M. (2008): Der Sustainable Economic Value von sozialer Nachhaltigkeit und Umweltmanagement. In M. Müller, & S. Schaltender (Hrsg). Corporate Social Responsability. Trend oder Modeerscheinung. S. 229–242. Oekom.

WCED (1987). Development and international economic co-operation: Environment. Report of the world Commission on Environment and Development A/42/427. Geneva: United Nations https://digitallibrary.un.org/record/139811. Zugegriffen 15.05.2021.

Weber, M. (2008). Stakeholdermanagement und Corporate Social Responsability-strategisch oder normativ? In M. Müller, St. Schaltegger (Hrsg.). Corporate Social Responsability. Trend oder Modeerscheinung. S. 39–52. Oekom.

Weiland, M. (2018). Mangelexemplar Qualitätssiegel. Greenpeace. https://www.greenpeace.de/themen/waelder/maengelexemplar-qualitaetssiegel. Zugegriffen: 27.11.2021.

Wien Energie (2021). Terminologie von Klimazielen. https://positionen.wienenergie.at/beitraege/grafik-terminologie-von-klimazielen/. Zugegriffen: 27.11.2021.

Wiener Assistenzgenossenschaft WAG (o. J.). Genossenschaft. https://www.wag.or.at/wag-wir-ueber-uns/genossenschaft/. Zugegriffen: 17.11.2021.

Wien Work (2014). Ins Rampenlicht. Nachhaltigkeitsbericht 2014. https://www.wienwork.at/media/file/31_Wien_Work_Nachhaltigkeitsbericht_2014.pdf. Zugegriffen: 27.11.2021.

Winkler, C. (2020). Diese 7 Denkweisen sollten die Wirtschaft im 21. Jahrhundert bestimmen. Tech & Nature. https://www.techandnature.com/diese-7-denkweisen-sollten-die-wirtschaft-im-21-jahrhundert-bestimmen/. Zugegriffen: 27.11.2021.

WWF Deutschland (2021). Der WWF Nachhaltigkeitsnavigator. https://www.wwf.de/zusammenarbeit-mit-unternehmen/strategische-zusammenarbeit/nachhaltigkeitsnavigator. Zugegriffen: 27.11.2021.

Wuppertal Institut für Klima, Umwelt, Energie gGmbH (o. J.). Wirtschaftsförderung 4.0. https://www.wirtschaftsfoerderungviernull.de/. Zugegriffen: 17.11.2021.

Zacharakis, Z. (2021). Zügel für den globalen Kapitalismus. Die Zeit. https://www.zeit.de/wirtschaft/2021-02/lieferkettengesetz-bundesregierung-deutschland-globalisierung-menschenrechte-umweltschutz-bussgeld?utm_referrer=https%3A%2F%2Fwww.google.com%2F. Zugegriffen: 27.11.2021.

The manufacturer's authorised representative in the EU is Springer Nature Customer Service Centre GmbH, Europaplatz 3, 69115 Heidelberg, Germany. If you have any concerns regarding our products, please contact ProductSafety@springernature.com

Printed and bound by CPI Group (UK) Ltd, Croydon, CR0 4YY

23/03/2026

02076750-0003